Collana: **IL FIGLIO**

Novene al Santo Natale

Testi: **Don Giuseppe Brioschi SdB**

ISBN 978-88-86616-92-8

Per ordinare questo libro citare il codice 8176

Per gli ordini rivolgersi alla:

TOTUS TUUS

Editrice Shalom

Via Galvani, 1 (Zona Industriale)
60020 Camerata Picena (An)

Tel. 071. 74 50 440 r.a.

dal lunedì al venerdì
dalle 9.00 alle 19.00

Numero Verde
800 03 04 05 **solo ordini**

Fax 071. 74 50 140

sempre attivi in qualsiasi ora
del giorno e della notte.

e-mail: editriceshalom@libero.it
http:// www.editriceshalom.it

Indice

Il Santo Natale

Appendici

Novene al Santo Natale

Celebrare l'Emmanuele, il "Dio-con-noi"

Una preparazione specifica al santo Natale è un classico. La liturgia di per sé non ha mai ufficializzato una "Novena del santo Natale".

Ha l'Avvento come tempo di preparazione alla medesima solennità. All'interno di questo periodo, negli ultimi giorni che precedono il santo Natale il suo sentimento di attesa e di gioia per la venuta del Redentore si accentua e si esprime in forme speciali nei testi liturgici della santa Messa e della Liturgia delle Ore, di ieri e di oggi.

Fra le antifone vanno ricordate in modo particolare le così dette "antifone maggiori" o "antifone "O"" che sono proclamate al Canto al Vangelo della Messa e come antifona al "Magnificat" nella preghiera del Vespro nei sette giorni che precedono il Natale, dal 17 al 23.

Sono questi i giorni forti, le ferie privilegiate, i giorni di una preparazione intensa al santo Natale.

L'intensificazione della liturgia nei giorni 17-23 attraverso delle tappe precise, cadenzate sullo svolgersi degli avvenimenti evangelici, è una prima dimostrazione di come la Chiesa ha sentito il dovere di prepararsi e di preparare i cristiani alla festa dell'Incarnazione.

Ma andando a cercare, a scovare tra i documenti, si trova che un Concilio regionale, quello di Saragozza, nel 380 prescrisse ai fedeli di essere assidui alla chiesa dal 17 dicembre in poi.

Da allora ad oggi, in Italia si è conservata la tradizione di una "Novena di Natale" in molte realtà ecclesiali – parrocchie, comunità, oratori... - e anche e soprattutto nelle famiglie per prepararsi a celebrare il Natale, per vivere nell'"attesa" della venuta di Gesù: Cristo fu atteso, Cristo venne, Cristo viene nelle anime e nella Chiesa e nel mondo, Cristo verrà nella gloria alla fine dei tempi.

La varietà e la ricchezza dei testi inseriti nel volume si commentano da sé. Si è tenuto conto di diverse possibilità: parrocchie e gruppi parrocchiali... Un'attenzione particolare è stata data alle famiglie.

Il catechista o il parroco può far giungere con i mezzi "domestici" e poveri il suo piccolo dono ad ogni famiglia come invito, come ricordo per mantenere viva una tradizione e recuperare anche la preghiera in famiglia.

Celebrare la "Novena di Natale" è glorificare l'Emmanuele, il "Dio-con-noi". È rendere attuale la sua presenza, è accoglierlo. Un'accoglienza che non può essere puramente simbolica. Per andare alla concretezza potremmo tradurre l'espressione "Dio-con-noi" con quest'altra "Dio-nel-nostro-grembo". A questo siamo chiamati. Allora la Vita di Dio sarà in noi. Lo conosceremo nell'obbedienza alla Parola che illumina e nella vita liturgica che mentre celebra nella ricerca, lo attende, lo scopre e lo conosce presente con la mente e con il cuore.

Il canto del "Magnificat", ripetuto di giorno in giorno, diventa il canto che narra la notizia e l'esperienza del "Verbo, che si è fatto carne e è abitato in mezzo a noi", ha riempito il nostro grembo.

La sterilità sarà "redenta" e ogni ferita "sanata". "Dio-mio-sposo" potrà essere il grido di gioia della comunità che narra che l'Attesa del mondo e dell'umanità è giunta, giunge ora... anche se è sempre veniente.

Seguendo la Tradizione

Lucernario e canto invitatorio

Nel nome del Padre e del Figlio e dello Spirito Santo. Amen.

INVITO ALLA LODE

P. Annunciamo con gioia Cristo, venuto nell'umiltà della nostra carne.

A. Egli tornerà e ci chiamerà a possedere il regno promesso.

P. Attendiamo con gioia Cristo, che verrà nello splendore della gloria.

T. Egli tornerà e ci chiamerà a possedere il regno promesso.

ACCENSIONE DELLA LAMPADA

P. Il segno di questa lampada sia segno della nostra vigilante attesa, e illumini i nostri passi verso Colui che viene: Cristo Gesù, speranza del mondo.

Si accende una lampada per ogni giorno. Nel frattempo si può eseguire il ritornello di un canto che richiami l'idea della luce o della vigilanza.

Invitatorio

Venite adoriamo il Re Signore che sta per venire

Rallegrati, popolo di Dio ed esulta di gioia, città di Sion:
ecco, verrà il Signore
e ci sarà grande luce in quel giorno
e i monti stilleranno dolcezza;
scorrerà latte e miele tra i colli
perché verrà il gran profeta
ed egli rinnoverà Gerusalemme.
Venite adoriamo il Re Signore che sta per venire

Ecco, verrà il Signore Dio:
un uomo della casa di Davide salirà sul trono;
voi lo vedrete ed esulterà il vostro cuore.
Venite adoriamo il Re Signore che sta per venire

Ecco apparire il Signore: non mancherà alla parola data;
se ancor non giunge, ravviva l'attesa,
poiché certo verrà e non potrà tardare.
Venite adoriamo il Re Signore che sta per venire

Scenderà il Signore dal cielo come rugiada sul vello:
nei suoi giorni fiorirà la giustizia e abbonderà la pace;
lo adoreranno i potenti del mondo
e lo serviranno tutte le nazioni della terra.
Venite adoriamo il Re Signore che sta per venire

L'ultima strofa varia ogni giorno della Novena.

16 DICEMBRE
Ecco sta per venire lo sposo, il re d'Israele,
busserà e chiederà di aprirgli la porta.
È giunto ormai il tempo delle nozze,
il giorno della sua gioia e della sua felicità.
Pronta è la regina, amabile come l'aurora,
bella come la luna e splendente come il sole.

17 DICEMBRE
Viene la Sapienza, il creatore dell'universo,
e cerca il luogo del suo riposo.
Prenderà in eredità Israele
e pianterà in Giacobbe la sua tenda con letizia.

18 DICEMBRE
Presto apparirà la nostra guida,
il pastore d'Israele;
e verrà per liberare il suo popolo,
lo condurrà verso una terra
fertile e spaziosa dove scorre latte e miele.

19 DICEMBRE
Un nuovo germoglio spunterà dal tronco di Iesse
e lo Spirito del Signore verrà su di lui.
Stenderà la sua mano
e radunerà i dispersi d'Israele.
Vedranno la sua pace
i popoli del mondo e come a stella guarderanno.

20 DICEMBRE
Manderà il Signore suo servo
e a lui darà il suo potere.
Gli consegnerà le chiavi della casa di Davide
e sarà per il popolo come un Padre per i figli.

21 DICEMBRE
Mostrerà Dio a Gerusalemme
il suo amore e il suo splendore,
e da oriente ritornerà a Sion la sua gioia.
I popoli godranno della sua splendida aurora
e finiranno tutti i giorni del dolore.

22 DICEMBRE
Metterà il Signore sul monte Sion
una pietra preziosa, un fondamento sicuro.
Farà trionfare il diritto e la giustizia
e annullerà in quel giorno il potere della morte.

23 DICEMBRE
In quel giorno manderà il Signore stesso
un segno dal cielo
e una vergine darà alla luce un figlio.
Sarà chiamato Dio con noi,
si nutrirà di panna e miele
e governerà con giustizia tutti i popoli del mondo.

24 DICEMBRE
Domani sarà sconfitto il male della terra
e regnerà su noi il Salvatore del mondo.

16 dicembre

Introduzione: vedi Schema comune *(vedi pag. 9-12)*

Dio è il Dio che viene

G. Questo primo giorno della novena di Natale, ci porta a riesaminare la nostra posizione di fronte alla fede: il ritorno del Natale di Gesù impone un esame di coscienza sul nostro modo di credere.

La fede cristiana non è un abito da indossare in alcune occasioni né un insieme di formule e di riti, non è nemmeno una teoria né una ideologia. È il rapporto vivo con una Persona, è l'appartenere a Dio. È sempre lo sforzo di ascoltare e di accettare la Parola di Dio, di continuare a scoprire il mistero di Dio e di lasciarsi interpellare da lui, dalla sua iniziativa, dal suo progetto. Dio non è un ente supremo irraggiungibile e freddo: Dio è il Dio che viene, che è venuto e che verrà, il Dio che continuamente invita l'uomo ad aderire a lui, a seguirlo, a fidarsi di lui.

Preghiamo

O Dio che ci vedi radunati nell'attesa del Natale di Cristo tuo Figlio, non lasciarci irretire dalle attrattive terrene ma rendici capaci di affrettarci all'incontro con lui: donaci di arrivare a quella gioia che tanto mirabilmente ci saprà rinnovare e di riviverla con animo puro e sereno. Per Cristo nostro Signore. **Amen.**

Lettura

Dal libro del profeta Isaia *(40,3-11)*

Una voce grida: "Nel deserto preparate la via al Signore, appianate nella steppa la strada per il nostro Dio.

Ogni valle sia colmata, ogni monte e colle siano abbassati; il terreno accidentato si trasformi in piano e quello scosceso in pianura. Allora si rivelerà la gloria del Signore e ogni uomo la vedrà, poiché la bocca del

Signore ha parlato”.

Una voce dice: “Grida!”. E io rispondo: “Che dovrò gridare?”.

Ogni uomo è come l’erba e tutta la sua gloria è come un fiore del campo. Secca l’erba, il fiore appassisce quando il soffio del Signore spira su di essi. Secca l’erba, appassisce il fiore, ma la parola del nostro Dio dura sempre. Veramente il popolo è come l’erba. Sali su un alto monte, tu che rechi liete notizie in Sion; alza la voce con forza, tu che rechi liete notizie in Gerusalemme. Alza la voce, non temere; annunzia alle città di Giuda: “Ecco il vostro Dio! Ecco, il Signore Dio viene con potenza, con il braccio egli detiene il dominio. Ecco, egli ha con sé il premio e i suoi trofei lo precedono. Come un pastore egli fa pascolare il gregge e con il suo braccio lo raduna; porta gli agnellini sul seno e conduce pian piano le pecore madri”.

Parola di Dio.

Rendiamo grazie a Dio.

Riflessione

Se Dio è colui che viene, dobbiamo preparargli la strada.
Nel deserto della nostra miseria, della nostra debolezza, del nostro peccato, possiamo sempre convertirci: così si riempiono le valli delle nostre contraddizioni, e si abbassano le montagne dell’orgoglio e dell’egoismo.
Così si aprono le strade al Signore che viene. Lui certamente verrà.

Salmo responsoriale *(Dal Sal 95)*

Rit.: Viene il Signore a rinnovare il mondo.

Cantate al Signore un canto nuovo,
cantate al Signore da tutta la terra.
Cantate al Signore, benedite il suo nome,
annunziate di giorno in giorno la sua salvezza. **Rit.**

In mezzo ai popoli narrate la sua gloria
a tutte le nazioni dite i suoi prodigi.
Dite tra i popoli: “Il Signore regna!
giudica le nazioni con rettitudine!”. **Rit.**

Gioiscano i cieli, esulti la terra,
tremi il mare e quanto racchiude,
esultino i campi e quanto contengono,
si rallegrino gli alberi della foresta. **Rit.**

Esultino davanti al Signore che viene
perché viene a giudicare la terra.
Giudicherà il mondo con giustizia,
e con verità tutte le genti. **Rit.**

Domande

Gesù non viene solo a Natale: viene sempre!

- Come lo accogliamo?
- Come si sviluppa la nostra fede?
- Come cerchiamo di conoscere la Parola di Dio sulla quale impegniamo tutta la nostra vita: studio, riflessione, preghiera e meditazione...?
- Come riconosciamo il Dio-che-viene in tutti gli avvenimenti quotidiani, interni o esterni a noi?

Decidiamo di meditare un brano di Vangelo.

Cantico della Beata Vergine

Ant. **Ecco viene il Re, Signore della terra,
spezzerà il giogo della nostra schiavitù.**

Magnificat

L'anima mia magnifica il Signore *
e il mio spirito esulta in Dio, mio salvatore.

Perché ha rivolto lo sguardo all'umiltà della sua serva * ed ecco fin d'ora tutte le generazioni mi chiameranno beata.

Perché grandi cose ha operato in me l'Onnipotente *
e santo è il suo nome.

E la sua misericordia di generazione in generazione*
si effonde su coloro che lo temono.

Egli compie prodigi col suo braccio *
disperde i superbi di mente e di cuore.

Rovescia i potenti dai loro troni * ed esalta gli umili.

Ricolma di beni gli affamati *
e rimanda i ricchi a mani vuote.

Egli si prese cura Israele, suo servo *
ricordandosi della sua misericordia.

Come aveva promesso ai nostri padri *
ad Abramo e alla sua discendenza per tutti i secoli.

Gloria al Padre

Intercessione

Gesù viene, ma è anche colui che è già venuto e verrà. Perché possa prendere dimora in noi, purifichiamo la nostra vita e torniamo a lui: egli sia il pastore delle nostre anime. Preghiamo insieme e diciamo:

Vieni e rimani con noi, Signore.

- Perché la nostra fede non resti statica, legata a piccole formule e a poveri gesti, ma cresca ogni giorno, ti preghiamo. **Rit.**

- Conoscere Dio è un impegno che non si esaurisce mai, perché Dio continua a venire e illuminare la nostra mente: perché non ci stanchiamo di cercare e scoprire sempre nuove modalità della nostra fede, ti preghiamo. **Rit.**

- Non è facile riconoscere negli avvenimenti la mano di Dio che conduce l'uomo alla salvezza e la sua presenza di salvatore che vuole essere accolto e accettato; perché ne diventiamo capaci, ti preghiamo. **Rit.**

Padre nostro

Preghiamo

Risveglia, o Dio, i nostri cuori, perché si spiani la strada al Figlio tuo che viene e, rinnovati dalla sua venuta, fa' che ti possiamo degnamente ricevere e servire. Per Cristo nostro Signore. **Amen.**

17 dicembre

Introduzione: vedi Schema comune *(vedi pag. 9-12)*

Il bisogno di Dio

G. Il Natale ci riconduce a pensare che abbiamo bisogno di Dio: l'unica salvezza per noi, per l'uomo di sempre, viene solo da Dio.

Il progresso umano, le scoperte, le leggi e l'azione sociale, sono tutte realtà che non possono mancare nella storia dell'uomo, ma sono sempre insufficienti, soprattutto quando non sono illuminate dalla Parola di Dio. Quando il mondo vive senza Dio, pensando di poter bastare a se stesso, non riesce mai a vincere la morte che porta dentro di sé e che emerge sempre in tutto il suo comportamento: ingiustizie, oppressioni, violenze, discriminazioni sono gli immancabili frutti che nascono sul tronco selvatico dell'uomo. Solo Dio può salvare l'uomo, perché Dio è la vita, la verità, l'amore. E Dio si è fatto uomo precisamente per ridare alla sua creatura questa ricchezza che aveva perduto, e che perde continuamente.

Preghiamo

O Signore Gesù che hai illuminato l'uomo smarrito nelle tenebre con la luce della tua nascita, spezza finalmente il giogo della amara schiavitù del peccato che lungamente ci opprime, e fa' che dopo un dono così generoso non soccombiamo tra i pericoli, ma siamo liberati dal male, da te che vivi e regni nei secoli dei secoli. **Amen.**

Lettura

Dal libro del profeta Isaia *(59,2-5.7-8.19-20)*

Le vostre iniquità hanno scavato un abisso fra voi e il vostro Dio; i vostri peccati gli hanno fatto nascondere il suo volto così che non vi ascolta. Le vostre palme sono macchiate di sangue e le vostre dita di iniquità; le vostre labbra proferiscono menzogne, la vostra lingua sussurra perversità. Nessuno muove causa con giustizia, nessuno la discute con lealtà. Si confida nel nulla e si dice il falso, si concepisce la malizia e si genera l'iniquità. I loro piedi corrono al male, si affrettano a spargere sangue innocente; i loro pensieri sono pensieri iniqui, desolazione e distruzione sono sulle loro strade.

Non conoscono la via della pace, non c'è giustizia nel loro procedere; rendono tortuosi i loro sentieri, chiunque vi cammina non conosce la pace. In occidente vedranno il nome del Signore e in oriente la sua gloria, perché egli verrà come un fiume irruente, sospinto dal vento del Signore. Come redentore verrà per Sion, per quelli di Giacobbe convertiti dall'apostasia. Oracolo del Signore.

Quanto a me, ecco la mia alleanza con essi, dice il Signore: Il mio spirito che è sopra di te e le parole che ti ho messo in bocca non si allontaneranno dalla tua bocca né dalla bocca della tua discendenza né dalla bocca dei discendenti dei discendenti, dice il Signore, ora e sempre.
Parola di Dio.
Rendiamo grazie a Dio.

Riflessione

Il male fiorisce sulla terra senza Dio, là dove gli uomini pur dicendosi credenti non seguono la Parola di Dio. Anche se può sembrare che certi comportamenti siano più facili e diano più felicità o possano risolvere i problemi del vivere umano, di fatto non si arriva mai se non a situazioni dolorose e negative. Solo il Signore che viene può liberare l'uomo dal suo male: solo se noi gli andiamo incontro con umiltà e decisione, solo se seguiamo la parola viva di Gesù arriviamo a una terra nuova, a una nuova situazione di giustizia e di pace.

Salmo responsoriale *(Sal 1)*

Rit.: Il servo fedele riceverà la vita.

Beato l'uomo che non segue il consiglio degli empi,
non indugia nella via dei peccatori,

e non siede in compagnia degli stolti:
ma si compiace della legge del Signore,
la sua legge medita giorno e notte. **Rit.**

Sarà come albero piantato lungo corsi d'acqua:
che darà frutto a suo tempo,
e le sue foglie non cadranno mai,
riusciranno tutte le sue opere. **Rit.**

Non così, non così gli empi:
ma come pula che il vento disperde.
Il Signore veglia sul cammino dei giusti,
ma la via degli empi andrà in rovina. **Rit.**

Domande

Non solo la cosiddetta "società" è lontana da Dio e produce situazioni negative: anche noi, i cristiani, siamo spesso lontani dalla Parola di Dio e ci comportiamo come tutti gli altri.

• Quali alternative offriamo nella nostra vita quotidiana, quali atteggiamenti diversi da quelli delle masse?

- Come viviamo la certezza che solo Dio è il salvatore e solo lui può cambiare la faccia della terra?
- Forse ci stiamo rassegnando al male, al comune modo di pensare e di vivere?

Facciamo un gesto di totale fiducia in Dio.

Cantico della Beata Vergine

Ant.: **O Sapienza, che esci dalla bocca dell'Altissimo,
ti estendi ai confini del mondo,
e tutto disponi con soavità e con forza:
vieni, insegnaci la via della saggezza.**

Cantico della Beata Vergine *(vedi pag. 16)*

Intercessione

Il Signore conosce la nostra povertà e il bisogno che abbiamo di lui. Per questo egli viene a rispondere alla nostra attesa. Preghiamo insieme e diciamo:
Tu sei, Signore, la nostra attesa.

- Ci siamo spesso illusi di poterci arrangiare da soli confidando nelle nostre possibilità materiali o sulla nostra intelligenza: perché ci rendiamo conto che da soli non possiamo salvarci, ti preghiamo. **Rit.**

- Spesso ci rivolgiamo a persone e a cose per risolvere i nostri problemi più gravi andando contro gli insegnamenti del Vangelo e contro la nostra coscienza: perché torniamo ad essere coerenti e coscienti della nostra responsabilità di cristiani, ti preghiamo. **Rit.**

- Non abbiamo fiducia nella Provvidenza di Dio, perché vorremmo che Dio si mettesse al nostro posto, mentre lui ci offre il suo aiuto efficace e continuo: perché vinciamo il nostro orgoglio e la nostra pigrizia e ci affidiamo all'azione di Dio per svolgere fino in fondo il nostro compito, ti preghiamo. **Rit.**

Padre nostro

Preghiamo

Signore Gesù, con la tua incarnazione hai salvato il mondo perduto, con la tua passione hai redento l'uomo peccatore, ti sei umiliato per innalzare alla vita eterna la nostra natura mortale e ti sei esaltato per sostenere la nostra debolezza. Con la luce della tua venuta disperdi le nostre tenebre e rivelati a noi come la via che porta alla verità e alla felicità della vita immortale. Lo chiediamo a te che vivi e regni nei secoli dei secoli. **Amen.**

18 dicembre

Introduzione: vedi Schema comune *(vedi pag. 9-12)*

La promesssa di Dio

G. Tutta la storia dell'uomo, fin dal suo inizio, è una storia di debolezze, di sconfitte, di cadute: la Bibbia ce lo ricorda con alcuni racconti che vogliono farci riflettere sulla nostra condizione di peccatori. Ma Dio, subito al primo peccato dell'uomo, gli ha promesso la salvezza: ha garantito che il male non avrebbe avuto l'ultima parola. Qualcuno sarebbe venuto a "schiacciare la testa al serpente".
Tutta la storia del popolo eletto è una storia di promesse che si susseguono e tengono desta la speranza. I profeti continuano a descrivere il nuovo regno che il Messia verrà a iniziare e sarà il regno della salvezza per tutti gli uomini.

Preghiamo

Con la tua promessa di redenzione, o Dio, hai risollevato, dopo la colpa, a nuova speranza di grazia il genere umano creato in santità e giustizia nel tuo Verbo divino: nella pienezza dei tempi hai mandato lo stesso tuo Verbo nel mondo, perché vivendo come uomo tra noi, ci aprisse il mistero del tuo amore paterno, e sciolti i legami mortali del male, ci infondesse di nuovo la vita eterna del cielo. Ora, nella umanità del tuo Figlio, ricrea l'uomo perché la morte non deformi in lui la tua immagine viva. Per Cristo nostro Signore. **Amen.**

Lettura

Dal libro del profeta Geremia *(31,3-7.17)*

In quel tempo - oracolo del Signore - io sarò Dio per tutte le tribù di Israele ed esse saranno il mio popolo». Così dice il Signore: «Ha trovato grazia nel deserto un popolo di scampati alla spada; Israele si avvia a una quieta dimora».

Da lontano gli è apparso il Signore: «Ti ho amato di amore eterno, per questo ti conservo ancora pietà. Ti edificherò di nuovo e tu sarai riedificata, vergine di Israele. Di nuovo ti ornerai dei tuoi tamburi e uscirai fra la danza dei festanti.

Di nuovo pianterai vigne sulle colline di Samaria; i piantatori, dopo aver piantato, raccoglieranno. Verrà il giorno in cui grideranno le vedette sulle montagne di Efraim: Su, saliamo a Sion, andiamo dal Signore nostro Dio».

Poiché dice il Signore: «Innalzate canti di gioia per Giacobbe, esultate per la prima delle nazioni, fate udire la vostra lode e dite: Il Signore ha salvato il suo popolo, un resto di Israele».

C'è una speranza per la tua discendenza: i tuoi figli ritorneranno entro i loro confini.

Parola di Dio.

Rendiamo grazie a Dio.

RIFLESSIONE

La storia di Israele è intessuta sulla fedeltà di Dio che promette e mantiene la parola. Quando però il popolo eletto si allontana e si ribella a Dio, cade in situazioni negative e sperimenta che solo Dio è il suo Salvatore. Il profeta Geremia fa scoprire il senso della presenza di Dio: ci sarà un tempo di redenzione e di salvezza, comincerà una nuova epoca definitiva, epoca di giustizia e di bontà, epoca di rapporto corretto e filiale con Dio. È l'epoca che Gesù ha iniziato: la sua nascita è l'inizio dell'uomo nuovo e del mondo nuovo,

SALMO RESPONSORIALE *(Dal Sal 24)*

Rit.: Alziamo il capo: la nostra salvezza è vicina.

Fammi conoscere, Signore, le tue vie,
insegnami i tuoi sentieri.
Guidami nella tua verità e istruiscimi,

perché sei il Dio della mia salvezza,
in te ho sempre sperato. **Rit.**

Buono e retto è il Signore,
la via giusta addita ai peccatori:
guida gli umili secondo giustizia,
insegna ai poveri le sue vie. **Rit.**

Tutti i sentieri del Signore sono verità e grazia,
per chi osserva il suo patto e i suoi precetti.
Il Signore si rivela a chi lo teme,
gli fa conoscere la sua alleanza. **Rit.**

DOMANDE

Dio è fedele alla sua parola: noi lo siamo verso di lui con gli impegni assunti nel battesimo?

- Siamo seguaci di Gesù, del suo insegnamento, oppure seguiamo le abitudini e il buon senso comune, venendo meno alla nostra identità cristiana, e così privando il mondo di quel lievito che deve farlo fermentare?
- Come accettiamo la "profezia" che anche ai nostri giorni Dio annuncia a noi attraverso il Magistero della Chiesa, la Liturgia, la nostra preghiera silenziosa, e l'esempio di molte persone?

Mettiamo in pratica oggi una nostra promessa battesimale.

CANTICO DELLA BEATA VERGINE

**Ant.: O Signore, guida della casa d'Israele,
che sei apparso a Mosè
nel fuoco del roveto,
e sul monte Sinai gli hai dato la legge:
vieni a liberarci con braccio potente.**

Cantico della Beata Vergine (vedi pag. 16)

INTERCESSIONE

Dio adempie le sue promesse e manda il Salvatore. Egli porta la pace e la gioia, la vita di Dio agli uomini. Preghiamo insieme e diciamo:

Donaci la tua luce e la tua forza.

- Spesso noi non siamo fedeli e manchiamo alle promesse fatte nel battesimo, seguendo la corrente comune e lasciandoci illudere dalle promesse mondane: rendici forti e coraggiosi, ti preghiamo. **Rit.**

- Questi giorni sono ricchi di grazia nell'attesa della tua venuta e ridonano la certezza che tu sei con noi e ci ami e ci sostieni: aiutaci a viverli con pienezza di impegno, ti preghiamo. **Rit.**

- Dio continua a rivelarci il suo amore e a offrirci il dono della sua salvezza anche attraverso avvenimenti e persone che ci sono vicini: perché impariamo ad accorgerci di quanto ci verrà donando ogni giorno, ti preghiamo. **Rit.**

Padre nostro

PREGHIAMO

La tua grazia, o Dio onnipotente, ispiri e sostenga nel cammino della salvezza noi che aspettiamo il Signore con ardente speranza: dona a noi il tuo aiuto nella vita presente per realizzare questo cammino incontro al tuo Figlio che viene, e vive e regna nei secoli dei secoli. **Amen.**

19 dicembre

Introduzione: vedi Schema comune *(vedi pag. 9-12)*

L'annuncio di Maria

G. Quando venne la "pienezza dei tempi", quando Dio giudicò opportuno realizzare la sua promessa, volle coinvolgere una creatura, una donna, che rendesse possibile la sua nascita umana. Nell'intimo segreto di una giovane donna, la parola di Dio propone il suo piano: una nascita verginale dà inizio alla storia del Dio fatto uomo. Maria accetta, e si affida all'amore di Dio, superando difficoltà e timori: e il "Verbo si fa carne e prende ad abitare in noi". Prepararsi al Natale è anche mettersi nella medesima disposizione di Maria: accettare l'annuncio di Dio, rispondere con slancio e generosità, lasciarsi fare da Dio che è buono e fa sempre "grandi cose". Qualcosa di nuovo deve nascere se si segue con fedeltà e pienezza la parola di Dio, se lo si lascia agire in tutta la sua potenza.

Preghiamo

Esaudisci, o Padre infinitamente buono, la nostra supplica: donaci di aderire con umile fede alla tua parola sull'esempio della Vergine immacolata che all'annunzio dell'angelo accolse il tuo Verbo ineffabile e, colma di Spirito Santo, divenne tempio di Dio. Per Cristo nostro Signore. **Amen.**

Lettura

Dal vangelo secondo Luca *(1,26-38)*

In quel tempo, l'angelo Gabriele fu mandato da Dio in una città della Galilea, chiamata Nazaret, a una vergine sposa di un uomo della casa di Davide, chiamato Giuseppe. La vergine si chiamava Maria.

Entrando da lei, le disse: "Ti saluto, o piena di grazia. Il Signore è con te".

A queste parole ella rimase turbata, e si chiedeva che

senso avesse un tale saluto. L'angelo le disse: "Non temere, Maria, perché hai trovato grazia presso Dio. Ecco: concepirai un figlio, lo darai alla luce, e lo chiamerai Gesù. Sarà grande, e chiamato Figlio dell'Altissimo: il Signore Dio gli darà il trono di Davide suo Padre, e regnerà per sempre sulla casa di Giacobbe, e il suo regno non avrà mai fine". Allora Maria disse all'angelo: "Come è possibile? Non conosco uomo".

L'angelo le rispose: "Lo Spirito Santo scenderà su di te, su te stenderà la sua ombra la potenza dell'Altissimo. Colui che nascerà da te sarà dunque santo e chiamato Figlio di Dio. Vedi, anche Elisabetta, tua parente, nella sua vecchiaia ha concepito un figlio e questo è il sesto mese per lei che tutti dicevano sterile: nulla è impossibile a Dio". Allora Maria disse: "Eccomi, sono la serva del Signore. Avvenga di me quello che hai detto".

E l'angelo partì da lei.

Parola del Signore.

Lode a te, o Cristo.

Riflessione

L'azione di salvezza si svolge sempre in un contesto umano: Dio vuole avere bisogno degli uomini e chiede a Maria di associarsi pienamente al suo disegno di redenzione. Così a ciascuno di noi, il dono della fede è un invito di Dio a diventare a nostra volta messaggeri di quel dono e a trasmetterlo ad altri. Nell'obbedienza alla volontà di Dio e nel seguire la sua parola, si diventa fecondi, e la vita prende un senso e un valore molto più grande.

Salmo responsoriale *(Da 1 Sam 2,1.4-8)*

Rit. Il Signore ha fatto in me grandi cose.

Il mio cuore esulta nel Signore,
la mia fronte s'innalza grazie al mio Dio.
Si apre la mia bocca contro i miei nemici,
perché io godo del beneficio che mi hai concesso. **Rit.**

I sazi sono andati a giornata per un pane,
mentre gli affamati han cessato di faticare.
La sterile ha partorito sette volte
e la ricca di figli è sfiorita. **Rit.**

Il Signore fa morire e fa vivere,
scendere agli inferi e risalire.
Il Signore rende povero e arricchisce,
abbassa ed esalta. **Rit.**

Solleva dalla polvere il misero,
innalza il povero dalle immondizie,
per farli sedere insieme con i capi del popolo
e assegnar loro un seggio di gloria. **Rit.**

DOMANDE

Nel mistero di Natale, Maria ha un posto importante: nella nostra vita quotidiana, che posto ha?

- Come rispondiamo all'annuncio che Dio ci rivolge attraverso la sua parola, la liturgia e le intuizioni che sgorgano nel nostro cuore?
- Quale è la nostra fecondità nel mondo attuale, quale presenza abbiamo, quale incidenza?
- La devozione a Maria fin dove ci aiuta a vivere più pienamente la nostra fede e il nostro impegno cristiano?

CANTICO DELLA BEATA VERGINE

Ant.: **O Radice di Iesse,**
che ti innalzi come segno per i popoli:
tacciono davanti a te i re della terra,
e le nazioni t'invocano:
vieni a liberarci, non tardare.

Cantico della Beata Vergine *(vedi pag. 16)*

Intercessione
Guarda, Padre, i tuoi figli e manda a noi Gesù. Maria accolga la tua Parola e diventi Madre di Gesù e nostra. Preghiamo insieme e diciamo:
Signore, noi confidiamo in te.

- La Madre di Gesù accetta con fiducia l'annuncio dell'angelo e si mette a totale disposizione di Dio nonostante difficoltà e preoccupazioni notevoli: rendici più pronti e obbedienti alla tua parola, ti preghiamo. **Rit.**

- Gesù nasce a Betlemme perché Maria ha aderito alla proposta di Dio fidandosi solo della sua bontà: perché anche noi diventiamo parola di Gesù nel mondo attuando la nostra fede vissuta con impegno, ti preghiamo. **Rit.**

- Maria si fida di Dio contro ogni prudenza umana e ogni abitudine e tradizione di buon senso: perché anche noi siamo capaci di superare la paura che troppo spesso ci ferma, ti preghiamo. **Rit.**

Padre nostro

Preghiamo
O Signore, all'annunzio dell'angelo la Vergine Maria accolse con piena fede la tua parola e per l'opera misteriosa dello Spirito Santo concepì il primogenito dell'umanità rinnovata: ella portò nel suo grembo con ineffabile amore colui che doveva compiere le promesse di Israele e rivelarsi al mondo come il salvatore atteso dalle genti. Concedi a noi di essere partecipi della vita nuova e immortale che iniziò nel grembo di Maria e aiutaci ad adorare con intensità e generosità il mistero di Gesù tuo Figlio e nostro fratello, vero Dio e vero uomo, che vive e regna nei secoli dei secoli. **Amen.**

20 dicembre

Introduzione: vedi Schema comune *(vedi pag. 9-12)*

Il Precursore

G. Al momento dell'inizio della salvezza operata da Gesù, c'è un precursore, un uomo che Dio ha suscitato per destare nel suo popolo l'interesse verso il Messia ormai venuto. Giovanni dal deserto comincia a predicare e a disporre gli animi alla conversione.
È necessario un cambiamento completo di mentalità, una decisione seria e fattiva, per mettersi in sintonia con l'azione di Dio, senza nascondersi nelle abitudini o nelle tradizioni. Quando Dio viene, lo si accoglie aprendo il cuore in tutta la sua grandezza, pronti a cominciare tutto daccapo. Dio legge nel cuore e solo là dove trova una reale apertura, un sincero desiderio di cambiamento, può operare le meraviglie della salvezza.

Preghiamo

O Dio onnipotente, Giovanni Battista additò alle genti l'Agnello immacolato mandato a espiare i peccati del mondo: concedi alla tua famiglia di camminare sulla via della salvezza sotto la guida del precursore, e di andare incontro con serena fiducia al Signore Gesù, il Messia che sta per venire e vive e regna nei secoli dei secoli. **Amen.**

Lettura

Dal vangelo secondo Luca *(3,1-14)*

Nell'anno decimoquinto dell'impero di Tiberio Cesare, mentre Ponzio Pilato era governatore della Giudea, Erode tetrarca della Galilea, e Filippo, suo fratello, tetrarca dell'Iturèa e della Traconìtide, e Lisània tetrarca dell'Abilène, sotto i sommi sacerdoti Anna e Caifa, la parola di Dio scese su Giovanni, figlio di Zaccaria, nel deserto. Ed egli percorse tutta la regione del Giordano, predicando un battesimo di conversione per il perdono dei peccati, com'è scritto nel libro degli oracoli del profeta Isaia: *Voce di uno che grida nel deserto: Preparate la via del Signore, raddrizzate i suoi sentieri! Ogni burrone sia riempito, ogni monte e ogni colle sia abbassato; i passi tortuosi siano diritti; i luoghi impervi spianati. Ogni uomo vedrà la salvezza di Dio!* Diceva dunque alle folle che andavano a farsi battezzare da lui: «Razza di vipere, chi vi ha insegnato a sfuggire all'ira imminente? Fate dunque opere degne della conversione e non cominciate a dire in voi stessi: Abbiamo Abramo per padre! Perché io vi dico che Dio può far nascere figli ad Abramo anche da queste pietre. Anzi, la scure è già posta alla radice degli alberi; ogni albero che non porta buon frutto, sarà tagliato e buttato nel fuoco». Le folle lo interrogavano: «Che cosa dobbiamo fare?». Rispondeva: «Chi ha due tuniche, ne dia una a chi non ne ha; e chi ha da mangiare, faccia altrettanto». Vennero anche dei pubblicani a farsi battezzare, e gli chiesero: «Maestro, che dobbiamo fare?». Ed egli disse loro: «Non esigete nulla di più di quanto vi è stato fissato». Lo interrogavano anche alcuni soldati: «E noi che dobbiamo fare?». Rispose: «Non maltrattate e non estorcete niente a nessuno, contentatevi delle vostre paghe».

Parola del Signore. **Lode a te, o Cristo.**

RIFLESSIONE

Giovanni invita a convertirsi, a decidersi una volta per sempre: il Natale è una buona occasione. Per ricevere Gesù bisogna cambiare mentalità: dall'individualismo egoista all'apertura fraterna nella carità, dall'orgoglio chiuso su se stesso e sulle proprie idee all'umiltà che rende discepoli, dal senso di autonomia di fronte a Dio a una dipendenza cosciente e personale. Si tratta di riconoscere che Dio è il Signore di tutto e di tutti e che Gesù è questo Signore che viene per stabilire un rapporto pieno e duraturo con ogni uomo, con ciascuno di noi.

Salmo responsoriale *(Dal Sal 23)*

Rit.: Beati i puri di cuore, perché vedranno Dio.

Del Signore è la terra e quanto contiene,
l'universo e i suoi abitanti.
È lui che l'ha fondata sui mari,
e sui fiumi l'ha stabilita. **Rit.**

Chi salirà il monte del Signore?
Chi starà nel suo luogo santo?
Chi ha mani innocenti e cuore puro,
chi non pronunzia menzogna. **Rit.**

Otterrà benedizione dal Signore,
giustizia da Dio sua salvezza.
Ecco la generazione che lo cerca,
che cerca il tuo volto, o Dio di Giacobbe. **Rit.**

Domande

- Il nostro battesimo è solo un ricordo sbiadito, senza nessun effetto sulla vita attuale?
- Quelle promesse fatte allora, e rinnovate alla prima comunione, alla cresima e ogni anno nella notte di Pasqua, tengono ancora?
- Come siamo noi oggi precursori di Dio che viene, cioè testimoni di quel regno di Dio che Gesù ha iniziato?
- Che cosa cambia in noi in questo Natale, quale conversione stiamo attuando?

Un gesto concreto di conversione personale.

Cantico della Beata Vergine

Ant.: O Chiave di Davide,
scettro della casa di Israele,
che apri, e nessuno può chiudere,
chiudi, e nessuno può aprire:

vieni, libera l'uomo prigioniero,
che giace nelle tenebre e nell'ombra di morte.

Cantico della Beata Vergine *(vedi pag. 16)*

INTERCESSIONE

Apri il nostro cuore ai tuoi doni, o Signore, e anche la nostra vita come il Battista annunci la tua venuta. Preghiamo insieme e diciamo:
Signore, ravviva in noi il tuo amore.

- Fare Natale è convertirsi a Dio che viene, è andare verso di lui, è accoglierlo dentro di noi: perché subito cominci qualcosa di nuovo che cambi il nostro cuore, ti preghiamo. **Rit.**

- Cambiare mentalità è il presupposto per accogliere Gesù che viene e per operare in noi quella novità che è frutto del Natale: sostieni il nostro sforzo e rendici coraggiosi e leali, ti preghiamo. **Rit.**

- Gesù che viene pur nella umiltà di un bambino appena nato, è il Signore di tutto e di tutti: perché ci faccia umili e obbedienti alla tua parola e alla tua iniziativa, ti preghiamo. **Rit.**

Padre nostro

PREGHIAMO

Donaci, o Dio onnipotente, di seguire senza incertezze, la via della giustizia indicata dalla voce chiara e forte di Giovanni il precursore, che annunziò e indicò la presenza viva di Cristo Signore e Salvatore del mondo, che vive e regna nei secoli dei secoli. **Amen.**

21 dicembre

Introduzione: vedi Schema comune *(vedi pag. 9-12)*

Sei tu quello che deve venire

G. Il Natale è una ricorrenza che, proprio perché torna ogni anno, rischia di perdere il suo vero significato, di diventare una festa esteriore senza nessuna eco dentro di noi. Per questo vogliamo prepararci nell'attesa di questo evento.

Però, aspettare qualcuno vuol dire riconoscere di mancare di qualcosa, di averne bisogno, di stare male nell'attesa dell'incontro.

Ci chiediamo perciò se davvero noi stiamo aspettando qualcuno, e se è Gesù che deve venire, oppure qualche altro personaggio o qualche cambiamento materiale, qualche nuova situazione sociale.

La liturgia insiste in questi giorni nel ricordare che Gesù è l'unico salvatore e che viene e ritorna con noi anche in questo Natale: perciò ci invita a ben prepararci per non perdere questa occasione troppo importante.

Preghiamo

Dacci, o Dio onnipotente, nuovo vigore per muovere incontro al Salvatore sulla via della giustizia, e disponi il nostro cuore all'avvento del tuo Figlio, perché tornando e bussando alla nostra porta ci trovi vigilanti nella preghiera ed esultanti nella lode. Per lui, che vive nei secoli dei secoli. **Amen.**

Lettura

Dal vangelo secondo Matteo *(11,2-6)*

Giovanni intanto, che era in carcere, avendo sentito parlare delle opere del Cristo, mandò a dirgli per mezzo dei suoi discepoli: "Sei tu colui che deve venire o dobbiamo attenderne un altro?".

Gesù rispose: "Andate e riferite a Giovanni ciò che voi udite e vedete: *I ciechi ricuperano la vista*, gli storpi cam-

minano, i lebbrosi sono guariti, i sordi riacquistano l'udito, i morti risuscitano, *ai poveri è predicata la buona novella,* e beato colui che non si scandalizza di me".
Parola del Signore.
Lode a te, o Cristo.

RIFLESSIONE

Le domande fatte a Gesù ricevono una risposta concreta e precisa: quello che vedete e sentite. Ed è sufficiente per dissipare ogni dubbio. Gesù è colui che cambia la situazione del mondo, che guarisce le malattie, che trasforma il cuore dell'uomo, e abolisce ogni ingiustizia e oppressione. Il Natale è un tempo di grazia, che deve far scaturire una umanità nuova, un nuovo modo di vivere tra uomini tornati a essere fratelli.
È il solo modo per vivere in verità la fede nel Dio che si fa uomo e viene ad abitare con noi.

SALMO RESPONSORIALE *(Dal Sal 71)*

Rit.: Venga il tuo regno di giustizia e di pace.

Dio, da' al re il tuo giudizio
e al figlio del re la tua giustizia;
regga con giustizia il tuo popolo,
e i tuoi poveri con rettitudine. **Rit.**

Le montagne portino pace al popolo
e le colline giustizia.
Ai miseri del suo popolo renderà giustizia,
salverà i figli dei poveri. **Rit.**

Nei suoi giorni fiorirà la giustizia
e abbonderà la pace,
fin che non si spenga la luna.
E dominerà da mare a mare,
dal fiume fino ai confini della terra. **Rit.**

Il suo nome duri in eterno,
davanti al sole persista il suo nome.
In lui saranno benedette
tutte le stirpi della terra
e tutti i popoli lo diranno beato. **Rit.**

Domande

Quando Gesù viene, i ciechi vedono, gli zoppi camminano, i sordi odono...: ma forse noi non vogliamo né vedere, né sentire, né camminare. Preferiamo restare così come siamo, senza farci mettere in questione da ciò che vediamo e sentiamo in noi e accanto a noi.

- Forse ci "scandalizziamo" di Gesù perché non risponde ai nostri programmi e non rispetta i nostri criteri.
- Forse vorremmo che Gesù facesse quei miracoli che sarebbero di nostro comodo tornaconto. Gesù viene a Natale e si mette dalla parte dei più poveri e dei più deboli; dalla nostra parte, se noi abbiamo la lealtà di riconoscere quello che siamo.

Un atto di umiltà per metterci al nostro posto giusto.

Cantico della Beata Vergine

Ant.: O Astro che sorgi,
splendore della luce eterna,
sole di giustizia:
vieni, illumina chi giace nelle tenebre
e nell'ombra di morte.

Cantico della Beata Vergine (vedi pag. 16)

INTERCESSIONE

Non tardare, Signore Gesù, e vieni in nostro soccorso, vieni in mezzo a noi e raccontaci le parole del Padre. Preghiamo insieme e diciamo:

Mostra la tua potenza, Signore.

- Far Natale vuol dire lasciarci mettere in questione da Dio che viene e sconvolge i nostri equilibri umani: aiutaci a non chiuderci in noi stessi per difendere quello che già siamo, ma ad aprirci alla novità che tu porti, ti preghiamo. **Rit.**

- Gesù viene e cambia la situazione del mondo capovolgendo i valori e le abitudini umane: perché noi non siamo più di ostacolo a queste tue azioni di salvezza, ma diventiamo tuoi collaboratori, ti preghiamo. **Rit.**

- Troppe volte non aspettiamo Gesù, ma ci rassegniamo alle nostre debolezze e crediamo di trovare altri aiuti; perché ci decidiamo a fidarci di te e a impegnarci in una perenne conversione, ti preghiamo. **Rit.**

Padre nostro

PREGHIAMO

Concedi, o Dio onnipotente, che il nostro cuore devoto celebri con frutti di grazia il Natale di Cristo che sta per venire: mantienici alla scuola delle cose celesti e nella tristezza dei tempi presenti donaci quella speranza e quella gioia che nascono dalla certezza del tuo amore. Per Cristo nostro Signore. **Amen**.

22 dicembre

Introduzione: vedi Schema comune *(vedi pag. 9-12)*

Gesù resta sempre con noi

G. Ormai siamo giunti al Natale: questa novena ci ha preparato e ci ha condotti per mano fino al presepio di Gesù. Ma la venuta di Gesù non si esaurisce in un giorno e non finisce in questa ricorrenza. Gesù rimane con noi: resta con noi la sua parola che possiamo conoscere e meditare nella Bibbia, nella Liturgia, nella nostra preghiera personale. E resta con noi nell'Eucaristia dove è presente con il suo amore infinito che lo ha condotto fino a consegnarsi nelle nostre mani. Il nostro Natale continua ogni giorno nell'Eucaristia, nella Messa, memoriale della sua morte e risurrezione, e nella presenza viva di lui nel tabernacolo delle nostre chiese dove l'Eucaristia viene conservata. Ogni volta che partecipiamo alla Messa o che veniamo ad adorare l'Eucaristia, noi riviviamo il mistero del Dio fatto uomo, della Parola che si è fatta carne ed è rimasta con noi anche sotto le apparenze del pane e del vino: così continua il nostro incontro con Gesù, continua la gioia di averlo con noi, in noi.

Preghiamo

La tua salvezza, o Dio onnipotente, che ci appare nell'ora del Natale di Cristo tuo Figlio, come luce inattesa nel cielo notturno, illumini e rinnovi il nostro cuore, così che possiamo cominciare un nuovo modo di vivere nella fede e nella intimità con lui che è venuto e che regna nei secoli dei secoli. **Amen.**

Lettura

Dal libro del profeta Isaia *(54,1-3.5-7.9-10)*

Esulta: o sterile che non hai partorito, prorompi in grida di giubilo e di gioia, tu che non hai provato i dolori, perché più numerosi sono i figli dell'abbandonata che i figli della maritata, dice il Signore.

Allarga lo spazio della tua tenda, stendi i teli della tua

dimora senza risparmio, allunga le cordicelle, rinforza i tuoi paletti, poiché ti allargherai a destra e a sinistra e la tua discendenza entrerà in possesso delle nazioni, popolerà le città un tempo deserte.

Poiché tuo sposo è il tuo creatore, Signore degli eserciti è il suo nome; tuo redentore è il Santo di Israele, è chiamato Dio di tutta la terra. Come una donna abbandonata e con l'animo afflitto, il Signore ti ha richiamata. Viene forse ripudiata la donna sposata in gioventù? Dice il tuo Dio.

Per un breve istante ti ho abbandonata, ma ti riprenderò con immenso amore.

Ora è per me come ai giorni di Noè, quando giurai che non avrei più riversato le acque di Noè sulla terra; così ora giuro di non più adirarmi con te e di non farti più minacce. Anche se i monti si spostassero e i colli vacillassero, non si allontanerebbe da te il mio affetto, né vacillerebbe la mia alleanza di pace; dice il Signore che ti usa misericordia.

Parola di Dio.

Rendiamo grazie a Dio.

RIFLESSIONE

La venuta di Gesù è un fatto che dura per sempre, è l'incontro di Dio con l'uomo di ogni tempo. Dio mantiene la sua promessa e non cambia il suo progetto. La presenza di Gesù nell'Eucaristia offre l'occasione perenne per godere questo mistero.

Però bisogna ascoltare, ringraziare, avere fiducia, bisogna allargare il proprio cuore verso di Dio che è sempre disposto a stare con la sua creatura e a colmarla di grazia.

Anche se ci sono momenti di difficoltà, Dio è sempre vicino: se noi andiamo da lui, ci accorgiamo subito della sua presenza e del suo amore. Oramai, Dio è venuto e non se ne parte più da noi.

SALMO RESPONSORIALE *(Dal "Rorate coeli")*

Rit.: Apritevi, o cieli, e fate discendere il Salvatore.

Non inquietarti o Signore,
non ricordare ancora il nostro peccato.
La città santa si è fatta deserta,
una volta era la casa
della tua santità e della tua gloria,
là venivano i nostri padri ad adorarti. **Rit.**

Abbiamo peccato, e siamo divenuti immondi:
siamo caduti come foglie secche!
I nostri peccati ci hanno travolto
come la furia del vento:
tu hai nascosto la tua faccia
e ci hai lasciati in balia della nostra follia. **Rit.**

Guarda, o Signore,
e vedi il cordoglio del tuo popolo:
manda colui che devi mandare!
Manda, o Signore, l'Agnello
che deve dominare la terra,
dal deserto fino al monte Sion:
perché tolga da noi
il giogo della nostra schiavitù. **Rit.**

Consolatevi!
Consolati popolo mio,
presto verrà la tua salvezza!
Perché ti consumi nel dolore
e la tristezza ti divora?
Ti salverò: non avere paura!
Sono io il Signore Dio tuo,
il santo di Israele, il tuo Redentore. **Rit.**

Domande

Non lasciamo questo Natale senza aver fatto qualcosa di concreto che rimanga, senza aver preso qualche decisione.

- Al termine di questa Novena, quali sono i nostri progetti, quali intuizioni Dio ha messo nei nostri cuori, quali desideri sono nati dentro di noi?
- Se Gesù è sempre con noi nell'Eucaristia, perché non abituarci a un incontro quotidiano con lui per adorarlo e restare qualche momento davanti a lui?
- Perché non rendere la Messa qualcosa di più decisivo nella nostra vita, un punto fondamentale di ogni settimana?

Così il dono del Natale resta per sempre. Una visita in chiesa per ringraziare Gesù che viene.

Cantico della Beata Vergine

Ant.: **O Re delle genti, atteso da tutte le nazioni,
pietra angolare che riunisci i popoli in uno:
vieni, e salva l'uomo
che hai formato dalla terra.**

Cantico della Beata Vergine (vedi pag. 16)

Intercessione

Ti adoriamo, Signore Gesù, presente nell'Eucaristia. Tu sei l'amore. Tu sei tutto per noi. Preghiamo insieme e diciamo:
Resta con noi, Signore!

- Tutto ci invita alla gioia in questo tempo di Natale nella certezza che Dio viene e salva ciascuno di noi: rendici gioiosi per questo tuo dono e messaggeri di gioia al nostro prossimo, ti preghiamo. **Rit.**

- Nell'Eucaristia Gesù è sempre presente e rimane con noi per arricchirci del suo amore costante: perché possiamo capire e godere questo dono senza disperderlo nella banalità delle abitudini, ti preghiamo. **Rit.**

- Gesù che viene ci assicura del suo amore che non smette mai e chiede soltanto di essere accettato: perché diventiamo più liberi e ci lasciamo invadere dal tuo dono infinito, ti preghiamo. **Rit.**

Padre nostro

Preghiamo
Accresci, o Dio, l'amore tra noi, donaci di vivere irreprensibili nella santità e rassicura i nostri cuori ansiosi con la venuta di Cristo tuo figlio: la luce del tuo Verbo che pone la sua tenda tra noi rischiari le tenebre del mondo e ci renda luminosi e coerenti. Lo chiediamo per lui, nostro Signore che vive e regna nei secoli dei secoli. **Amen.**

23 dicembre

Introduzione: vedi Schema comune *(vedi pag. 9-12)*

"Oggi è nato per voi il Salvatore!".

G. Vogliamo capire meglio il senso del Natale, coglierne il valore, la grandezza, l'impegno per la nostra vita attuale. Vogliamo accogliere il Dio che viene, con tutta la disponibilità e la larghezza d'animo che è richiesta da questo fatto straordinario e misterioso. Ci raccogliamo in silenzio e preghiera, lasciando che la Parola di Dio parli con tutta la ricchezza e la fecondità che le è propria.

La nostra parola è povera: quante volte balbetta impotente dinanzi a misteri che non riesce a penetrare! Quante volte non sa comunicare il senso che essa racchiude! Quante volte non raggiunge gli esiti desiderati! La nostra parola umana non riesce mai a esprimere e a illuminare il nostro essere uomini, perché è sempre limitata, mentre in noi c'è qualcosa di eterno e di infinito, c'è il Dio che è venuto. Solo la sua parola può rivelare chi noi siamo, dove e come dobbiamo andare, come dobbiamo vivere per realizzare tutta intera la nostra ricchezza umana. Se noi pretendiamo di essere noi stessi in modo totale ed esaustivo e di bastare a noi stessi da soli, cercando la vita e la verità solo nell'uomo, inganniamo noi stessi: le nostre parole diventano semi di morte. Non ci comprendiamo più tra di noi, non troviamo più la strada giusta per uscire dal labirinto in cui siamo, non riusciamo più a godere dei grandi doni che abbiamo tra le mani: c'è bisogno di una Parola che venga a illuminarci.

Preghiamo

O Dio, che sei Parola e realizzi ciò che dici, parla ai nostri cuori in questa festa di Natale: entra nella nostra vita e trasformala secondo il tuo meraviglioso progetto di cui ci offri un segno nel tuo Figlio che nasce a Betlemme. Te lo chiediamo per lui che vive e regna con te in tutti i secoli dei secoli. **Amen.**

Lettura

Dal libro di Isaia *(11,1-6)*

Il popolo che camminava nelle tenebre vide una grande luce; su coloro che abitavano in terra tenebrosa una luce rifulse.

Hai moltiplicato la gioia, hai aumentato la letizia. Gioiscono davanti a te come si gioisce quando si miete e come si esulta quando si divide la preda. Poiché tu, ome al tempo di Madian, hai spezzato il giogo che l'opprimeva, la sbarra sulle sue spalle e il bastone dell'aguzzino.

Poiché un bambino è nato per noi, ci è stato dato un figlio. Sulle sue spalle è il segno della sovranità ed è chiamato: "Consigliere ammirabile, Dio potente, Padre per sempre, Principe della pace"; grande sarà il suo dominio e la pace non avrà fine sul trono di Davide e sul regno, che egli viene a consolidare e rafforzare con il diritto e la giustizia, ora e sempre; questo farà lo zelo del Signore.

Parola di Dio.

Rendiamo grazie a Dio.

Riflessione

Gesù è la parola piena e definitiva. Egli è l'uomo perfettamente realizzato: la sua vicenda storica lo manifesta come parola di Dio, come segno umano di Dio, così vicino a Dio da essere realmente identico a lui. Oggi il presepe diventa scuola, la stalla accoglie l'eterna sapienza di Dio, i pastori sono i primi scolari della Parola che parla nel silenzio del bambino appena nato. Oggi il presepe diventa una grande luce che illumina il mondo intero e dissipa le tenebre dell'errore, dell'egoismo e dell'ingiustizia che avvolgono l'umanità. Il Bambino deposto nella mangiatoia ha su di sé la magnificenza di Dio, la sua potenza, il suo regno.

Salmo responsoriale *(Dal Sal 88)*

Rit. Il Signore è fedele per sempre.

Canterò senza fine le grazie del Signore,
con la mia bocca annunzierò la tua fedeltà nei secoli,
perché hai detto: «La mia grazia rimane per sempre»;
la tua fedeltà è fondata nei cieli. **Rit.**

«Ho stretto un'alleanza con il mio eletto,
ho giurato a Davide mio servo:
stabilirò per sempre la tua discendenza,
ti darò un trono che duri nei secoli». **Rit.**

Egli mi invocherà: Tu sei mio padre,
mio Dio e roccia della mia salvezza.
Gli conserverò sempre la mia grazia,
la mia alleanza gli sarà fedele. **Rit.**

Domande

Il Natale è una festa di luce. Il popolo di Israele ha atteso per secoli questa luce che si è manifestata nel Bambino Gesù, il Messia.

- Nonostante le tenebre, so riconoscere la luce del Signore che viene?
- A volte il buio dello sconforto e delle difficoltà è troppo pesto, e non mi permette di scorgere la piccola luce che il Bambino Gesù viene a portarmi.
- Forse sono distratti, forse siamo tanto superficiali da non scorgere i bagliori dell'aurora proprio nel buio più scuro. Che faccio? Prendo la torcia del Natale e lascio che mi illumini dandomi speranza, o preferisco restare nella superficialità del buio?

Cantico della Beata Vergine

**Ant.: O Emmanuele, nostro re e legislatore,
speranza e certezza dei popoli:
vieni a salvarci, o Signore nostro Dio.**

Cantico della Beata Vergine *(vedi pag. 16)*

Intercessioni

La nostra preghiera personale si allarga e diventa preghiera di tutti. Diciamo insieme: **Ascoltaci, Signore.**

- Le nostre parole sono povere e inutili, spesso sono false e violente: solo la tua parola ci salva, perché ci rivela quello che siamo, e ci manifesta il nostro vero valore. Aiutaci ad ascoltarla e a crederla. Ti preghiamo. **Rit.**

- La tua parola è sempre creativa: di' per noi quella parola che crea il nostro cuore nuovo, la nostra libertà, la nostra volontà di obbedirti, quella parola che ci converte. Ti preghiamo. **Rit.**

- Sei tu Gesù, la parola di Dio fatta carne e nata a Betlemme: rendici attenti a te, docili e pronti a seguirti, coraggiosi nel realizzare quanto ci insegni, perché il tuo regno venga e si sviluppi in mezzo a noi. Ti preghiamo. **Rit.**

Padre nostro

Preghiamo

O Gesù, quando tu sei nato, una grande luce ha illuminato il genere umano: anche oggi risplenda questa tua luce perché ciascuno di noi e tutti insieme possiamo deciderci a seguire la tua strada e cambiare il nostro cuore reso più puro e più libero, più coraggioso e più generoso. Così, il nostro Natale sarà il Natale di te che vieni e vivi e regni nei secoli dei secoli. **Amen.**

24 dicembre

Introduzione: vedi Schema comune *(vedi pag. 9-12)*

OGGI VEDRETE IL RE DEI RE

G. Il bambino neonato del presepio non parla, ma si offre alla contemplazione attenta e devota dei pastori e poi dei magi: è lo stesso Gesù che poi parla e rivela il progetto di Dio e si rivela come Dio, e prima di lasciare questo mondo e dare la sua vita per la salvezza della umanità, vuole lasciare se stesso per sempre come "vero cibo e vera bevanda", perché chi mangia la sua carne e beve il suo sangue abbia la vita eterna. Il nostro desiderio di avere Dio con noi che ci aiuta, ci conforta, ci salva, è ascoltato da Dio che viene a nascere nel mondo e vi resta per sempre. L'antica profezia di Isaia diventa realtà.

PREGHIAMO

O Dio di infinità bontà, che fai sorgere il sole sui giusti e sugli ingiusti, inviandoci il tuo Figlio ci fai assaporare il tuo amore infinito e sconfinato. Concedici di attingere dal tuo amore perché anche noi diveniamo capaci di grande generosità. Per Cristo nostro Signore. **Amen.**

LETTURA

Dal libro di Isaia *(63,15-19)*

Guarda dal cielo e osserva dalla tua dimora santa e gloriosa. Dove sono il tuo zelo e la tua potenza, il fremito della tua tenerezza e la tua misericordia? Non forzarti all'insensibilità perché tu sei nostro padre, poiché Abramo non ci riconosce e Israele non si ricorda di noi. Tu, Signore, tu sei nostro padre, da sempre ti chiami nostro redentore.

Perché, Signore, ci lasci vagare lontano dalle tue vie e lasci indurire il nostro cuore, così che non ti tema? Ritorna per amore dei tuoi servi, per amore delle tribù, tua eredità.

Perché gli empi hanno calpestato il tuo santuario, i nostri avversari hanno profanato il tuo luogo santo?

Siamo diventati come coloro su cui tu non hai mai dominato, sui quali il tuo nome non è stato mai invocato. Se tu squarciassi i cieli e scendessi! Davanti a te sussulterebbero i monti.

Parola di Dio.

Rendiamo grazie a Dio.

RIFLESSIONE

Dio ha aperto i cieli ed è disceso.La grotta di Betlemme è il segno certo di questa sua iniziativa, del suo amore che lo ha avvicinato pienamente a noi.Il presepio è l'inizio del suo abitare con noi. Ed è rimasto per sempre con noi.

La bontà, l'amore, la delicatezza, la totale dedizione che si manifesta nel presepio a Natale, continua nella presenza silenziosa di Gesù nelle nostre chiese nell'Eucaristia.

Fare Natale è accorgerci di nuovo della presenza di Dio con noi, non come un episodio che finisce subito, ma come una realtà permanente: fare Natale è andare verso di Dio che viene e si manifesta come un bambino neonato, è riprendere un cammino che non deve più fermarsi e trova nell'Eucaristia la sua meta perenne. Il presepio e l'Eucaristia parlano al nostro animo e gli manifestano quelle caratteristiche e quelle dimensioni che sono proprie di Dio e che debbono diventare proprie di chi vuole seguirlo nella fede.

Un cambiamento decisivo deve avvenire nella nostra vita, ora che abbiamo conosciuto il grande gesto di amore di Dio per noi, ora che sappiamo che Dio è venuto e resta per sempre con noi.

SALMO RESPONSORIALE *(Dal Sal 32)*

Rit. Cantiamo al Signore un canto nuovo.

Lodate il Signore con la cetra,
con l'arpa a dieci corde a lui cantate.
Cantate al Signore un canto nuovo,
suonate la cetra con arte e acclamate. **Rit.**

Il piano del Signore sussiste per sempre,
i pensieri del suo cuore per tutte le generazioni.
Beata la nazione il cui Dio è il Signore,
il popolo che si è scelto come erede. **Rit.**

L'anima nostra attende il Signore,
egli è nostro aiuto e nostro scudo.
In lui gioisce il nostro cuore
e confidiamo nel suo santo nome. **Rit.**

DOMANDE

Com'è in questi giorni il nostro cuore?

- Si sta allargando per accogliere o è ancora chiuso, tanto da non poter accogliere nemmeno le persone che ci sono intorno?
- Quante volte, durante la nostra giornata, incontriamo persone che ci chiedono aiuto: i genitori, un amico, un compagno di scuola, un povero per strada. Tutti ci chiedono di essere accolti, ascoltati semplicemente. E a volte noi non ci accorgiamo di questo… facciamo finta di niente e tiriamo dritto per la nostra strada.
- Accogliere veramente Gesù non significa solo fare una bella Novena, venire a Messa il giorno di Natale… significa saper accogliere il fratello che abbiamo accanto, soprattutto chi è bisognoso di ascolto, del nostro aiuto.

La porta del mio cuore: la apro o la tengo ben chiusa per questo Natale?

CANTICO DELLA BEATA VERGINE

Ant.: **Quando sarà sorto il sole nel cielo
vedrete il Re dei re, che procede dal Padre,
come sposo che sorge dal suo riposo.**

Cantico della Beata Vergine (vedi pag. 16)

INTERCESSIONI

Quello che è maturato nei nostri cuori in questa riflessione rendiamolo preghiera comune. Diciamo:

Accogli, Signore, la nostra invocazione.

- Sei venuto al mondo come un bambino che non parla, e sei rimasto con noi nell'Eucaristia senza parlare: rendici capaci di ascoltarti nel silenzio e di capire la tua perenne lezione. Ti preghiamo. **Rit.**

- Hai ascoltato i nostri desideri e sei venuto ad abitare con noi: tienici alla tua presenza, liberaci dalla nostra distrazione, rendici attenti e fedeli in ogni giorno della nostra vita. Ti preghiamo. **Rit.**

- La tua lezione continua, la tua parola si esprime ogni giorno nella vita del mondo, nell'insegnamento della Chiesa, nella nostra preghiera personale: aiutaci a non fuggire e non restare nel nostro errore e nella nostra ignoranza. Ti preghiamo. **Rit.**

PREGHIAMO

O Dio che hai aperto i cieli e sei venuto in mezzo a noi ascoltando il nostro grido di miseria, aiutaci ora ad accoglierti con piena fiducia e apertura di cuore per non perdere questo meraviglioso tuo dono. Lo chiediamo a te, che sei venuto, che vieni e che verrai alla fine dei secoli. **Amen.**

Preghiamo con le antifone maggiori

Tutto l'Avvento è un periodo di attesa e di preparazione alla venuta del Salvatore. L'ultima settimana dell'Avvento si potrebbe chiamare il tempo dell'invito.
Nel corso di questi giorni, che precedono immediatamente il Natale, la Chiesa invita. Invita mediante tutta la sua liturgia, nella quale occupano un posto particolare, nel corso di questi giorni, le cosiddette "Antifone Maggiori", unite al canto del "Magnificat" durante i Vespri.
Sono bellissime e, nello stesso tempo, semplici e profonde nel loro contenuto.

SETTE ANTIFONE PER DIRE LA MERAVIGLIA.
Avvicinandosi il Natale cresce nella Chiesa l'attesa e la gioia, e si approfondisce la comprensione per l'evento della salvezza. Dal 17 dicembre in poi la preghiera assume una forma insolita. Ai Vespri si cantano le antifone dette «Maggiori», perché «contengono tutto il succo della liturgia, sono adorne di un canto armonioso e pieno di gravità» (Guéranger).
Incominciano tutte con «O...» e «manifestano che in quei giorni viene celebrato per noi qualcosa di meraviglioso e introvabile» (J. M. Hanssens).
«Chi dice "O..." sta contemplando con il cuore colmo di stupore. Questi testi esprimono lo stupore commosso della Chiesa nella sua secolare, instancabile contemplazione del Mistero. Attraverso le classiche immagini della Bibbia essi enumerano una serie di titoli del Verbo incarnato. Ognuno di essi è una finestra aperta sul mondo» (M. Magrassi).

SETTE ANTIFONE PER DIRE: «SARÒ LÌ DOMANI»

Se si leggono di seguito le iniziali latine dei titoli messianici che accompagnano l'esclamazione «O...», si ottiene un acrostico:
ERO CRAS: sarò lì domani.
L'invocazione contiene già l'esaudimento della preghiera; la nostalgia dei beni perduti diviene gioia del possesso; il desiderio di incontrare il Dio salvatore si fa contemplazione della sua vicinanza:
«Il "vieni" che, dopo la contemplazione, introduce l'invocazione porta su di sé tutto il peso della speranza cristiana» (M. Magrassi).
Un tempo le antifone venivano eseguite in modo solenne e accompagnate da riti significativi, che variavano da luogo a luogo. Nelle cattedrali l'intonazione era riservata ai grandi dignitari del capitolo, nelle abbazie all'abate in vesti pontificali. Uno scampanio accompagnava il canto, quasi per rendere partecipe tutto il popolo della meraviglia che era nell'anima dei celebranti.
Tutto contribuiva a rendere visibile la gioia e a iniziare in modo profondo alla festa ormai vicina.
Alcuni di questi riti permangono ancor oggi.

I GIORNI DELLA MERAVIGLIA

1. I temi della novena
I temi sono suggeriti dalle Antifone Maggiori (le antifone «O...») che, a partire dal 17 dicembre, si trovano nella Liturgia delle Ore prima del cantico di Maria e nella celebrazione eucaristica prima della lettura del Vangelo.
Per completare i nove giorni e fare in modo che tutte le antifone incomincino con «O...» sono state composte due antifone per il 16 e il 24 dicembre.

INTRODUZIONE

La novena che segue può essere utilizzata da sola come riflessione e preghiera per prepararsi al Natale oppure può essere inserita come aggiunta alla novena precedente "Seguendo la tradizione" o ancora utilizzata come approfondimento nella celebrazione dei vespri o della messa.

16 dicembre
ECCO, VIENE IL RE

Ecco, viene il Re, Signore della terra, spezzerà il giogo della nostra schiavitù.

Ecco, viene! Il grido del profeta risuona in questi giorni al nostro cuore come già molti secoli fa all'orecchio dei nostri padri nella fede. Il profeta è come una sentinella che annuncia l'arrivo di Colui che è stato lungamente desiderato e atteso: il Signore della terra, il nostro vero Re, Colui che ci può liberare da tutte le forme di schiavitù e di alienazione che ancora oggi ci rendono tristi, deboli, infelici. Davvero, siamo come un gregge sbandato, stanco che ha bisogno di un vero pastore che lo conduca con paziente bontà lungo i sentieri ardui della vita, per trovare i pascoli verdeggianti e le fresche sorgenti della grazia. Tanti di noi, giovani e anziani, persino ancora bambini, sono già delusi e stanchi della vita. Portano nel loro intimo ferite che sembrano incurabili. Non lasciamoci prendere dallo sgomento: il Signore viene aprendersi cura di noi, amorevolmente.

Ascoltiamo la sua voce e lasciamoci condurre pian piano sulle vie che egli ci apre davanti; lasciamoci sollevare, come agnellini, sulle sue sacre spalle. Ecco, il Signore Gesù viene ad accendere un lume di speranza, viene a sconfiggere, con la potenza dell'amore che si fa dono, quanto in noi è peccato, orgoglio, idolatria, e ostacola l'azione salvifica della grazia.

Confidando non sulle nostre capacità, ma sulla potenza d'amore, invochiamo senza posa il suo nome; invochiamolo dal profondo del nostro cuore e dal cuore di ogni uomo bisognoso di salvezza. Vieni, Signore Gesù!

17 dicembre

O Sapienza

O Sapienza, che esci dalla bocca dell'Altissimo,ti estendi ai confini del mondo, e tutto disponi con soavità e con forza: vieni, insegnaci la via della saggezza.

Chi è Colui che oggi invochiamo con lo splendido nome di Sapienza? Il Verbo, la Parola eterna che viene nel mondo per rivelare Dio quale sapiente Creatore e tenerissimo Padre. Tutto è stato creato con sapienza d'amore per mezzo di questa Parola e tutto, per la sua presenza, viene conservato nell'ordine e nell'armonia. Dio, infatti, - come dice sant'Agostino - dopo aver creato il mondo non sen'è andato disinteressandosi di esso; egli è rimasto presente alle sue creature e continua a rinnovarle ed a dirigerle verso il loro fine ultimo. Ma questo è proprio vero? Non è in contraddizione con quanto ogni giorno succede di tanto triste? Effettivamente, se guardiamo agli avvenimenti della storia con sguardo miope, da una prospettiva puramente umana, tutto ci può sembrare assurdo, senza senso, persino inaccettabile; ma se attraverso l'ascolto della Parola e la preghiera ci accorgiamo che nulla esiste e nulla accade senza un preciso scopo.

Con forza e soavità la divina Saapienza regge l'universo e si china sull'uomo caduto e deformato per restituirgli l'originale bellezza e adorarnarlo di un più grande splendore di gloria.

Ecco, dunque, il mistero profondo e dolcissimo dell'Incarnazione del Verbo, della divina Sapienza: la sua venuta nella condizione umana ha lo scopo di rendere partecipi della vita divina.

O Sapienza divina, quanto sei forte, per giungere così ai tuoi fini in un modo insuperabile per quanto nascosto agli uomini! Quanto sei dolce, per non fare tuttavia alcuna violenza alla nostro libertà! Ma quanto sei anche paterno nella tua premura per i nostri bisogni.

Tu scegli Betlemme per nascervi, perché Betlemme significa la Casa del Pane. Ci mostri con ciò che tu vuoi essere il nostro Pane, il nostro nutrimento, il nostro alimento di vita. Nutriti d'un Dio, d'ora in poi non morremo più. O Sapienza del Padre, Pane vivo disceso dal cielo vieni presto in noi, affinché ci accostiamo a te, e siamo illuminati dal tuo splendore; e dacci quella saggezza che conduce alla salvezza.

18 dicembre

O Signore, guida della casa d'Israele

O Signore, guida della casa d'Israele, che sei apparso a Mosè nel fuoco del roveto, sul monte Sinai gli hai dato la legge: vieni a liberarci con braccio potente.

O Signore, o Adonai, come è bella la semplice invocazione del nome del Signore! Sale dal nostro cuore e viene spesso alle nostre labbra quando ci sentiamo bisognosi di aiuto, quando il cammino della nostra vita si fa arduo. O Signore vieni a riscattarci, non più nella tua potenza, ma nella tua umiltà.

Una volta ti sei manifestato a Mosè, tuo servo, in mezzo ad una divina fiamma; hai dato la Legge al tuo popolo tra fulmini e lampi. Ora non è più tempo di spaventare, ma di salvare. Il Signore viene dall'alto dei cieli, viene a proporci la sua legge di vita: l'amore e la pace.

O Signore, contempliamo la tua fedeltà, riconoscendo nella filigrana della nostra storia il tuo braccio potente che si fa guida ai nostri passi incerti.

Non è forse vero che attraversiamo la vita sulle spalle di Dio? Questa certezza ci deve infondere fiducia e coraggio e insieme deve ridestare in noi il desiderio di una sincera conversione.

O Signore, affrettati a venire per liberarci e guidarci sulle tue vie. Tu sei il vero Adonai, l'unico Signore della nostra vita, che non ci lascia camminare da soli su strade di morte.

Vieni a stendere il tuo braccio potente per sollevarci come su ali di aquila: o Adonai, vieni a vincere con il tuo amore paziente ogni nostra resistenza.

O Signore, nostra gioia, metti nel nostro cuore il canto

della riconoscenza e della lode per la tua opera che continuamente fiorisce tra noi. Signore Gesù, principe della pace, il tuo regno esige da noi una continua conversione del cuore: abbassa i monti dell'orgoglio e colma le valli della debolezza, perché ogni albero umano dia frutti di vera santità.

Affréttati, non tardare, Signore Gesù: la tua venuta dia conforto e speranza a coloro che confidano nel tuo amore misericordioso.

19 dicembre

O Germoglio di Jesse

O Radice di Iesse, che ti innalzi come segno per i popoli: tacciono davanti a te i re della terra, e le nazioni t'invocano: vieni a liberarci, non tardare.

Anche oggi spalanchiamo il cuore colmo di stupore davanti al prodigio della vita nuova. Spesso siamo immersi nelle nostre cose meschine, che ci rubano la vera gioia e ci rendono incapaci di scorgere i segni della presenza di Dio tra noi. Il Signore viene e porta con sé una nuova primavera di vita; viene nell'umiltà nascosta del seme che, sepolto nella terra, germoglia e porta fiore e frutto. È sempre con il suo Verbo che Dio crea e fa nuove tutte le cose. Egli fa nuove tutte le cose. Egli fa nuovo il nostro cuore purificandolo da tutte le scorie del peccato e immettendo in esso la linfa della sua vita divina. Per questo il Figlio di Dio è venuto a germogliare nella nostra carne, scegliendo il seno purissimo della Vergine Maria. Spetta a ciascuno di noi la decisione di accogliere, come già fece Maria, la Parola di Dio e offrirle il nostro cuore come terreno ben disposto affinché essa vi possa germogliare e fruttificare.

Quali saranno i frutti di una vita che attinge linfa vitale da Cristo Gesù? Saranno i frutti dello Spirito Santo: "Amore, Gioia, Pace, Pazienza, Benevolenza, Bontà, Fedeltà, Mitezza..." (Gal 5,22).

20 dicembre
O Chiave di Davide

O Chiave di Davide, scettro della casa di Israele, che apri, e nessuno può chiudere, chiudi, e nessuno può aprire: vieni, libera l'uomo prigioniero, che giace nelle tenebre e nell'ombra di morte.

L'esperienza quotidiana della vita è piena di problemi insolubili, di ostacoli, di difficoltà. Costatando la nostra estrema impotenza, ci lasciamo prendere dall'ansia e dallo scoraggiamento.

Del resto, tutto sembra procedere in modo ineluttabile, senza logica, senza spiegazione... lasciandoci nel tormento di interrogativi senza risposta quali: perché nascere, patire, morire? Ache scopo affaticarci nell'intento di realizzare qualcosa di buono, se il futuro è un vicolo cieco da cui non potremo uscire? La mentalità del mondo si insinua anche in noi che vorremmo essere fedeli allo spirito del vangelo. Non di rado, infatti, ci troviamo a pensare e ad agire come quelli che non hanno ancora avuto il dono della fede o che lo hanno rifiutato dopo averlo ricevuto.

Ma allora la nostra stessa incoerenza ci rende scontenti. Avvertiamo di non essere liberi e tuttavia non sappiamo essere risoluti nel rompere i lacci che ci trattengono. Ci occorre un aiuto, non un qualsiasi aiuto umano, ma l'aiuto di Uno che abbia autorità, che sia più forte di colui che ci tiene prigionieri.

Ecco il nostro aiuto: Gesù, il Figlio di Dio che si è incarnato nella stirpe di Davide ed è nato da Maria. È lui l'uomo di fiducia a cui Dio, il Padre, ha affidato autorità su tutto: le chiavi del suo regno, le chiavi della storia, le chiavi del cuore di ogni uomo.

Gesù è dunque venuto e ancora viene per aprire davanti a noi la via della salvezza, la porta della speranza. Lo lasceremo entrare nella nostra casa, nel nostro cuore, nella nostra vita?

Se riconosceremo la sua sovrana autorità e saremo docili alla sua voce, egli ci renderà partecipi della sua stessa autorità spirituale: ci renderà veramente liberi da ogni forma di schiavitù e di alienazione.

21 dicembre

O ASTRO CHE SORGI

O Astro che sorgi, splendore della luce eterna, sole di giustizia: vieni, illumina chi giace nelle tenebre e nell'ombra di morte.

Dio è luce. Cristo è luce da luce. Noi tuttti sentiamo il bisogno della luce in quanto elemento indispensabile alla vita. A nessuno piace il buio, poiché esso isola e genera insicurezza e paura. L'alternarsi del giorno e della notte sul nostro pianeta, ci fa continuamente sperimentare il contrasto esistente fra la luce e le tenebre e ci aiuta, per analogia, a recepire l'entità e la drammaticità di tale contrasto anche nella sfera della vita spirituale. Si fa giorno e notte anche nella nostra coscienza, nel nostro cuore. Siamo infatti immersi nella notte come nella: morte, quando, a causa del peccato, ci allontaniamo dal volto di Dio. Ecco perché l'antifona di questo giorno di Avvento ci fa invocare il sorgere dell'Astro divino su coloro che giacciono «nelle tenebre e nell'ombra di morte». Il profeta aveva preannunziato l'evento di questo «Sole di giustizia» come apportatore di salvezza e di gioia. L'umanità in cammino può ormai vedere la strada, scorgere la mèta, correre verso il regno dell'eterno splendore e sentirsi fin d'ora rivestita di luce divina.

Con tutta la Chiesa che guarda a Maria, la Vergine Madre, come alla porta della Luce, apriamoci ad accogliere il Natale di Gesù come il sorgere del vero Sole. Se lo lasceremo entrare in noi, la nostra vita ne sarà tutta trasfigurata: cammineremo come in un giorno senza tramonto, poiché saremo nella luce gioiosa della verità e dell'amore.

22 dicembre
O Re delle Genti

O Re delle genti, atteso da tutte le nazioni, pietra angolare che riunisci i popoli in uno: vieni, e salva l'uomo che hai formato dalla terra.

Quando si ama, l'attesa diviene desiderio struggente del cuore. Anche oggi ci mettiamo dunque in cammino con il cuore proteso a Colui che deve venire: Gesù, l'atteso, più o meno consapevolmente, da tutte le genti.

Guardando a lui, pietra scolpita dalle mani sapienti del Padre e posta a fondamento della Chiesa vogliamo lasciarci modellare a sua immagine per formare un solo uomo nuovo. L'umanità divisa e dispersa ha bisogno di chi la raduni e la tenga unita: ha bisogno di un vero Re che la governi secondo leggi di giustizia e libertà, di amore e di pace.

Dio lo aveva promesso ed è stato lungamente atteso. Ora eccolo, viene nella persona del suo stesso Figlio: Gesù di Nazaret. La sua apparenza è umile e mite: viene con la forza pacifica e pacificante del suo amore. Si può commettere l'errore di non riconoscerlo, di non apprezzarlo e, quindi, di rifiutarlo...

Non ci accada di lasciarlo venire invano e di stare ad aspettare un altro o altri che fanno strepito ostentando la loro forza ed il loro prestigio.

Soltanto il nostro Signore Gesù Cristo tiene in mano il potere regale su tutti i popoli e solo lui può relizzare per noi progetti di pace, ci può aprire davanti un futuro pieno di speranza.

Invochiamolo con ardente desiderio: Cristo, Re di tutte le genti, vieni a governare i nostri cuori, a dirigerli verso tutto ciò che è vero, buono e giusto!

23 dicembre

O Emmanuele

O Emmanuele, nostro re e legislatore, speranza e certezza dei popoli: vieni a salvarci, o Signore nostro Dio.

O Emmanuele (Dio con noi)! Ecco un altro bellissimo nome con il quale possiamo invocare il nostro Signore e Salvatore. Questo nome esprime la vicinanza di Dio a noi creature povere e deboli che ci dibattiamo nel mare tempestoso della vita. L'essere soli ci fa paura, ci e ovunque; il Dio che viene a condividere la nostra stessa vita e che ci mette in comunione con il nostro Padre celeste e anche tra di noi. Egli, infatti, è il fratello primogenito che raccoglie i fratelli dispersi nella casa del Padre. Viene e rimane con noi per accompagnarci passo passo fino alle soglie del regno eterno. Se viviamo con fede e umiltà alla sua presenza, ogni giorno, ogni ora, egli ci rassicura: «Sono io, non temete!». L'Emmanuele che a Natale contempliamo come «dolce Dio vicino» in sembianze di tenero bambino, è anche il Dio forte, il Salvatore che ha già vinto la morte e che ci dà la capacità di resistere al male e di fare risolutamente scelte di vera libertà e di vita. San Paolo, che ha sperimentato intensamente la grazia della presenza del Signore, scrivendo ai Romani esclama: «Se Dio è per noi, chi sarà contro di noi? ... Chi ci separerà dall'amore di Cristo? Forse la tribolazione, l'angoscia, la persecuzione, la fame, la nudità, il pericolo, la spada? ... lo sono persuaso che né morte né vita, né angeli, né principati, né presente né avvenire, né potenze, né altezza né profondità, né alcun'altra creatura potrà mai separarci dall'amore di Dio, in Cristo Gesù, nostro Signore» *(Rm 8,31.35.38-39)*. Egli, dunque, è sempre con noi e sempre più si fa presente, ma noi, noi vogliamo davvero stare con lui e riporre in lui tutta la nostra fiducia?

24 dicembre

Quando sorgerà il Sole

Quando sarà sorto il sole nel cielo vedrete il Re dei re, che procede dal Padre, come sposo che sorge dal suo riposo.

Siamo ormai giunti a Betlemme. Pervasi da una trepida gioia, come davanti ai primi albori di un giorno di grande festa, salutiamo il nascente Sole. Ti contempliamo, Signore Gesù, con occhi stupiti, all'orizzonte del mondo. Tu vieni raggiante di luce dal seno del Padre, per moltiplicare la nostra gioia, per aumentare la nostra letizia. Benedetto il tuo nome nei secoli!

Vigilia di Natale! Sapore della festa pregustata nelle ultime ore di attesa. C'è una spiritualità della vigilia che pervade tutta l'esistenza umana la quale, in definitiva, è un breve o lunga di quella festa, di quel *dies natalis*, che è l'ingresso nel regno dei cieli.

Il Natale, infatti, non è soltanto l'evento della nascita di Gesù sulla terra, ma anche preludio della nostra nascita in cielo e al compimento della nascita della nuova terra e dei nuovi cieli, quando Gesù Cristo verà non più nell'umiltà della nostra carne, ma nello splendore della sua potenza e della sua gloria.

Celebrando il mistero del Natale, noi siamo però maggiormente presi dal commosso stupore che circonda l'infanzia del Figlio di Dio fattosi anche figlio dell'uomo, fratello nostro.

L'antifona che la liturgia vigiliare ci mette sulle labbra ce lo presenta come un sole sfolgorante, un re maestoso che procede dall'alto dei cieli e come uno Sposo che va incontro alla Sposa. Lungo tutta la storia gli uomini hanno pregato e desiderato che il Signore «venisse presto». Egli verrà nel Natale come uno sposo per la festa di nozze (Ct 2,8-15; Mt 25,1-15).

Nelle poche ore che ancora ci separano dal Natale rendiamo più viva la nostra preghiera e il nostro desiderio e cerchiamo di prepararci come la sposa per il giorno della festa (cf Sal 44). Egli viene a cercare la Sposa, ad unirsi indissolubilmente all'umanità da lui stesso redenta e resa tutta bella, senza macchie nè rughe.

Per questo il profeta Isaia lo annunzia come una "grande luce" che si diffonde sul popolo in cammino e lo trae fuori dalle tenebre dell'ignoranza e dell'incredulità.

Lo presenta pure come il "Figlio" che ci era stato promesso ed inviato dal Padre, per governare i popoli e ristabilire la pace nei cuori e in tutto il mondo.

Quanta nostalgia di realtà divenuta così scarsa in ogni parte della terra!

Disponiamoci dunque ad accogliere questo Bambino lasciandoci da lui totalmente disarmare, per vivere unicamente di amore, di pace, di bontà.

C'impegniamo come...

16 dicembre

Nel nome del Padre e del Figlio e dello Spirito Santo. Amen.

MEDITAZIONE

"L'Avvento è come la primavera. Cristo viene come un bambino che ha assoluto bisogno della madre.

Cerchiamo di vedere e toccare con mano la grandezza che colma la profondità della loro umiltà, l'umiltà di Gesù e l'umiltà di Maria. Se desideriamo realmente che Dio ci riempia di sé, dobbiamo svuotarci, attraverso l'umiltà, di tutto ciò che può essere ricerca di noi stessi".

Beata Madre Teresa

PROPOSITO

Maria e Giuseppe obbediranno alla legge.

Grazie, o Gesù, d'avermi insegnato ad obbedire con il tuo esempio; la tua nascita, la tua vita e la tua passione dimostrano come desideri che noi tutti obbediamo alle tue sante leggi.

Aiutami ad accettare gli ordini con umile e volenterosa adesione, pensando a quanto hai sofferto tu, nascendo, così poveramente, in terra straniera.

Padre Nostro • Ave Maria • Gloria al Padre

17 dicembre

Nel nome del Padre e del Figlio e dello Spirito Santo. Amen.

MEDITAZIONE

"Quando Cristo a Natale verrà tra noi, troverà il calore di un cuore? La stagione dell'Avvento deve essere caratterizzata dall'amare e dal servire gli altri con lo stesso amore e sollecitudine di Dio".

Beata Madre Teresa

PROPOSITO

La notte è buia,
non lasciamo Gesù Bambino senza lume.

Nel tuo rifugio improvvisato, caro Gesù, eri sprovvisto di ogni comodità anche minima.

La luce della lanterna te la voglio offrire io, tenendo un contegno esemplare nei miei doveri, evitando discorsi cattivi o malevoli, senza impormi mai se non con la dolcezza del silenzio.

Padre Nostro
Ave Maria
Gloria al Padre

18 dicembre

Nel nome del Padre e del Figlio e dello Spirito Santo. Amen.

Meditazione

"A Natale, Cristo si presenta come un bimbo piccolo, così piccolo, così inerme, così bisognoso di tutto ciò che l'amore può dare. Siamo pronti a riceverlo? Se Maria e Giuseppe stessero cercando un posto per farvi nascere Gesù, sceglierebbero la nostra casa, con tutto ciò che essa contiene e la ingombra?

Noi desideriamo poter accogliere Gesù a Natale, non in quella gelida mangiatoia che è a volte il nostro cuore, ma in un cuore pieno d'amore, di umiltà, in un cuore puro, immacolato, caldo d'amore l'uno per l'altro".

Beata Madre Teresa

Proposito

Gesù sopporterà il freddo della notte.

Ti ringrazio Gesù d'avermi insegnato come nella vita sia necessario sopportare le difficoltà e sacrificarsi se si vuol diventare migliori.

Oggi frenerò la golosità, non mi lamenterò e non mi farò mai richiamare per offrirti il calore delle mie affettuose rinunce.

Padre Nostro
Ave Maria
Gloria al Padre

19 dicembre

Nel nome del Padre e del Figlio e dello Spirito Santo. Amen.

Meditazione

"Rifletti! È Natale, ogni volta che sorridi a un fratello e gli tendi una mano, ogni volta che rimani in silenzio per ascoltare un altro, ogni volta che speri con i "prigionieri" (gli oppressi dal peso della povertà fisica, morale e spirituale), ogni volta che riconosci con umiltà i tuoi limiti e la tua debolezza.

È Natale ogni volta che permetti al Signore di amare gli altri attraverso di te".

Beata Madre Teresa

Proposito

Gli angeli annunceranno:
«Pace in terra agli uomini di buona volontà».

Con profonda gratitudine, caro Gesù, ascolto la parola degli angeli. La pace tu la dai a tutti quelli che con buona volontà rinunciano ai rancori e ai vizi. Tu ci ami tutti ma non puoi restare nei cuori privi della tua Grazia, ed essi perciò non possono avere la vera pace.

Aiutami a togliere dalla mia anima quei puntigli e quei difetti che ti dispiacciano e mi rendono inquieto; servano i miei sforzi all'unione di tutte le chiese secondo le intenzioni del Papa.

Padre Nostro
Ave Maria
Gloria al Padre

20 dicembre

Nel nome del Padre e del Figlio e dello Spirito Santo. Amen.

MEDITAZIONE

"A me pare che il mondo oggi sia tutto sottosopra, e che soffra così tanto perché vi è così poco amore nelle case e nella vita familiare. Non abbiamo più tempo per i nostri bambini, non abbiamo più tempo gli uni per gli altri, non troviamo più il tempo di stare in gioiosa compagnia con gli altri. Riuscissimo soltanto a riprodurre, nella nostra vita, la vita che Gesù, Maria e Giuseppe trascorsero a Nazareth, se riuscissimo a trasformare le nostre case nella casa di Nazareth, io credo che la pace e la gioia regnerebbero in tutto il mondo. Preghiamo di essere capaci di accogliere Gesù a Natale non nella fredda mangiatoia del nostro cuore, ma in un cuore colmo di amore e di umiltà, un cuore caldo di amore gli uni per gli altri".

Beata Madre Teresa

PROPOSITO

La stella guiderà i pastori per primi a te.

Tu Gesù hai preferito i poveri, i semplici. Faccio io come te, o preferisco mettermi fra i potenti e i più fortunati? Tu che sei il più ricco, ci hai mostrato come i più poveri siano accorsi per primi. Cercherò di dimostrarti la mia gratitudine non disprezzando nessuno, anzi amando sinceramente tutti e pregando particolarmente per i fratelli separati dalla fede cattolica.

Padre Nostro
Ave Maria
Gloria al Padre

21 dicembre

Nel nome del Padre e del Figlio e dello Spirito Santo. Amen.

Meditazione

"Facciamo sì che la nostra casa, la nostra famiglia sia un'altra Nazareth ove regnino l'amore, la pace, la gioia e l'unione, perché l'amore comincia in casa. Da lì devi cominciare; la tua casa deve diventare il centro di un amore ardente. Devi instillare la speranza della felicità eterna in tua moglie, tuo marito, in chiunque entri in relazione con te".

Beata Madre Teresa

Proposito

I pastori recheranno i doni a Gesù.

Nella loro povertà i pastori hanno saputo portarti in dono il meglio del loro gregge.

La generosità ha maggior valore se costa sacrificio, quindi cercherò di correggere il mio difetto dominante e costantemente, ogni giorno, ti offrirò le mie vittorie.

Padre Nostro
Ave Maria
Gloria al Padre

22 dicembre

Nel nome del Padre e del Figlio e dello Spirito Santo. Amen.

MEDITAZIONE

"Oggi come sempre, Gesù continua a venire tra i suoi e i suoi non lo accolgono. Viene nei corpi malandati dei poveri. Viene nei ricchi soffocati dalle loro stesse ricchezze. Viene nella solitudine dei loro cuori, quando non c'è chi li ami. Gesù viene a te e a me. E spesso, troppo spesso, noi passiamo oltre e non lo accogliamo".

Beata Madre Teresa

PROPOSITO

I Re Magi giungeranno da lontano, dopo aver studiato gli astri.

Dal lontano oriente i saggi Magi giungeranno fino a te, portando l'omaggio delle loro intelligenze e ti adoreranno.

Voglio dirti il mio grazie sottomettendo sempre la mia intelligenza e la mia volontà alla tua Legge, perché essa sia diffusa e conosciuta in tutto il mondo e dia pace e serenità a tutti i cuori.

Padre Nostro
Ave Maria
Gloria al Padre

23 dicembre

Nel nome del Padre e del Figlio e dello Spirito Santo. Amen.

Meditazione

"Gesù si è fatto bambino per insegnarci ad amare il bambino. Negli occhi di un bambino io scorgo lo spirito della vita, vi scorgo lo spirito di Dio. Dobbiamo fare dei sacrifici per proteggere la vita. Ma la vita familiare si è spezzata. C'è fame di sempre più cose: la gente vuole più auto, vuole più macchine. Non si trova più il tempo per la vita familiare. Dove comincia l'amore? In casa... Impariamo ad amare nell'ambito della nostra famiglia. Anche nella nostra famiglia ci possono essere delle persone molto povere, e forse noi neppure ce ne accorgiamo. Non troviamo più il tempo per un sorriso, non abbiamo più tempo per uno scambio di parole... Cominciamo a portare amore e tenerezza proprio nella nostra casa: vedrete presto la differenza".

Beata Madre Teresa

Proposito

I Magi offrono oro, incenso e mirra.

Con i loro doni, o Gesù, i Magi riconoscono la tua regalità, divinità e umanità e ti adorano. Io pure m'inchino con questi sapienti e con essi ti ringrazio d'essere venuto sulla terra per aiutarci col tuo esempio a raggiungere il cielo. Perché tutto il mondo ti riconosca e l'opera dei missionari si propaghi, oggi sarò servizievole in famiglia e fuori.

Padre Nostro
Ave Maria
Gloria al Padre

24 dicembre

Nel nome del Padre e del Figlio e dello Spirito Santo. Amen.

Meditazione

"Il Natale ci dimostra quanto Dio si fosse fatto piccolo. Andate nella mangiatoia ed osservate quanto fosse piccolo, come viveva la sua totale sottomissione.

Dobbiamo imparare ad essere come quel Bambino, arrenderci completamente alla fede e alla gioia.

Osservate la gioia del bambino Gesù e la gioia del Natale! Non siate mai depressi, non lasciate che niente e nessuno vi porti via la gioia.

Il Natale ci dimostra come il cielo apprezzi l'umiltà, la sottomissione, la povertà, perché Dio stesso, che ci ha creato, si è fatto piccolo, povero ed umile".

Beata Madre Teresa

Proposito

Prepariamo la culla di Gesù.

Caro Gesù, tu stanotte starai su questa paglia ruvida e pungente. Anch'io con le mie mancanze ti ho ferito tante volte!

Oggi stesso verrò da te e, per mezzo di una santa Confessione, ti preparerò la mia anima limpida che ti faccia dimenticare le offese di quelli che non ti amano. Grazie Gesù d'avermi amato tanto; ti offro il mio cuore e ti prego di conservarlo sempre vicino a te!

Padre Nostro
Ave Maria
Gloria al Padre

Famiglia chiamata a...

Introduzione

Il periodo liturgico dell'Avvento è molto sentito e partecipato dal nostro popolo. Ogni Parroco, perciò, si sente impegnato ad organizzare e celebrare nel miglior modo possibile la novena in preparazione alla Solennità del Natale (l'organizzazione di iniziative caritative, l'allestimento dei presepi e così via). Vorremmo tentare di offrire delle riflessioni, accompagnate da alcune proposte, con particolare attenzione alla vita familiare. L'Avvento, infatti, è, per natura sua, il tempo dell'approfondimento del significato autentico della chiamata di Dio e della risposta dell'uomo.

La Liturgia dell'Avvento è molto ricca e richiama le famiglie cristiane a vivere alcuni atteggiamenti essenziali: l'attesa vigilante e gioiosa del Signore che viene, la conversione e anche l'impegno nell'annuncio del Regno.

La Novena di Natale, in particolare, ci sembra che richiami nello specifico le famiglie cristiane a riscoprire e vivere quotidianamente la chiamata...:

- *all'Amore:*
- *alla riscoperta delle origini del proprio amore di coppia*
- *al sacramento del matrimonio*
- *all'apertura alla vita*
- *a rispondere quotidianamente al progetto di Dio*
- *alla solidarietà*
- *alla preghiera domestica*
- *ad essere genitori*
- *ad essere Chiesa Domestica.*

Un cammino che aiuti la famiglia cristiana, inserita nel mistero della Chiesa, la quale, come Vergine e Madre, vive e cresce nell'obbedienza della fede e nella sua continua trasmissione a tutti gli uomini e in tutte le culture, a riscoprire la chiamata ad essere comunità credente ed evangelizzante.

Come ha incisivamente sottolineato Paolo VI, «la famiglia, come la Chiesa, dev'essere uno spazio in cui il vangelo si irradia. Dunque nell'intimo di una famiglia cosciente di questa missione tutti i componenti evangelizzano e sono evangelizzati. I genitori non solo comunicano ai figli il vangelo, ma possono ricevere da loro lo stesso vangelo profondamente vissuto. E una simile famiglia diventa evangelizzatrice di molte altre famiglie e dell'ambiente nel quale è inserita» (Paolo VI, Evangelii nuntiandi, n. 71).

Con questa traccia di riflessioni, dunque, oltre ad offrire un sussidio ai parroci per vivere e celebrare la novena di Natale con le famiglie, vogliamo donare alle singole famiglie un'occasione per riscoprire che è Gesù che le ha cercate per primo e che ha preparato per gli sposi una "via speciale" per la santità: la via coniugale. In questi nove giorni, le famiglie, insieme alle loro comunità, potranno percorrere un cammino che le riporterà a Lui, un cammino fatto di ascolto, riflessioni, condivisioni, segni e preghiera.

---

* **G.** = Uno dei genitori; **F.**=Figlia/o; **T.**=Tutti.

Preghiere Iniziali

T*. Nel nome del Padre e del Figlio...
G. Il Natale di Gesù è ormai vicino. Prepariamoci a celebrarlo nella fede e nell'amore. È lui la luce che, con la sua parola di verità, illumina la nostra vita.

Un figlio/a accende il cero natalizio.

Professione di fede

G. Perché facciamo festa a Natale?
F. A Natale facciamo festa perché Dio Padre ha tanto amato gli uomini da donare per loro il suo Figlio Gesù.

G. Chi nasce per noi a Natale?
F. A Natale nasce per noi Gesù. Egli, un bambino come i nostri, è realmente il Figlio di Dio che si è fatto uomo per salvarci.

G. Perché chiamiamo Gesù il Salvatore?
F. Gesù è il Salvatore perché è venuto per liberarci dal male e dal peccato e per portare nel mondo la pace fra Dio e gli uomini e degli uomini fra loro.

Invocazione dei Santi dell'attesa

G. Ad ogni invocazione ripetiamo:
T. **Disponi (disponete) i nostri cuori ad accogliere Gesù.**
F. Santa Maria, madre di Gesù e madre nostra
F. San Giuseppe, uomo giusto e sposo di Maria
F. San Giovanni Battista, precursore del Signore
F. Santi Elisabetta e Zaccaria, genitori del Battista
F. Santi Simeone e Anna, poveri del Signore.

16 dicembre

CHIAMATI ALL'AMORE

Preghiere iniziali *(vedi pag. 81)*

IL MISTERO DELL'AMORE

Oggi, per molte persone, è difficile definire l'esperienza dell'amore. Per alcuni è una fortuna grandissima, per altri una ricerca esasperata; per alcuni una presenza che esalta e consola, per altri un vuoto che distrugge e quasi si trasforma in tragedia. Alcuni non hanno mai vissuto un'autentica esperienza di amore, altri l'hanno perduta. C'è chi era come smarrito e proprio dall'amore è stato salvato. C'è chi pensa che l'amore sia soltanto sesso, altri invece sostengono che sia pura idealità. Molti pensano che l'amore vero sia quello tra un uomo e una donna che si sposano, diventano una famiglia e generano figli; altri pensano che l'amore debba essere libero, senza vincoli, senza preclusioni. E nelle diverse età della vita, cosa è l'amore? C'è gente felice per amore, e c'è gente che soffre per amore. Nessuno, però, può seriamente sottrarsi a questa umana avventura.

L'amore è innanzitutto un dono, nel quale appaiono, in tutta la loro grandezza, la grazia di Dio e la libertà dell'uomo. Il primo gesto di Dio nella sua grazia è di aver pensato e voluto l'uomo per l'amore. E il primo desiderio di una persona che ama è che l'altro risponda con un sì alla sua offerta sincera. Questo originario assenso è il dono dell'amore, dentro il quale abita la traccia del mistero di Dio e insieme sono raccolte tutte le più belle possibilità della vita umana.

Questa straordinaria grazia è data a tutti gli uomini e a tutte le donne del mondo. Con loro i cristiani si sentono veramente fratelli in umanità - perché creature dell'amore di Dio, suoi figli -, e hanno fiducia che l'amore creato possa essere veramente il luogo più universale di incontro tra i popoli, le razze, le culture e le religioni. L'amore tra l'uomo e la donna è già scritto nel corpo e nell'anima quando si nasce alla vita. Nella famiglia troviamo realizzata la parte più naturale dell'amore.

Ascoltiamo e meditiamo la Parola

DAL VANGELO SECONDO MATTEO *(Mt 21,28-32)*

«Che ve ne pare? Un uomo aveva due figli; rivoltosi al primo disse: Figlio, và oggi a lavorare nella vigna. Ed egli rispose: Sì, signore; ma non andò. Rivoltosi al secondo, gli disse lo stesso. Ed egli rispose: Non ne ho voglia; ma poi, pentitosi, ci andò. Chi dei due ha compiuto la volontà del padre?». Dicono: «L'ultimo». E Gesù disse loro: «In verità vi dico: I pubblicani e le prostitute vi passano avanti nel regno di Dio. È venuto a voi Giovanni nella via della giustizia e non gli avete creduto; i pubblicani e le prostitute invece gli hanno creduto. Voi, al contrario, pur avendo visto queste cose, non vi siete nemmeno pentiti per credergli.

SPUNTI PER LA MEDITAZIONE

Quando abbiamo ricevuto chiamate simili a quella che il padre della parabola fa, nell'invitare i suoi figli a lavorare nella vigna? Il giorno delle nozze, sicuramente! E l'invito del Padre è quello di lavorare, quindi non scandalizziamoci se rispettare l'impegno preso ci costa anche tanta fatica. Non basta nemmeno mantenere una facciata di perbenismo, perché i ladri e le prostitute avranno un posto migliore nel Regno di Dio. Comunque se Giovanni non fosse venuto saremmo giustificati, ma quanti messaggeri Dio dovrà mandarci ancora prima di ottenere la nostra conversione e collaborazione?

Preghiera

Benedetto sei tu, Signore e Dio dell'universo,
perché ci hai donato la vita e ci hai fatti incontrare.
Tu sei la fonte dell'amore che è sbocciato tra noi
e che affidi alla nostra responsabilità:
rendilo sempre più bello e più vero,
libero da ogni superbia ed egoismo,
generoso nella ricerca del bene dell'altro.
Le nostre parole e i nostri gesti siano puri e trasparenti,
capaci di esprimere il dono reciproco
e sincero di noi stessi,
per crescere ogni giorno in una più profonda
comunione di vita.
Solo così potremo sperimentare e testimoniare
il tuo amore senza limiti. **Amen.**

Segno

IN CASA:

I genitori con i propri figli trovino il tempo e l'occasione ogni giorno di recitare il Padre nostro tenendosi per mano, per riconoscersi figli del Padre celeste, chiamati a costruire la comunione facendosi dono l'uno per l'altro.

IN CHIESA:

Valorizzare il momento della recita del Padre nostro. Si suggerisce alle coppie di prendersi per mano e pregare guadandosi negli occhi per riconoscere nell'altro/a il dono d'amore di Dio (cfr. Gen 2), mentre chi non è in coppia reciti il Padre nostro tenendosi per mano con il/la vicino/a.

17 dicembre

CHIAMATI A RISCOPRIRE LE ORIGINI DEL PROPRIO AMORE

Preghiere iniziali *(vedi pag. 81)*

LA VOCAZIONE ALL'AMORE

Oggi, pensare alla vita come a una vocazione non è scontato. Molte persone ritengono che tutto debba essere ricondotto alla semplice decisione del soggetto, perché non c'è nessuno che chiama. Pensano che l'uomo si trovi nell'esistenza quasi per caso e che tutto quanto può fare sia racchiuso dentro i limiti e le possibilità della sua sola libertà. Molti pensano che l'uomo possa progettarsi da sé e fare quello che vuole pur dentro i limiti delle sue forze. Per costoro, praticamente, non c'è nessun Dio che dica cosa sia la vita e cosa debba essere l'amore. Di fatto si vive senza nessuno che chiama e senza nessuno che attende. Si vive solo sulle proprie decisioni, almeno fino a quando si riesce. Forse è proprio qui il luogo più nascosto di ogni crisi di vocazione. Molta gente vuole amare, ma preferisce affidarsi a un amore "fai da te" che non ad un amore rivelato, non riconosce nell'amore di Cristo per la Chiesa la sorgente e il modello di ogni amore umano, e in particolare, del matrimonio e della famiglia.

Chi vive il matrimonio cristiano sa che la vita è una vocazione: all'inizio Dio chiama all'esistenza, alla fine Dio aspetta per l'eternità. Tutta la vita è una partecipazione alla creazione e una risposta a questa attesa; non è sfilacciata o senza senso, non è disordinata o affidata al caso: la vita è nelle mani di Dio. In questa universale vocazione, si è chiamati sempre a vivere l'amore.

Questo amore può essere vissuto nel matrimonio e nella verginità: sono due forme – diverse e complementari - per esprimere e per vivere l'unico mistero dell'alleanza d'amore di Dio con il suo popolo. La vita presenta anche altre situazioni personali, al di là del matrimonio e della verginità per il Regno di Dio. Ci sono persone che, per motivi indipendenti dalla loro volontà, non hanno potuto sposarsi; oppure che, pur potendo, hanno scelto di rimanere sole. Per tutti e per ciascuno si dà e vale, come fondamentale, la vocazione all'amore, alla comunione con l'altro e al dono di sé (cfr Gaudium et spes, 24).

Ascoltiamo e meditiamo la Parola

Dal vangelo secondo Matteo (*Mt 1, 1-23*)

Genealogia di Gesù Cristo figlio di Davide, figlio di Abramo. Abramo generò Isacco, Isacco generò Giacobbe, Giacobbe generò Giuda e i suoi fratelli, Giuda generò Fares e Zara da Tamar, Fares generò Esròm, Esròm generò Aram, Aram generò Aminadàb, Aminadàb generò Naassòn, Naassòn generò Salmòn, Salmòn generò Booz da Racab, Booz generò Obed da Rut, Obed generò Iesse, Iesse generò il re Davide.Davide generò Salomone da quella che era stata la moglie di Urìa, Salomone generò Roboamo, Roboamo generò Abìa, Abìa generò Asàf, Asàf generò Giòsafat, Giòsafat generò Ioram, Ioram generò Ozia, Ozia generò Ioatam, Ioatam generò Acaz, Acaz generò Ezechia, Ezechia generò Manasse, Manasse generò Amos, Amos generò Giosia, Giosia generò Ieconia e i suoi fratelli, al tempo della deportazione in Babilonia. Dopo la deportazione in Babilonia, Ieconia generò Salatiel, Salatiel generò Zorobabèle, Zorobabèle generò Abiùd, Abiùd generò Elìacim, Elìacim generò Azor, Azor generò Sadoc, Sadoc generò Achim, Achim generò Eliùd, Eliùd generò Eleàzar, Eleàzar generò Mattan, Mattan generò Giacobbe, Giacobbe generò Giuseppe, lo sposo di Maria, dalla quale è nato Gesù chiamato Cristo. La somma di tutte le generazioni, da Abramo a Davide, è così di quattordici; da Davide fino alla deportazione in Babilonia è ancora di quattordici; dalla deportazione in Babilonia a Cristo è, infine, di quattordici.

Spunti per la meditazione

È sempre bello ed utile volgere indietro lo sguardo per rivedere la scintilla da cui è sbocciato il nostro amore.

Tornare indietro per ricordare la nascita, la voglia, la condizione per cui questa goccia così piccola ha riempito i nostri cuori tanto da fare straripare la nostra vita di vero amore: l'amore che ha preso una svolta unica dal momento in cui abbiamo invitato Gesù Cristo a vivere con noi. È piacevole fare un "memoriale" dei momenti che hanno distinto la nostra storia e l'hanno resa speciale ai nostri occhi e a quelli di Dio. Egli ci ha voluti insieme al punto di convincerci a scommettere la vita in questa splendida avventura. Ciò ci serve da monito per la nostra storia di oggi, quando il quotidiano ci sembra difficile. Conviene, forse, rispolverare le origini, per scovare ciò che ha generato in noi la voglia e i motivi di scegliere una vita in due. Riprendiamoci, dunque, il ricordo di quei momenti splendidi che hanno segnato per sempre la nostra vita!

Preghiera

O Signore, tu che sei il Dio di Abramo, di Isacco e di Giacobbe, il Dio di Gesù Cristo e il nostro Dio, tu hai benedetto la coppia sin dalla creazione del mondo, fa che noi riconosciamo sinceramente che tutta la nostra storia d'amore, per mezzo della Chiesa, è orientata verso Cristo, l'atteso dei popoli. Fa' che ognuno di noi sia strumento valido per portare a lui ogni fratello e sorella che vive accanto a noi. **Amen.**

Segno

In casa:
Si suggerisce alle coppie di ricercare qualche oggetto, o qualche scritto, che richiami l'inizio del loro amore.

In chiesa:
Si invitino le coppie che lo desiderano a portare all'offertorio il segno trovato e ad offrirlo al Signore, sorgente del loro amore.

18 dicembre

Chiamati al sacramento del matrimonio

Preghiere iniziali *(vedi pag. 81)*

La grazia del matrimonio

A volte ci interroghiamo circa la nostra capacità di essere contenti: può capitare che qualcosa getti un'ombra sulla gioia di vivere e sulla capacità di amare. Vorremmo l'amore, unito alla verità e alla pace. Ci interroghiamo se l'uomo e la donna di oggi possono riuscire a mostrare sempre un volto felice e riconciliato, pieno di speranza di fronte alla vita.

Che cosa si pensa oggi dell'amore? Quali forme di amore convincono veramente? Che cosa cercano, per essere felici, i ragazzi e le ragazze di oggi? Che cosa nella vita delle persone mortifica la gioia di vivere, spegne il desiderio di legami duraturi? Molti si domandano se vale ancora la pena di sposarsi e di avere una famiglia.

Il divario tra ciò che sogniamo e ciò che viviamo può mortificare i nostri desideri, renderci deboli, incapaci di grandi affidamenti e di vere fedeltà. Le difficoltà della vita di ogni giorno, dove tutto spesso è così uguale e monotono, rendono più faticoso lo sforzo di riscoprire la bellezza della dignità di ogni persona, il valore della relazione umana, il senso della fedeltà e della fecondità dell'amore. Vorremmo sempre qualcosa di diverso e di più grande, di appagante e di definitivo. Dove troviamo le sorgenti della gioia?

I cristiani, che si sposano nel Signore, cercano nella contemplazione del suo volto, le strade su cui indirizzare la loro vita. Con la forza del Vangelo si impegnano a vivere nel dono di se stessi.

Non desiderano questa avventura soltanto per sé, ma per tutti. Sono convinti che nel Vangelo di Gesù sta la pienezza umana della vita e dell'amore. Questa è l'anima della loro missione: un'offerta di amore. L'amore sponsale unisce le buone volontà, è un aiuto reciproco, un sostegno, una promessa, una comune fedeltà. È una fonte di speranza. Nel sacramento del matrimonio risplende la pienezza del dono definitivo che Gesù fa di se stesso. Solo Gesù può portare l'amore fino ai traguardi più alti in un mondo che spesso non dà affidamento alla durata delle cose e all'eternità dell'amore. Gesù dona ogni giorno agli sposi e alle famiglie la forza di vivere, li accompagna nelle loro vicende gioiose e tristi e li aiuta a giungere con lui all'ora suprema: «Sapendo che era giunta la sua ora di passare da questo mondo al Padre, avendo amato i suoi che erano nel mondo, li amò sino alla fine» (Giovanni 13,1).

Sono molte le famiglie che si amano così e che rendono lode a Dio.

Ascoltiamo e meditiamo la Parola

DAL VANGELO SECONDO MATTEO *(Mt 1,18-25)*

Ecco come avvenne la nascita di Gesù Cristo: sua madre Maria, essendo promessa sposa di Giuseppe, prima che andassero a vivere insieme si trovò incinta per opera dello Spirito Santo. Giuseppe suo sposo, che era giusto e non voleva ripudiarla, decise di licenziarla in segreto. Mentre però stava pensando a queste cose, ecco che gli apparve in sogno un angelo del Signore e gli disse: «Giuseppe, figlio di Davide, non temere di prendere con te Maria, tua sposa, perché quel che è generato in lei viene dallo Spirito Santo. Essa partorirà un figlio e tu lo chiamerai Gesù: egli infatti salverà il suo popolo dai suoi peccati». Tutto questo avvenne perché si adempisse ciò che era stato detto dal Signore per mezzo del profeta: Ecco, la vergine concepirà e partorirà un figlio che sarà chiamato Emmanuele, che significa Dio con noi. Destatosi dal sonno, Giuseppe fece come gli aveva ordinato l'angelo del Signore e prese con sé la sua sposa, la quale, senza che egli la conoscesse, partorì un figlio, che egli chiamò Gesù.

SPUNTI PER LA MEDITAZIONE

Giuseppe da' una vera dimostrazione di cosa significa il sacramento del matrimonio. L'amore che egli prova per Maria supera ogni limite perché ancora prima di sapere che Gesù era il frutto dello Spirito Santo decide di amarla fino in fondo non ripudiandola in modo formale, anche se si trovava incinta senza essersi unita a lui. Ancora di più quando viene a sapere dall'angelo la verità su Maria la accoglie nella sua totalità pur sapendo che il suo futuro con lei ed il figlio non sarebbe stato semplice. Egli si fida della Parola di Dio credendo fino in fondo che Dio stesso gli avrebbe dato la forza di rialzarsi dopo le loro cadute, di prendere su di sé la propria croce e di portare gli uni il peso degli altri. Allora questo ci testimonia cosa è il sacramento del matrimonio: ossia accogliere l'altro e dare la propria vita per la persona amata sapendo che Dio sta al centro di tutto e che solo in Lui ogni nostro gesto d'amore ha il suo compimento.

Preghiera

Signore Gesù, ti chiediamo di essere pronti, come Giuseppe, a dare il nostro assenso sincero e gioioso a ciò che ci chiedi, anche attraverso le vie misteriose del tuo amore. Ma, soprattutto, vogliamo che tu sia sempre il nostro Emanuele, il "Dio con noi", per saperti custodire nel cuore con lo stesso amore di Giuseppe, tuo padre putativo, ed essere disponibili a servirti in ogni nostro fratello, specie se povero e bisognoso, perché tu sei con loro. **Amen.**

Segno

IN CASA:
Ogni coppia faccia memoria, alla presenza dei figli, della celebrazione del sacramento del matrimonio, aiutandosi con le foto e il video di quel giorno.

IN CHIESA:
Si suggerisce di far rinnovare alle coppie presenti le promesse matrimoniali. Si tenga conto di ciò che propone in merito il Benedizionale.

19 dicembre

Chiamati ad essere aperti alla vita

Preghiere iniziali *(vedi pag. 81)*

La fecondità del matrimonio

Accogliere la vita e la presenza di un figlio, oggi più che nel passato, chiede una grande forza di ascolto e una rinnovata capacità di accoglienza. Ci sono figli che nascono in famiglie unite e serene; altri che nascono in famiglie in cui tutto è stato preparato con cura, a volte anche con qualche eccesso; ma ci sono anche figli che vengono al mondo in unioni precarie, senza sicurezze, con scarse possibilità di essere adeguatamente educati alle responsabilità della vita. Ci sono figli che nascono in contesti di grandissima gioia e di fervida attesa; ma ce ne sono altri che nascono nella paura, nella preoccupazione e nel dramma dei loro genitori.

Ci sono coppie sposate che desiderano un figlio, ma il figlio non arriva. Questa esperienza di amore, che sembra bloccata nella sua desiderata fecondità, provoca spesso molta sofferenza, spinge a ricorrere a vie in apparenza più facili ma che non sono prive di forti ambiguità etiche. Anche in queste situazioni l'amore non perde la sua fecondità, ma la esercita secondo un misterioso piano di Dio, il quale è capace di aprire nei cuori nuove strade ed esemplari comportamenti. Oggi, molte famiglie nella comunità cristiana, e non solo, offrono un'autentica testimonianza di fede, di speranza e di grandissima carità. La vita coniugale non perde il suo valore: «La sterilità fisica, infatti, può essere occasione per gli sposi di altri servizi importanti alla vita della persona umana, quali ad esempio l'adozione, le varie forme di opere educative, l'aiuto ad altre famiglie, ai bambini poveri o handicappati» (Familiaris consortio, 14).

Ci sono infine coppie che non sono disponibili ad accogliere un figlio, non si sentono capaci di sopportare una simile responsabilità che avvertono come un peso insopportabile, ne hanno paura, oppure semplicemente – anche perché schiacciati da condizionamenti culturali di cui non avvertono l'estrema pericolosità - non lo vogliono e lo rifiutano. È il dramma dell'aborto.

Ascoltiamo e meditiamo la Parola

DAL VANGELO SECONDO LUCA *(Lc 1,5-25)*

Al tempo di Erode, re della Giudea, c'era un sacerdote chiamato Zaccaria, della classe di Abìa, e aveva in moglie una discendente di Aronne chiamata Elisabetta. Erano giusti davanti a Dio, osservavano irreprensibili tutte le leggi e le prescrizioni del Signore. Ma non avevano figli, perché Elisabetta era sterile e tutti e due erano avanti negli anni. Mentre Zaccaria officiava davanti al Signore nel turno della sua classe, secondo l'usanza del servizio sacerdotale, gli toccò in sorte di entrare nel tempio per fare l'offerta dell'incenso. Tutta l'assemblea del popolo pregava fuori nell'ora dell'incenso. Allora gli apparve un angelo del Signore, ritto alla destra dell'altare dell'incenso. Quando lo vide, Zaccaria si turbò e fu preso da timore. Ma l'angelo gli disse: «Non temere, Zaccaria, la tua preghiera è stata esaudita e tua moglie Elisabetta ti darà un figlio, che chiamerai Giovanni. Avrai gioia ed esultanza e molti si rallegreranno della sua nascita, poiché egli sarà grande davanti al Signore; non berrà vino né bevande inebrianti, sarà pieno di Spirito Santo fin dal seno di sua madre e ricondurrà molti figli d'Israele al Signore loro Dio. Gli camminerà innanzi con lo spirito e la forza di Elia, per ricondurre i cuori dei padri verso i figli e i ribelli alla saggezza dei giusti e preparare al Signore un popolo ben disposto». Zaccaria disse all'angelo: «Come posso conoscere questo? Io sono vecchio e mia moglie è avanzata negli anni». L'angelo gli rispose: «Io sono Gabriele che sto al cospetto di Dio e sono stato mandato a parlarti e a portarti questo lieto annunzio. Ed ecco, sarai muto e non potrai parlare fino al giorno in cui queste cose avverranno, perché non hai creduto alle mie parole, le quali si adempiranno a loro tempo». Intanto il popolo stava in attesa di Zaccaria, e si meravigliava per il suo indugiare nel tempio. Quando poi uscì e non poteva parlare loro, capirono che nel tempio aveva avuto una visione. Faceva loro dei cenni e restava muto. Compiuti i giorni del suo servizio, tornò a casa. Dopo quei giorni Elisabetta, sua moglie, concepì e si tenne nascosta per cinque mesi e diceva: «Ecco che cosa ha fatto per me il Signore, nei giorni in cui si è degnato di togliere la mia vergogna tra gli uomini».

Spunti per la meditazione

L'amore coniugale, per sua natura, è caratterizzato dall'apertura e dall'accoglienza della vita in ogni sua forma, in primo luogo di ogni figlio che Dio vuole donare, conseguenza dell'amore vicendevole fra marito e moglie. Questa terza persona è l'incarnazione dell'amore fra i due, espressione eterna e concreta. Un figlio che arriva in una famiglia è un dono che Dio fa secondo i suoi modi e i suoi tempi e chi lo accoglie si apre all'"altro da sé", accetta l'«estraneo» che entra nella propria vita: queste sono premesse fondamentali anche per l'unione della stessa coppia e della stessa famiglia. Non dobbiamo avere la pretesa che il figlio che ci è stato donato sia un nostro progetto, egli è qualcuno diverso da noi genitori, ha un suo destino che non deve per forza corrispondere al nostro.

Quando accettiamo il dono dobbiamo accettare anche questa realtà. Elisabetta parla di vergogna perché un tempo la sterilità era considerata una mancanza di benedizione da parte di Dio, ma in fondo anche oggi le cose non sono tanto diverse: la sterilità in una coppia, nella quale mancano i veri valori, è fonte di reciproci rimproveri, di fratture psicologiche e crisi profonde. Solo con la fede si riesce a comprendere che se Dio ha voluto benedire la nostra unione con un figlio è perché vuole renderci compartecipi con lui all'atto divino della creazione. Ma se il figlio non arriva, i coniugi devono allargare il loro amore al di là dei vincoli di carne e sangue e rendere altri servizi importanti alla vita delle persone umane: l'adozione, varie forme di opere educative, l'aiuto ad altre famiglie, bambini, poveri o handicappati, l'affidamento dei minori in tal modo la coppia può comunque dar voce all'espressione dell'unità estatica raggiunta.

Preghiera

Signore, tu ci hai chiamato a formare insieme questa nostra famiglia, donaci la grazia di animarla con il tuo amore: sia confortevole per coloro che vivranno in essa, sia accogliente per coloro che in essa verranno.
Insegnaci a farti conoscere i nostri progetti, a domandare il tuo aiuto, a offrire le nostre gioie e le nostre pene, a guidare a te quei figli che ci hai dato. **Amen.**

Segno

IN CASA:

Si suggerisce di invitare le coppie e gli altri fedeli di prendere l'impegno di un'adozione a distanza da fare o singolarmente o come famiglia o comunità.

IN CHIESA:

Si suggerisca di "adottare" per il tempo natalizio un fratello o una sorella della comunità, pregando per lui/lei ogni giorno.

20 dicembre

Chiamati a rispondere quotidianamente al progetto di Dio

Preghiere iniziali *(vedi pag. 81)*

La famiglia, il lavoro e la casa

Nella società d'oggi, e quindi anche nella vita attuale delle famiglie, l'organizzazione del lavoro si è molto trasformata e ha assunto modalità del tutto nuove. Il lavoro impone alle famiglie uno stile che modifica spesso, sconvolgendoli, orari, mobilità e presenze. La concezione stessa dei tempi e dei luoghi è non poche volte condizionata dagli impegni di lavoro. A volte il lavoro in una famiglia è fonte di grande soddisfazione e l'identità professionale del marito e della moglie è un fattore di stima reciproca, sostiene una pari dignità, favorisce un proficuo confronto. Un giusto equilibrio tra la condizione professionale e la presenza in casa dell'uomo e della donna contribuiscono a un maggiore benessere nella vita familiare. Ma ci sono anche periodi in cui il lavoro suscita prevalentemente stanchezze e disagi, progressive estraneità e debolezza di comunicazione; talvolta è sorgente di preoccupazione e non facilita la comunicazione affettiva tra marito e moglie e neppure la confidenza educativa tra genitori e figli. Il lavoro a volte c'è, altre volte manca. Anche le condizioni economiche familiari, pur essendo molto diversificate tra la gente, non raramente sono sorgente di vera preoccupazione per molte famiglie.

A volte le condizioni del lavoro rendono difficile anche la partecipazione alla vita comunitaria di una parrocchia, ai suoi ritmi, ai suoi orari e alle sue celebrazioni. Il fine settimana e la domenica vengono a coincidere con un forte bisogno di relazione familiare tra genitori e figli, soprattutto quando questi sono ancora bambini; si vuole evadere dalla città, si cerca qualche forma di un più disteso riposo per ritrovare le energie e riprendere il proprio ritmo quotidiano. Quando si chiede la partecipazione dei laici a un impegno pastorale più significativo nella comunità cristiana, non si devono dimenticare le esigenze e le condizioni del loro lavoro professionale.

Non solo il lavoro, ma anche la casa è oggi per tante famiglie un problema grave e molto sofferto. Ci sono non poche coppie di giovani costretti a rimandare le nozze desiderate perché non si possono permettere una casa a causa degli altissimi prezzi. Ci sono famiglie in precarie condizioni economiche che fanno molta fatica a sopportare i costi della casa. Ma che famiglia è quella che non ha casa? La casa è un bene essenziale, perché è l'ambiente degli affetti e del dialogo; è necessaria per la stabilità delle relazioni e per la definizione del proprio originale stile di vita. Troppe famiglie vivono con grande ansia questo problema, vedendosi minacciate in profondità nella loro serenità. Bisogna essere molto più disponibili ad ascoltare le persone che vivono questa drammatica situazione e studiare anche forme concrete di solidarietà.

L'ascolto delle esigenze e delle difficoltà della vita familiare è il primo passo da compiere per contribuire a creare un'opinione che solleciti una nuova politica familiare, improntata ai criteri della verità, della giustizia e dell'equità, della libertà e della solidarietà. Un vero ascolto delle esperienze concrete di molte famiglie favorirà anche nella comunità cristiana una più forte spinta alle opere della carità e della giustizia e una più intensa comunione.

Ascoltiamo e meditiamo la Parola

DAL VANGELO SECONDO LUCA *(Lc 1,26-38)*

Nel sesto mese, l'angelo Gabriele fu mandato da Dio in una città della Galilea, chiamata Nazaret, a una vergine, promessa sposa di un uomo della casa di Davide, chiamato Giuseppe. La vergine si chiamava Maria. Entrando da lei, disse: «Ti saluto, o piena di grazia, il Signore è con te». A queste parole ella rimase turbata e si domandava che senso avesse un tale saluto. L'angelo le disse: «Non temere, Maria, perché hai trovato grazia presso Dio. Ecco concepirai un figlio, lo darai alla luce e lo chiamerai Gesù. Sarà grande e chiamato Figlio dell'Altissimo; il Signore Dio gli darà il trono di Davide suo padre e regnerà per sempre sulla casa di Giacobbe e il suo regno non avrà fine». Allora Maria disse all'angelo: «Come è possibile? Non conosco uomo». Le rispose l'angelo: «Lo Spirito Santo scenderà su di te, su te stenderà la sua ombra la potenza dell'Altissimo. Colui che nascerà sarà dunque santo e chiamato Figlio di Dio. Vedi: anche Elisabetta, tua parente, nella sua vecchiaia, ha concepito un figlio e questo è il sesto mese per lei, che tutti dicevano sterile: nulla è impossibile a Dio». Allora Maria disse: «Eccomi, sono la serva del Signore, avvenga di me quello che hai detto». E l'angelo partì da lei.

Spunti per la meditazione

Impariamo come Maria a dare la nostra disponibilità a qualunque cosa il Signore ci chiede, anche se questo non sempre coincide con i nostri progetti. Nel corso della nostra vita riceviamo tanti segni che ci indicano quale strada dobbiamo intraprendere, talvolta questi segnali non li notiamo, non li capiamo, oppure non sono da noi bene accetti, occorre allora fare come Maria: mettersi in ascolto e aprire il proprio cuore. Infatti ogni giorno è quello giusto per iniziare il nostro cammino di conversione: il nostro parte proprio dai piccoli gesti quotidiani familiari, Maria fu forte anche se non capiva, non sapeva esattamente la volontà di Dio per lei. Affidiamoci anche noi al Padre con la stessa fiducia e consapevolezza che Lui ama e chiediamo sempre l'azione dello Spirito Santo perché solo tramite il suo supporto possiamo realizzare il disegno che Dio ha realizzato per noi.

Preghiera

O Padre misericordioso, sul modello di Maria, madre di Gesù e madre nostra, vogliamo far crescere in noi il desiderio di cercarti ogni giorno attraverso l'ascolto della Parola e la preghiera silenziosa, perché la nostra vita sia modellata sulla tua Parola e porti frutti di gioia, pace e bontà, a quanti vivono accanto a noi. **Amen.**

Segno

IN CASA:

Si dedichi del tempo durante la giornata per la lettura-meditazione della Parola di Dio, possibilmente tutta la famiglia.

IN CHIESA:

Si suggerisce di far formare alle famiglie (genitori e figli) presenti, dopo l'omelia, un grande "si" con dei lumini accesi che ognuna di esse porterà davanti all'altare, a significare che il sì del sacramento si rinnova e si alimenta con l'adesione quotidiana alla chiamata di Dio.

21 dicembre

Chiamati a donarsi con gioia

Preghiere iniziali *(vedi pag. 81)*

Dare la vita per i fratelli

Non è possibile conoscere, accogliere e vivere l'amore che Dio in Cristo Gesù accende nel nostro cuore, senza avvertire il bisogno di mostrarlo e di comunicarlo agli altri. «Poiché questo è il messaggio che avete udito fin da principio: che ci amiamo gli uni gli altri» (1 Giovanni 3,11). Questo è il dinamismo dell'amore: dall'amore di Dio accolto da noi nasce in noi l'amore donato: donato a Dio e condiviso reciprocamente fra noi, come afferma l'evangelista Giovanni rilevandone in particolare la radicalità: «Da questo noi abbiamo conosciuto l'amore: Egli ha dato la sua vita per noi; quindi anche noi dobbiamo dare la vita per i fratelli» (1 Giovanni 3,14). L'amore non è solo una parola sulle labbra e un sentimento del cuore, ma è un gesto concreto, una donazione di vita, spesa nell'amore e per amore, come insiste lo stesso evangelista: «Figlioli, non amiamo a parole né con la lingua, ma coi fatti e nella verità» (1 Giovanni 3,18).

Il Signore, che ci rivela la bellezza del suo amore presente e operante nell'esperienza umana di amare e di essere amati – in particolare nella condizione di vita della coppia e della famiglia -, ci doni di vivere questa bellezza con coraggiosa coerenza e di portare questa "lieta notizia" anche agli altri. Ci renda testimoni e missionari del "Vangelo della famiglia"!

Ascoltiamo e meditiamo la Parola

Dal vangelo secondo Luca *(Lc 1,39-45)*

In quei giorni Maria si mise in viaggio verso la montagna e raggiunse in fretta una città di Giuda. Entrata nella casa di Zaccaria, salutò Elisabetta. Appena Elisabetta ebbe udito il saluto di Maria, il bambino le sussultò nel grembo. Elisabetta fu piena di Spirito Santo ed esclamò a gran voce: «Benedetta tu fra le donne e benedetto il frutto del tuo grembo! A che debbo che la madre del mio Signore venga a me? Ecco, appena la voce del tuo saluto è giunta ai miei orecchi, il bambino ha esultato di gioia nel mio grembo. E beata colei che ha creduto nell'adempimento delle parole del Signore».

Spunti per la meditazione

Il primo frutto che l'Emmanuele ha portato sulla terra è il servizio, infatti Maria, spinta dal Figlio, s'incammina verso Elisabetta per servirla, anticipando con questo atteggiamento ciò che Gesù avrebbe suggerito nell'ultima cena cingendosi i fianchi e lavando i piedi agli apostoli (Gv. 13, 4-16). Questo è l'atteggiamento che noi cristiani siamo chiamati a tenere per far sì che s'incarni in noi l'insegnamento di Gesù. Il servizio c'impegna ad essere prossimo gioioso per gli altri e non semplicemente "benefattori" vivendo la stessa carità di Maria impegnata in prima persona ad essere amica del "povero".

Preghiera

Signore Gesù, fa che sappiamo rivelare e comunicare il tuo amore provvidente dolce e forte: questo è il bene più grande che ai figli si possa donare.

Fa' che sappiamo dividere il pane con chi ha fame, donare amore con chi è piccolo, povero, malato, a chi è dimenticato e solo. Dio della gioia e della pace, fa che la nostra famiglia cammini sui sentieri della vita, che creda nel tuo amore, anche nel tempo della prova e viva nella speranza di vedere il tuo volto. **Amen.**

Segno

In casa:
Si prenda a cuore qualche situazione di disagio familiare e si preghi per essa. Se è possibile, con molta discrezione, si dia anche qualche aiuto materiale o spirituale.

In chiesa:
Si suggerisce di invitare i fedeli a fare una colletta alimentare da destinare alle famiglie bisognose della parrocchia.

22 dicembre
CHIAMATI ALLA PREGHIERA DOMESTICA

Preghiere iniziali *(vedi pag. 81)*

LA PREGHIERA E LA FAMIGLIA

Oggi la preghiera, se da un lato è riconosciuta come un valore, dall'altro incontra non poche difficoltà. Spesso la si vive come qualcosa di spontaneo, quasi un sentimento interiore che non ha né formule né contenuto, ma che esprime di volta in volta bisogno, domanda, affidamento. Dio parla sempre nell'intimo dei cuori e suscita in tutte le famiglie e tra le persone che si amano qualche forma di preghiera. L'amore e l'invocazione stanno sempre insieme. Se in una famiglia c'è amore, si crea più facilmente lo spazio per la preghiera. Sta a noi, anche quando non sappiamo cosa sia conveniente domandare, cogliere il gemito inesprimibile dello Spirito che sorregge la nostra debolezza (cfr Romani 8,26). La pratica esplicita della preghiera dipende molto dalla storia, dall'educazione di ciascuno, dagli ambienti frequentati, dalle persone incontrate, dalle solitudini, dalle sofferenze e dall'amore ricevuto.

Per imparare a pregare, una famiglia deve imparare ad ascoltarsi, a comprendersi, a perdonarsi, a interrogarsi sul mistero della vita e dell'amore, della sofferenza e della morte.

D'altra parte, portare una famiglia alla preghiera, secondo i modi e i tempi che sono propri della vita familiare, vuol dire introdurla nella comunione ecclesiale, condurla a incontrare la parola di Dio, aiutarla a partecipare alla celebrazione dei santi misteri, farle gustare la dolcezza dell'Eucaristia e ospitarla con affetto e con rispetto nella comunità, composta di famiglie credenti. Quante giovani famiglie potrebbero gustare questa straordinaria esperienza!

La preghiera, che nasce dall'ascolto della parola di Dio – «gli parliamo quando preghiamo e lo ascoltiamo quando leggiamo gli oracoli divini», scriveva sant'Ambrogio (I doveri I, 20 88) -, aiuta ad approfondire il significato della relazione coniugale, favorisce la profondità e l'autenticità della comunicazione, non poche volte reintroduce nella vita di coppia l'energia rinnovatrice e pacificante del perdono. Infine la preghiera in famiglia può lodevolmente diventare un momento collegato al giorno del Signore e all'Eucaristia domenicale. I testi biblici, che si ascoltano nella Messa, potranno più facilmente diventare durante la settimana sorgente di preghiera e motivo per una comunicazione della fede.

I genitori cristiani sentano prezioso il loro ministero di primi maestri che educano della preghiera dei figli, a partire dall'insostituibile testimonianza di una preghiera fatta insieme. Riprendano con i figli la preghiera semplice del mattino e della sera, quella dei pasti, per vivere la giornata custodendo il senso della presenza di Dio.

Ascoltiamo e meditiamo la Parola

Dal vangelo secondo Luca *(Lc 1,46-55)*

Allora Maria disse:«L'anima mia magnifica il Signore e il mio spirito esulta in Dio, mio salvatore, perché ha guardato l'umiltà della sua serva. D'ora in poi tutte le generazioni mi chiameranno beata. Grandi cose ha fatto in me l'Onnipotente e Santo è il suo nome: di generazione in generazione la sua misericordia si stende su quelli che lo temono. Ha spiegato la potenza del suo braccio, ha disperso i superbi nei pensieri del loro cuore; ha rovesciato i potenti dai troni, ha innalzato gli umili; ha ricolmato di beni gli affamati, ha rimandato a mani vuote i ricchi. Ha soccorso Israele, suo servo, ricordandosi della sua misericordia, come aveva promesso ai nostri padri, ad Abramo e alla sua discendenza, per sempre».

Spunti per la meditazione

La preghiera domestica sgorga ogni giorno, ogni minuto, ogni istante dal cuore dei due sposi nell'atto reciproco del mutuo donarsi, attraverso l'edificazione di un dialogo, non sempre facile, fondato sulla fiducia, sulla tenerezza e sulla semplicità. I pilastri su cui poggia questo dialogo, inteso anche come vicendevole soccorso, sono l'umiltà e il servizio, le virtù che Maria Santissima, canta nel Magnificat e a cui Dio volge il suo tenero sguardo operando con onnipotenza "cose grandi". In Maria l'umiltà sintetizza la virtù della mitezza e del nascondimento da cui scaturiscono il silenzio, l'ascolto e l'accoglienza della Parola di Dio. La docilità di Maria all'azione dello Spirito Santo favorisce in Lei la crescita della giustizia, della temperanza, della fortezza e della sapienza ossia di quel terreno fertile, di quell'humus capace di poter accogliere il Verbo di Dio. È attraverso la crescita delle virtù sopra elencate che prima "l'anima" di Maria "magnifica il Signore", e, dopo, "il suo spirito esulta in Dio"; cioè, se non si è intrapreso un cammino di fede, se non si è cresciuti alla Luce della Parola di Dio, non si può esultare. In una società votata all'individualismo, in cui la vita della famiglia è attentata continuamente dalle separazioni, dalle unioni di fatto, in cui i prepotenti si arrogano il diritto di poter schiacciare i più deboli, i più poveri, gli indifesi, a fronte di una falsa politica fondata sull'utilitarismo anziché al mutuo soccorso, Maria si erge a baluardo della famiglia e degli ultimi promuovendo un cammino di fede e di servizio rivolto agli altri fondato sulla carità, sulla comunione, sulla condivisione fraterna, sulla perseveranza e sull'abbandono alla Provvidenza di Dio. Un servizio senza calcoli, fatto di piccole cose, predilette da Dio per poter "innalzare gli umili" e "mandare i ricchi a mani vuote". Rivolgiamo, quindi, il nostro sguardo a Maria, Regina della Famiglia e degli Ultimi affinché come Lei impariamo anche noi a lodare Dio, intonando l'umiltà e il servizio, le note più alte del Magnificat.

Preghiera

L'anima nostra magnifica il Signore, e noi esultiamo in Dio, nostro Salvatore. Egli ha rivolto il suo sguardo alla povertà del nostro amore. Ora tutti potranno vedere la Sua potenza che trasforma il nostro cammino.

Grandi meraviglie ha fatto per noi il Signore, ha ricolmato di beni la nostra vita: ci ha donato una famiglia in cui crescere, ha posto al nostro fianco guide sagge e gioiose, ci ha fatto incontrare amici sinceri.

La sua misericordia ci risolleva dalle debolezze, il suo perdono vince la grettezza del cuore.

La sua Parola rischiara l'incertezza dei nostri passi.

Egli sostiene la nostra speranza, ci offre una comunità in cui servire. Grande è il Signore, che ci ha donato questo amore e resterà come testimone della nostra unione, perché essa sia forte, fedele, feconda!

Egli non ci lascerà soli. L'anima nostra magnifica il Signore, nostro Salvatore. **Amen.**

Segno

IN CASA:

Si dedichi ogni giorno, un momento di preghiera di tutta la famiglia riunita attorno ad un cero acceso, a significare l'attesa della nascita del Redentore.

IN CHIESA:

Si suggerisce di coinvolgere nell'animazione della liturgia le famiglie presenti, in particolare le preghiere dei fedeli venga fatte dalle stesse famiglie.

23 dicembre
Chiamati ad essere genitori

Preghiere iniziali *(vedi pag. 81)*

Il dono dei figli

Con la nascita dei figli la relazione di coppia si apre a nuove e sorprendenti evoluzioni. La missione di genitori e il cambiamento dell'assetto della vita familiare sono una formidabile spinta a rinnovare i tempi e lo stile delle relazioni personali e introducono nuove e coinvolgenti esperienze di vita, sia umane che di fede.

I compiti educativi e i primi inserimenti dei figli nella vita sociale sono spesso fonte di preoccupazione per i genitori. La cura e la custodia dei bambini si intrecciano spesso con le esigenze e le responsabilità del lavoro. Anche gli appuntamenti religiosi vengono ripensati e vissuti secondo una modalità nuova. L'educazione dei figli è una delle esperienze più belle e più impegnative per una famiglia: in essa si esprime una straordinaria fecondità spirituale; si impara ad accompagnare, non solo fisicamente, nei primi passi della vita, nei linguaggi della relazione e del dono di sé, si insegna loro l'obbedienza e la fiducia in se stessi e negli altri. Fin dai primi anni si accompagna nei figli la crescita dell'intelligenza e degli affetti, li si abitua a gestire le loro prime responsabilità e a rassicurare se stessi; li si educa alla preghiera, alla stima degli altri e al valore delle istituzioni, fino a introdurli nella vita sociale e nella comunità ecclesiale. Il cammino educativo dei figli chiede una dedizione particolare, necessita di una attiva collaborazione sia della comunità civile che di quella ecclesiale. Anche se oggi sembrano molte le difficoltà, i genitori, che custodiscono e promuovono l'educazione dei figli, non devono sentirsi soli, ma avere fiducia che Dio non farà loro mancare la grazia di essere veri educatori. Ciò è particolarmente importante per quei genitori che vivono la fatica di accogliere come dono di Dio un figlio nato con problemi di tipo fisico o psichico. L'esperienza insegna che questa situazione, talvolta molto drammatica, può diventare un'intensa – certo faticosa, ma gioiosa – esperienza di amore e di solidarietà tra le famiglie.

Numerosi genitori sanno educare con molta competenza e amore, altri fanno più fatica e ne soffrono. Spesso sono molto preoccupati, non sanno cosa fare e chiedono aiuto. Ci sono genitori che investono sempre molte energie per l'educazione dei figli, ma può succedere che non vengano raggiunti i risultati sperati. Allora si prova l'amarezza della delusione e si viene colti da un forte senso di inadeguatezza e di fallimento.

Qualcuno pensa che educare bene un figlio significhi preservarlo il più possibile dal mondo esterno e dalla cultura circostante, ritenuta problematica e malata; altri, invece, sono più propensi a un'educazione leggera che lasci ai figli la più grande libertà nelle loro scelte e nei loro sbagli. In ogni progetto educativo l'amore deve essere insegnato, dentro e fuori la famiglia.

Educare è un compito meraviglioso e difficile e, soprattutto oggi, necessita di molte risorse umane in persone, presenze, progetti, istituzioni. Anche la comunità cristiana, che non si stanca mai di compiere la sua originaria missione, domanda la collaborazione di tutti, ma vuole rimanere fedele alla propria specificità. Questa specificità è un diritto e un dovere, davanti a Dio e davanti al mondo, e trova la sua radice nel mistero stesso della Chiesa "madre e maestra".

Ascoltiamo e meditiamo la Parola

DAL VANGELO SECONDO LUCA *(Lc 1, 57-66)*

Per Elisabetta intanto si compì il tempo del parto e diede alla luce un figlio. I vicini e i parenti udirono che il Signore aveva esaltato in lei la sua misericordia, e si rallegravano con lei. All'ottavo giorno vennero per circoncidere il bambino e volevano chiamarlo col nome di suo padre, Zaccaria. Ma sua madre intervenne: «No, si chiamerà Giovanni». Le dissero: «Non c'è nessuno della tua parentela che si chiami con questo nome». Allora domandavano con cenni a suo padre come voleva che si chiamasse. Egli chiese una tavoletta, e scrisse: «Giovanni è il suo nome». Tutti furono meravigliati. In quel medesimo istante gli si aprì la bocca e gli si sciolse la lingua, e parlava benedicendo Dio. Tutti i loro vicini furono presi da timore, e per tutta la regione montuosa della Giudea si discorreva di tutte queste cose. Coloro che le udivano, le serbavano in cuor loro: «Che sarà mai questo bambino?» si dicevano. Davvero la mano del Signore stava con lui.

Spunti per la meditazione

In questo tempo di Avvento, in cui ci prepariamo ad accogliere il Figlio donato da Dio all'umanità, noi genitori dobbiamo fermarci a riflettere sulla nostra vocazione, cioè sulla chiamata ad essere "custodi" dei figli che il Signore ci ha affidato. Avendo ricevuto questo dono grande ed insieme questa grande responsabilità dell'essere genitori e quindi "compartecipi" dell'azione creatrice di Dio, ogni giorno dobbiamo vegliare e pregare affinché i nostri figli possano crescere "in età, sapienza e grazia", ricordando sempre che essi non sono nostra proprietà, ma ci sono stati affidati dall'infinità bontà e misericordia di Dio. La nostra esperienza di genitori ci insegna e ci ricorda che un dono non è dovuto e che non importa per quanto tempo ci sono stati affidati, ma quanto sapremo amarli, quanto sapremo essere docile strumento nelle mani di Dio con il nostro "sì" alla vita. Siamo custodi, non padroni dei nostri figli.

Preghiera

Creatore che dall'Abisso hai generato la Vita, mistero del tuo Amore, fa' che la doniamo con generosità e fiducia, come strumenti della tua Volontà. Facci degni di tale compito sempre. Sii con noi nei momenti di gioia e in quelli di conforto come la Voce Eterna che dice: "Vita!". Fa' che la nostra mano non si ritragga al compito che hai dato all'uomo e donna uniti nel tuo Amore.

E aiutaci a far sì che il nostro amore - nel generare, custodire, educare - divenga sempre più degno di te. **Amen.**

Segno

Si suggerisce di invitare entrambi i genitori, alla fine della celebrazione, prima della benedizione del celebrante, a dare la loro benedizione ai propri figli presenti. Se i figli non sono in Chiesa, la si può dare al rientro a casa. Suggeriamo la seguente formula da usare sia in Chiesa che a casa:
(I genitori insieme invocano la seguente benedizione sui propri figli)

Padre santo, sorgente inesauribile di vita,
da te proviene tutto ciò che è buono;
noi ti benediciamo e ti rendiamo grazie,
perché hai voluto allietare con il dono dei figli
la nostra comunione di amore;
fa' che questi germogli della nostra famiglia
trovino nell'ambito domestico
il clima adatto per aprirsi liberamente
ai progetti ideali che tieni in serbo per loro
e che realizzeranno con il tuo aiuto.
Per Cristo nostro Signore. **Amen.**

Oppure
Il Signore ti custodisca,
ti faccia crescere nel suo amore
perché tu viva in maniera degna
della tua vocazione. **Amen.**

Oppure, prima di coricarsi:
Il Signore ti conceda una notte serena
e un riposo tranquillo. **Amen.**

24 dicembre

Chiamati ad essere Chiesa domestica

Preghiere iniziali *(vedi pag. 81)*

La famiglia

Secondo il disegno di Dio, il matrimonio trova la sua pienezza nella famiglia, di cui è origine e fondamento. Da questo intimo e costitutivo legame con il matrimonio e con l'amore che lo definisce, ogni famiglia deriva, perciò, la sua identità e la sua missione di custodire, rivelare e comunicare l'amore, attraverso la formazione di una autentica comunità di persone, il servizio alla vita, la partecipazione allo sviluppo della società .

La famiglia cristiana, comunione di persone, segno e immagine della comunione del Padre e del Figlio nello Spirito Santo, oltre ai compiti ora ricordati, ha anche quello di partecipare alla vita e alla missione della Chiesa. Infatti, nata ed alimentata dal sacramento del matrimonio, la famiglia cristiana, già a partire dalla coppia coniugale che ne costituisce il nucleo originario, possiede un'essenziale struttura ecclesiale. Essa è "comunità d'amore e di vita", formata dalla coppia e dal nucleo familiare, ma è anche, e in profondità, "comunità di grazia", in intimo e vivo legame con la Chiesa. Anzi, il suo legame con la Chiesa è così profondo e radicale da risultare elemento costitutivo dell'identità cristiana della famiglia. Essa, a suo modo, è una "rivelazione" e una "realizzazione" del mistero della Chiesa, il quale, a sua volta e reciprocamente, vive e si manifesta anche dentro e attraverso la concreta e tangibile realtà della famiglia cristiana.

Per questi motivi, secondo l'autorevole insegnamento del Vaticano II, la famiglia cristiana può essere chiamata «Chiesa domestica», poiché essa è, a suo modo, «viva immagine e storica ripresentazione del mistero stesso della Chiesa». In virtù di questa sua connotazione, essa partecipa alla fecondità della Madre Chiesa e si presenta insieme come comunità salvata dall'amore di Cristo che le è donato e come comunità che salva perché chiamata ad annunciare e a comunicare lo stesso amore di Cristo ed è messa in grado di rispondere a questa sua chiamata.

Affonda, inoltre, le sue radici in questo mistero la missione della famiglia cristiana nei confronti sia della Chiesa sia della società e del mondo intero. Gli sposi, infatti, che già per il Battesimo sono partecipi della vita e della missione della Chiesa, in forza del sacramento del matrimonio da essi celebrato, sono chiamati a ravvivare e a vivere costantemente i loro impegni battesimali in forme e contenuti nuovi, secondo uno stile coniugale e attraverso le realtà proprie della loro esistenza.

Così pure la famiglia intera - chiamata a configurarsi come comunione-comunità di fede, nella quale la fede viene accolta, vissuta, annunciata, testimoniata e trasmessa da tutti i suoi membri - «è posta al servizio dell'edificazione del Regno di Dio nella storia mediante la partecipazione alla vita e alla missione della Chiesa». Con il suo stesso esistere, prima che attraverso specifiche attività, in quanto stato particolare di vita cristiana, è annuncio del Vangelo e partecipa così alla missione evangelizzatrice di tutta la Chiesa.

Ascoltiamo e meditiamo la Parola

DAL VANGELO SECONDO LUCA *(Lc 1,67-79)*

Zaccaria, suo padre, fu pieno di Spirito Santo, e profetò dicendo: «Benedetto il Signore Dio d'Israele, perché ha visitato e redento il suo popolo, e ha suscitato per noi una salvezza potente nella casa di Davide, suo servo, come aveva promesso per bocca dei suoi santi profeti d'un tempo: salvezza dai nostri nemici, e dalle mani di quanti ci odiano. Così egli ha concesso misericordia ai nostri padri e si è ricordato della sua santa alleanza, del giuramento fatto ad Abramo, nostro padre, di concederci, liberati dalle mani dei nemici, di servirlo senza timore, in santità e giustizia al suo cospetto, per tutti i nostri giorni. E tu, bambino, sarai chiamato profeta dell'Altissimo perché andrai innanzi al Signore a preparargli le strade, per dare al suo popolo la conoscenza della salvezza nella remissione dei suoi peccati, grazie alla bontà misericordiosa del nostro Dio, per cui verrà a visitarci dall'alto un sole che sorge per rischiarare quelli che stanno nelle tenebre e nell'ombra della morte e dirigere i nostri passi sulla via della pace».

SPUNTI PER LA MEDITAZIONE

Il cuore di Zaccaria è commosso, illuminato dallo Spirito vede nel suo bambino l'ultimo e il più grande di tutti i profeti, perché andrà dinanzi al Messia per preparargli la strada. Nel suo cantico proclama la fedeltà di Dio alle Sue promesse: è un invito a noi famiglie a fidarci di Dio, e a credere al valore della Chiesa Domestica, in quanto luogo privilegiato dove Dio manifesta la Sua provvidenza ed esprime il Suo progetto salvifico, annunziando con forza il Suo intervento nell' educare la famiglia a preparare la strada alla Sua venuta e ad essere segno del Suo amore per tutta l'umanità.

Preghiera

O Signore, fa' che la nostra famiglia sia una "Chiesa domestica", una comunità che vive nella fede, nella speranza e nell'amore, al servizio di Dio e di tutta l'umanità.

Trovi alimento nella preghiera comune e nell'ascolto della Parola di Dio, scopra una fonte di grazia e di santità nella celebrazione dei sacramenti.

Possa così collaborare all'edificazione della Chiesa e partecipare alla sua missione di salvezza nel mondo. **Amen.**

Segno

IN CASA:

Ogni famiglia allestisca nelle propria casa l'angolo della Parola a significare la centralità di Cristo, Verbo incarnato, pietra fondamentale di ogni casa e di ogni famiglia cristiana, dal quale provengono carismi e ministeri.

IN CHIESA:
Si suggerisce di far prendere l'impegno ad ogni famiglia di impegnarsi in un determinato ministero nella comunità, da individuare insieme al parroco.

Appendici

- Veglia di Natale
- Festa santa Famiglia
- Celebrazione fine d’anno

Veglia di Natale

Nel nome del Padre e del Figlio e dello Spirito Santo. Amen.

Introduzione

G*. *Eccoci giunti nel cuore della notte che il Padre ha illuminato con lo splendore di Cristo, vera luce del mondo.*
Per un'antichissima tradizione i cristiani celebrano il mistero del Natale del Signore nel cuore della notte, ricordando il silenzio che tutto avvolse quando discese la Parola divina e la luce brillò davanti ai pastori, i quali mentre erano in veglia al loro gregge, accolsero il lieto annunzio della nascita del Salvatore. Anche noi, al termine del cammino di Avvento che ci ha guidato sulle strade del Vangelo, vogliamo in questa notte santa, celebrare il mistero del Natale del Signore: mistero della luce che brilla nelle tenebre, della Parola fatta carne, del pane disceso dal cielo. Nella fede ci uniamo a tutti i cristiani del mondo vivendo questo Natale del Signore Gesù come accoglienza del dono del Pane di Vita, di colui che viene tra noi, si fa come noi e si "lascia mangiare" come vero cibo e vera bevanda", perché chi mangia la sua carne e beve il suo sangue abbia la vita eterna.

Invito alla lode

P. Annunciamo con gioia Cristo, venuto nell'umiltà della nostra carne.

A. Egli tornerà e ci chiamerà a possedere il regno promesso.

P. Attendiamo con gioia Cristo, che verrà nello splendore della gloria.

A. Egli tornerà e ci chiamerà a possedere il regno promesso.

---

* **P.**=Presidente **A.**=assemblea **G.**=guida **L.**=lettore

LUCERNARIO

P. Mentre un profondo silenzio avvolgeva tutte le cose, e la notte era a metà del suo corso, la tua Parola onnipotente, o Signore, venne dal cielo, dal tuo trono regale. E nella notte rifulse la grande Luce.

Ad ogni invocazione viene accesa una delle quattro candele della corona d'avvento

L. Signore Gesù, mentre aspettiamo di vederti arrivare splendente di gloria, non possiamo non chiederci se siamo stati capaci di prepararti una strada nei nostri cuori.

A. Signore, abbi pietà di noi.

L. Signore Gesù, chiusi nel nostro egoismo, non sempre ti abbiamo aspettato. Hai bussato alla nostra porta, ma non abbiamo saputo o voluto riconoscerti. Perdona la nostra incapacità di ascoltare e di capire.

A. Signore, abbi pietà di noi.

L. Signore Gesù, distratti dalle luminarie che annunciano il Natale cittadino, abbagliati dalle vetrine colme di false ricchezze, non sentiamo la tua voce che implora amore per i dimenticati, gli oppressi, i rifiutati.

A. Signore, abbi pietà di noi.

L. Signore Gesù, guarda la nostra vita, le nostre esperienze, i nostri affetti. Insegnaci ad usare con sapienza i doni della tua benevolenza e infondi nei nostri cuori il desiderio di ricercare i beni del cielo.

A. Signore, abbi pietà di noi.

LE PROMESSE DEL MESSIA

G. *Ascoltiamo ora la voce dei profeti che ci ricordano le profezie che annunciano il Messia promesso... Questo piccolo essere inerme e impotente, con il suo respiro, lo spirito dona-*

togli dall'alto, l'amore, rivoluzionerà tutti i poteri che sembrano dominare sulla terra, e renderà possibile la pace fra gli uomini. Nella fede, il mistero del Verbo fatto carne è alle radici di ogni germe di amore che nasce sulla terra, segno della salvezza gratuitamente donata all'umanità.

DAL LIBRO DEL PROFETA ISAIA *(7, 14)*
Il Signore stesso vi darà un segno. Ecco: la vergine concepirà e partorirà un figlio, che chiamerà Emmanuele.
Parola di Dio. **A. Rendiamo grazie a Dio.**

Dopo ogni brano biblico si può ripetere un ritornello cantato

DAL LIBRO DEL PROFETA ISAIA *(9, 5-6)*
Poiché un bambino è nato per noi, ci è stato dato un figlio. Sulle sue spalle è il segno della sovranità ed è chiamato: Consigliere ammirabile, Dio potente, Padre per sempre, Principe della pace; grande sarà il suo dominio e la pace non avrà fine sul trono di Davide e sul regno, che egli viene a consolidare e rafforzare con il diritto e la giustizia, ora e sempre; questo farà lo zelo del Signore degli eserciti.
Parola di Dio. **A. Rendiamo grazie a Dio.**

DAL LIBRO DEL PROFETA ISAIA *(11, 1-4a)*
Un germoglio spunterà dal tronco di Iesse, un virgulto germoglierà dalle sue radici. Su di lui si poserà lo spirito del Signore, spirito di sapienza e di intelligenza, spirito di consiglio e di fortezza, spirito di conoscenza e di timore del Signore. Si compiacerà del timore del Signore. Non giudicherà secondo le apparenze e non prenderà decisioni per sentito dire; ma giudicherà con giustizia i miseri e prenderà decisioni eque per gli oppressi del paese.
Parola di Dio. **A. Rendiamo grazie a Dio.**

Dal libro del profeta Michea *(5, 1-3a)*

E tu, Betlemme di Efrata così piccola per essere fra i capoluoghi di Giuda, da te mi uscirà colui che deve essere il dominatore in Israele; le sue origini sono dall'antichità, dai giorni più remoti. Perciò Dio li metterà in potere altrui fino a quando colei che deve partorire partorirà; e il resto dei tuoi fratelli ritornerà ai figli di Israele. Egli starà là e pascerà con la forza del Signore, con la maestà del nome del Signore suo Dio.

Parola di Dio. **A. Rendiamo grazie a Dio.**

Dal libro del profeta Sofonìa *(3, 14-16)*

Gioisci, figlia di Sion, esulta, Israele, e rallegrati con tutto il cuore, figlia di Gerusalemme! Il Signore ha revocato la tua condanna, ha disperso il tuo nemico. Re d'Israele è il Signore in mezzo a te, tu non vedrai più la sventura. In quel giorno si dirà a Gerusalemme: «Non temere, Sion, non lasciarti cadere le braccia! Il Signore tuo Dio in mezzo a te è un salvatore potente».

Parola di Dio. **A. Rendiamo grazie a Dio.**

Dal libro del profeta Michea *(4, 2)*

Da Sion uscirà la legge e da Gerusalemme la parola del Signore. Egli sarà arbitro tra molti popoli e pronunzierà sentenza fra numerose nazioni; dalle loro spade forgeranno vomeri, dalle loro lame, falci.

Parola di Dio. **A. Rendiamo grazie a Dio.**

Dal libro del profeta Isaia (61, 11)

Come la terra produce la vegetazione e come un giardino fa germogliare i semi, così il Signore Dio farà germogliare la giustizia e la lode davanti a tutti i popoli.

Parola di Dio. **A. Rendiamo grazie a Dio.**

P. Oggi è una notte bella, noi siamo piccoli davanti al grande Dio ma Dio si fa piccolo, debole e noi, nella nostra debolezza, diventiamo grandi.

KALENDA: ANNUNCIO DELLA NASCITA DEL SIGNORE

P. Vi annunciamo fratelli, una buona notizia, una grande gioia per tutto il popolo; ascoltatela con cuore gioioso.

1°L. Erano passate migliaia e migliaia di anni da quando, in principio, Dio creò il cielo e la terra e volle che le acque producessero il pullulare di esseri viventi e che uccelli volassero sopra la terra.

2°L. Erano passate migliaia e migliaia di anni dal momento in cui Dio volle che sulla terra apparisse l'uomo, fatto a sua immagine e somiglianza affinché dominasse le meraviglie del mondo e, contemplando la grandezza della creazione, lodasse in ogni momento il creatore.

3°L. Erano passate migliaia e migliaia di anni durante i quali i pensieri degli uomini riempirono il mondo di male, fino al punto che Dio decise di purificarlo con le acque del diluvio.

A. Vieni Signore Gesù.

1°L. Erano passati circa duemila anni da quando Abramo, nostro padre nella fede, ubbidendo alla voce di Dio, si diresse verso una terra sconosciuta per dare origine al popolo eletto.

2°L Erano trascorsi circa milleduecentocinquant'anni da quando Mosè fece passare i figli di Abramo a piedi asciutti attraverso il Mar Rosso, perché quel popolo, liberato dalla schiavitù del faraone, fosse immagine della famiglia dei battezzati.

3°L Erano passati circa mille anni da quando Davide, l'umile pastorello che custodiva il gregge di Iesse, suo padre, fu consacrato dal profeta Samuele come grande re d'Israele.

A. Vieni Signore Gesù.

1°L. Erano trascorsi circa settecento anni da quando Israele, dopo essere ricaduto continuamente nelle infedeltà dei suoi padri e non avendo voluto ascoltare i profeti inviati da Dio, era stato deportato a Babilonia dai Caldei; in mezzo alle sofferenze dell'esilio apprese a sperare in un Salvatore che lo avrebbe liberato dalla schiavitù e a desiderare quel Messia che i profeti gli avevano annunciato e che avrebbe instaurato un nuovo ordine di pace e di giustizia, di amore e di libertà.

2°L Finalmente, durante la 94esima Olimpiade, nell'anno 752 della fondazione di Roma, nell'anno 14° del regno dell'imperatore Augusto, mentre nel mondo intero regnava una pace universale, duemila anni fa, a Betlemme di Giuda, umile villaggio di Israele, allora occupato dai romani, in una stalla, dalla vergine Maria, sposa di Giuseppe, **della casa e della famiglia di Davide, nacque Gesù, eterno Dio, Figlio dell'eterno Padre e vero uomo, chiamato Messia e Cristo, che è il salvatore che gli uomini aspettavano.**

3°L Egli è la Parola che illumina ogni uomo; in principio tutte le cose sono state create per mezzo di Lui; egli, che è la via, la verità e la vita, venne ad abitare in mezzo a noi.

A. Vieni Signore Gesù.

P. Noi crediamo in lui, in questa notte santa ci siamo riuniti, o meglio Dio ci ha riuniti, per celebrare con gioia la solennità del Natale, e per proclamare la nostra fede in Cristo, Salvatore del mondoFratelli, rallegratevi, fate festa e celebrate la notizia più bella di tutta l'umanità!

G. *Dio ha aperto i cieli ed è disceso. La grotta di Betlemme è il segno certo di questa sua iniziativa, del suo amore che lo ha avvicinato pienamente a noi. Il presepio è l'inizio del suo abitare con noi. Ed è rimasto per sempre con noi. La bontà, l'amore, la delicatezza, la totale dedizione che si manifesta nel presepio a Natale, continua nella presenza silenziosa di Gesù nelle nostre chiese nell'Eucaristia. Fare Natale è accorgerci di nuovo della presenza di Dio con noi, non come un episodio che finisce subito, ma come una realtà permanente: fare Natale è andare verso di Dio che viene e si manifesta come un bambino neonato, è riprendere un cammino che non deve più fermarsi e trova nell'Eucaristia la sua meta perenne. Il presepio e l'Eucaristia parlano al nostro animo e gli manifestano quelle caratteristiche e quelle dimensioni che sono proprie di Dio e che debbono diventare proprie di chi vuole seguirlo nella fede.*

Un cambiamento decisivo deve avvenire nella nostra vita, ora che abbiamo conosciuto il grande gesto di amore di Dio per noi, ora che sappiamo che Dio è venuto e resta per sempre con noi.

P. Quello che è maturato nei nostri cuori in questa riflessione rendiamolo preghiera comune con la celebrazione della Santa Messa.

GLORIA IN EXCELSIS DEO

Celebrazione per la festa della Santa Famiglia

Nella santa Famiglia ci hai dato un vero modello di vita

Nel nome del Padre e del Figlio e dello Spirito Santo. Amen.

Introduzione

G. *Il Verbo della Vita è stato generato in una famiglia ed è all'interno di essa che è cresciuto come uomo: è qui che egli deve aver imparato alcune di quelle qualità umane che, molto probabilmente, saranno state proprie di Giuseppe come l'impegno nel lavoro, la resistenza alla fatica, il rispetto per la Legge, l'onestà, l'umiltà, il silenzio - e di Maria - come l'attenzione per gli ultimi, il rispetto per le persone, lo spirito di servizio, la sensibilità per i poveri. Se da una parte, guardando all'umanità di Gesù, possiamo comprendere quanta importanza Dio nutre nei confronti dell'uomo, dall'altra, guardando al periodo vissuto da Gesù nella casa di Nazareth, possiamo comprendere la grandezza della famiglia. Gesù, dunque, ha imparato da Maria e Giuseppe quello che gli serviva per essere uomo ed ebreo fedele a Dio. Se questa Famiglia santa ci viene proposta a modello è perché ha posto la sua fiducia in Dio; perché ha dato la sua disponibilità ad entrare nel piano di Dio ed accogliere tutte le sorprese nascoste: gioie e dolori; perché è stata fedele nel compiere il suo ruolo insostituibile. La preparazione e la celebrazione della Festa vuole rincuorare le famiglie e tracciare davanti ad esse un sentiero luminoso, che esse possano percorrere con fiducia; vuole insegnare a vivere la quotidianità come la Santa Famiglia di Nazareth, nella quale la promessa di salvezza diventa realtà concreta, ma apre pure ad una nuova attesa. Promessa e attesa sono legate dall'obbedienza dei credenti che si lasciano coinvolgere nel mistero.*

Atto penitenziale

P. Non è facile essere una famiglia santa! Ne sanno qualcosa anche Maria e Giuseppe. Invochiamo la Misericordia del Padre perché rigeneri i nostri cuori e li apra all'ascolto e al servizio. Allora cresceremo come Gesù, il Verbo che ha posto la sua tenda in mezzo a noi. E, mentre chiediamo perdono al Signore per le nostre inadempienze ed omissioni, specialmente verso coloro che amiamo, chiediamoci cosa facciamo delle possibilità di scambio, di ascolto, di gioia che ci offre la nostra famiglia e quanto, invece, corriamo il rischio di essere estranei gli uni agli altri.

P. Signore Gesù, che hai voluto la famiglia icona del tuo amore, abbi pietà di noi
A. Signore, pietà!

P. Cristo, che hai voluto essere come noi figlio in una famiglia, abbi pietà di noi
A. Cristo, pietà!

P. Signore, primogenito del Padre che fai di noi una sola famiglia, abbi pietà di noi
A. Signore, pietà!

P. O Dio, nostro creatore e Padre, tu hai voluto che il tuo Figlio, generato prima dell'aurora del mondo, divenisse membro dell'umana famiglia; ravviva in noi la venerazione per il dono e il mistero della vita, perché i genitori si sentano partecipi della fecondità del tuo amore, e i figli crescano in sapienza, età e grazia, rendendo lode al tuo santo nome. Per il nostro Signore Gesù Cristo...
A. Amen.

DAL VANGELO SECONDO GIOVANNI *(2,1-12)*

Tre giorni dopo, ci fu uno sposalizio a Cana di Galilea e c'era la madre di Gesù. Fu invitato alle nozze anche Gesù con i suoi discepoli. Nel frattempo, venuto a mancare il vino, la madre di Gesù gli disse: "Non hanno più vino". E Gesù rispose: "Che ho da fare con te, o donna? Non è ancora giunta la mia ora". La madre dice ai servi: "Fate quello che vi dirà".

Vi erano là sei giare di pietra per la purificazione dei Giudei, contenenti ciascuna due o tre barili. E Gesù disse loro: "Riempite d'acqua le giare"; e le riempirono fino all'orlo. Disse loro di nuovo: "Ora attingete e portatene al maestro di tavola". Ed essi gliene portarono. E come ebbe assaggiato l'acqua diventata vino, il maestro di tavola, che non sapeva di dove venisse (ma lo sapevano i servi che avevano attinto l'acqua), chiamò lo sposo e gli disse: "Tutti servono da principio il vino buono e, quando sono un pò brilli, quello meno buono; tu invece hai conservato fino ad ora il vino buono". Così Gesù diede inizio ai suoi miracoli in Cana di Galilea, manifestò la sua gloria e i suoi discepoli credettero in lui.

Dopo questo fatto, discese a Cafarnao insieme con sua madre, i fratelli e i suoi discepoli e si fermarono colà solo pochi giorni.

Parola del Signore. **A. Lode a te o Cristo.**

G. *Questo brano contiene una speranza per tutte le coppie umane, anche le migliori. Avviene in ogni matrimonio quello che avvenne alle nozze di Cana. Esso comincia nell'entusiasmo e nella gioia (di ciò è simbolo il vino); ma questo entusiasmo iniziale, come il vino a Cana, con il passare del tempo si consuma e viene a mancare. Allora si fanno le cose non più per amore e con gioia, ma per abitudine. Cala sulla famiglia, se non si sta attenti, come una nube di grigiore e di noia. Anche di questi sposi, si deve dire mestamente: "Non hanno più* *vino!". L'episodio evangelico indica ai coniugi una via per non cadere in questa situazione, o uscirne se vi si è dentro: invitare Gesù alle proprie nozze! Se lui è presente, gli si può sempre chiedere di ripetere il miracolo di Cana: trasformare l'acqua in vino. L'acqua dell'abitudine, della routine, della freddezza, nel vino di un amore e di una gioia migliore di quelli iniziali, come era il vino moltiplicato a Cana. "Invitare Gesù alle proprie nozze", significa tenere in onore il Vangelo nella propria casa, pregare insieme, accostarsi ai sacramenti, prendere parte alla vita della Chiesa. Non sempre tutti e due i coniugi sono religiosamente sulla stessa linea. Magari uno dei due è credente e l'altro no, o almeno non allo stesso modo. In questo caso, inviti Gesù alle nozze quello dei due che lo conosce, e faccia in modo - con la sua gentilezza, il rispetto per l'altro, l'amore e la coerenza della vita- che divenga presto l'amico di tutti e due. Un "amico di famiglia"!*

(Pausa di silenzio)

PREGHIERA DELLA FAMIGLIA*(una strofa per coppia)*

P. Uniti con la famiglia di Nazareth, modello e immagine dell'umanità nuova, innalziamo al Padre la nostra preghiera, perché tutte le famiglie diventino luogo di crescita in sapienza e grazia.

Diciamo: **Rinnova le nostre famiglie, Signore.**

- Signore Gesù Cristo, che effondi la tua grazia nel creato e nei nostri cuori, accogli questa nostra preghiera di lode. Ti rendiamo grazie per il dono della vita e del tempo: fa che siano l'occasione per lodarti, per esserti fedeli e per amarti nei fratelli che vivono nel tempo. **Rit.**

- Tu sei il Principio e la Fine, il Signore del tempo e della Storia, tu Trinità d'amore fa che ogni famiglia riscopra la sua dignità e viva la sua responsabilità di piccola Chiesa domestica, germe di nuova umanità. **Rit.**

- Fa che cresca ogni giorno nella fede, nella speranza e nell'amore; fa che sappia dividere il suo pane con chi ha fame, che doni amore a chi è piccolo, povero, malato, a chi è dimenticato e solo. **Rit.**

- Dio della gioia e della pace, fa che la nostra famiglia cammini sui sentieri della vita, che creda nel tuo amore anche nel tempo della prova e viva nella speranza di vedere il tuo volto, quando ti incontrerà nella tua casa, per lodarti per sempre. **Rit.**

P. Preghiamo O Dio, origine e fondamento della comunità domestica, fa' che nelle nostre famiglie imitiamo le stesse virtù e lo stesso amore della santa famiglia di Nazareth, perché, riuniti insieme nella tua casa, possiamo godere la gioia senza fine. Per il nostro Signore Gesù Cristo, tuo Figlio, che è Dio, e vive e regna con te, nell'unità dello Spirito Santo per tutti i secoli dei secoli.
A. Amen.

P. Benediciamo il Padre, il Figlio e lo Spirito Santo.
A. Lodiamolo ed esaltiamolo nei secoli

P. Benedetto sei tu nel firmamento del cielo.
A. Il tuo nome sia esaltato in ogni tempo

P. Benedetto sei tu Signore, Dio dell'universo.
A. Lodiamo nei secoli il Signore

P. Signore ascolta la nostra preghiera.
A. E il nostro grido giunga a te

Preghiera di benedizione

Il sacerdote con le braccia allargate dice:

P. Noi ti lodiamo e ti benediciamo, o Padre. Fa' che mediante il tuo Figlio Gesù Cristo, nato da Donna per opera dello Spirito Santo, ogni famiglia diventi un vero santuario della vita e dell'amore per le generazioni che sempre si rinnovano. Fa' che il tuo Spirito orienti i pensieri e le opere dei coniugi al bene della loro famiglia e di tutte le famiglie del mondo. Fa' che i figli trovino nella comunità domestica un forte sostegno per la loro crescita umana e cristiana. Fa' che l'amore, consacrato dal vincolo del matrimonio, si dimostri più forte di ogni debolezza e di ogni crisi. Concedi alla tua Chiesa di compiere la sua missione per la famiglia e con la famiglia in tutte le nazioni della terra.

A. Amen.

Il sacerdote asperge le famiglie.

Formula di consacrazione per le famiglie

Dio, dal quale proviene ogni paternità in cielo e in terra, Padre, che sei Amore e Vita, fa' che ogni famiglia umana sulla terra diventi , mediante il tuo Figlio Gesù Cristo, «nato da Donna», e mediante lo Spirito Santo, sorgente di divina carità, un vero santuario della vita e dell'amore per le generazioni che sempre si rinnovano.

Fa' che la tua grazia guidi i pensieri e le opere dei coniugi verso il bene delle loro famiglie e di tutte le famiglie del mondo.

Fa' che le nuove generazioni trovino nella famiglia un forte sostegno per la loro umanità e la loro crescita nella verità e nell'amore.

Fa' che l'amore, rafforzato dalla grazia del sacramento

del Matrimonio, si dimostri più forte di ogni debolezza e di ogni crisi, attraverso le quali, a volte, passano le nostre famiglie.
Fa'infine, te lo ciediamo per intercessione della Santa Famiglia di Nazaret, che la Chiesa in mezzo a tutte le nazioni della terra possa compiere fruttuosamente la sua missione nella famiglia e mediante la famiglia.
Tu che sei la Vita, la Verità e l'Amore, nell'unità del Figlio e dello Spirito Santo. **Amen.**

Benedizione finale e congedo

P. Dio, dal quale proviene ogni paternità in cielo e in terra, arricchisca le vostre case della sua grazia e dei suoi doni.

A. **Amen.**

P. Il Signore Gesù, che visse con la sua famiglia nella casa di Nazareth rimanga sempre con voi, vi preservi da ogni male e vi conceda di essere un cuor solo e un'anima sola.

A. **Amen.**

P. Lo Spirito Santo, fonte dell'Amore, vi conceda le grazie necessarie affinché l'amore familiare, consacrato dal vincolo del Matrimonio, si dimostri più forte di ogni debolezza e di ogni crisi.

A. **Amen.**

P. E la benedizione di Dio onnipotente, Padre e Figlio † e Spirito Santo, discenda su di voi e con voi rimanga sempre.

A. **Amen.**

P. Siate testimoni delle virtù della santa Famiglia di Nazareth. Andate in pace.

A. **Rendiamo grazie a Dio.**

Celebrazione di ringraziamento per la fine dell'anno

Nel nome del Padre e del Figlio e dello Spirito Santo. Amen.

P. Dio Padre, che ha riempito i giorni di questo anno con i suoi molteplici doni sia con tutti voi.

A. **E con il tuo spirito.**

P. **Preghiamo** Padre santo, generoso dispensatore di ogni bene, ricevi l'umile ringraziamento per i tuoi benefici; grazie per il tempo che ci hai donato perché potessimo usarlo nell'amore per te e i fratelli. Per Cristo nostro Signore.

A. **Amen.**

DAL VANGELO SECONDO LUCA *(2,6-7)*

Mentre Maria e Giuseppe si trovavano a Betlemme, si compirono per lei i giorni del parto. Diede alla luce il suo figlio primogenito, lo avvolse in fasce e lo depose in una mangiatoia, perché non c'era posto per loro nell'albergo.

Parola del Signore

A. **Lode a te o Cristo**

Breve pausa di silenzio e spunti di riflessione

ATTO PENITENZIALE

P. Fratelli e sorelle, un anno se ne va... il tempo trascorso non ritorna indietro. Quanto del tempo passato è stato pienamente vissuto? Speriamo molto, ma sicuramente anche per noi molto tempo è andato sprecato perché non impegnato nell'amore. Di questo ora chiediamo umilmente perdono al Padre.

Canto: Kyrie eleison

L. Per il tempo sprecato nell'egoismo che ci ha portato a rinchiuderci nei nostri mondi comodi dove non abbiamo fatto arrivare la voce dei fratelli che avevano bisogno di noi.

L. Per il tempo sprecato a vivere e creare divisione e falsità per la protezione dei nostri interessi personali e di gruppo.

L. Per il tempo nel quale tu sei passato, nelle riunioni, nella preghiera, e che noi troppo attenti a noi stessi abbiamo sprecato non accogliendoti.

P. Dio Onnipotente abbia misericordia di noi, perdoni i nostri peccati e ci conduca alla vita eterna.

A. **Amen.**

RENDIMENTO DI GRAZIE

P. O Re, nelle tue mani il tempo è senza fine. Nessuno può misurare i giorni e le notti: il tempo ed i secoli vanno e vengono, appaiono e scompaiono. Tu non hai fretta, né arrivi in ritardo: Tu o Signore sai aspettare.

Alle invocazioni proposte da un lettore, tutti rispondono:
Ti rendiamo grazie, Signore!

- Per la perfezione che riplende in tutto il creato per il mistero della tua Incarnazione per il dono dello Spirito Santo. **Rit.**
- Per i giorni lieti che ci hai donato. **Rit.**

- Per la fede che ci ha sostenuto per averci soccorso con la tua santa Grazia per il battesimo che ci ha rigenerati per il dono dell'Eucarestia con cui ci alimenti per i Sacramenti che ci sostengono lungo il cammino. **Rit.**
- Per i bambini che in questo anno sono venuti alla luce per le persone che hanno riacceso in noi la speranza per quanti hanno donato le loro cure a chi era nella malattia. **Rit.**
- Per quanti si sono presi a cuore la causa della pace per quanti hanno lavorato per il bene comune per il bene che ci hai concesso di fare per l'amore che ci hai ispirato di donare. **Rit.**
- Per la tua infinita misericordia. **Rit.**
- Per le piccole gioie nelle quali ci dimostri la tua benevolenza e ci doni un pegno della gioia eterna che ci attende al termine dei nostri giorni. **Rit.**

P. O Dio, fonte d'ogni bene, principio del nostro essere e del nostro agire, fa' che riconosciamo i benefici della Tua paterna bontà e Ti amiamo con tutto il cuore e sopra ogni cosa.

Te Deum

P. Ed ora innalziamo il nostro inno di ringraziamento al padre per tutti i doni ricevuti in quest'anno.

Noi ti lodiamo Dio,
ti proclamiamo Signore.
O eterno Padre,
tutta la terra ti adora.

A te cantano gli angeli
E tutte le potenze dei cieli

Santo, santo, santo
Il Signore Dio dell'universo.

I Cieli e la terra
sono pieni della tua gloria.
Ti acclama il coro degli apostoli
e la candida schiera dei martiri;

le voci dei profeti si uniscono nella tua lode;
la santa Chiesa proclama la tua gloria,
adora il tuo unico Figlio,
e lo Spirito Santo Paraclito.

O Cristo re della gloria,
eterno Figlio del Padre,
tu nascesti dalla Vergine Madre
per la salvezza dell'uomo.

Vincitore della morte,
hai aperto ai credenti il regno dei cieli.
Tu siedi alla destra di Dio, nella gloria del Padre
Verrai a giudicare il mondo alla fine dei tempi.

Soccorri i tuoi figli, Signore,
che hai redento con il tuo sangue prezioso.
Accoglici nella tua Gloria
Nell'assemblea dei santi.
Salva il tuo popolo Signore,
guida e proteggi i tuoi figli.
Ogni giorno ti benediciamo,
lodiamo il tuo nome per sempre.

Degnati oggi, Signore di custodirci senza peccato.
Sia sempre con noi la tua misericordia:
in te abbiamo sperato.

Pietà di noi Signore,
pietà di noi.
Tu sei la nostra speranza,
non saremo confusi in eterno.

P. **Preghiamo** La tua misericordia, o Dio non conosce limiti e infinito è il tesoro della tua bontà; noi ti rendiamo grazie per i doni ricevuti e supplichiamo la tua paterna clemenza: tu che esaudisci sempre le preghiere degli umili, non abbandonarci mai e guidaci al possesso dei beni futuri. Per Cristo nostro Signore.

A. **Amen.**

Omaggio alla Vergine

Detta l'orazione dopo il Te Deum, il sacerdote con i ministri si reca davanti all'immagine della Vergine Maria, giunto davanti ad essa proclama:

È giusto davvero cantarti beata,
o Vergine Madre:
la sempre beata, la tutta illibata,
la Madre di Dio!
Tu degna d'onore più dei Serafini,
tu degna di gloria più dei Cherubini,
intatta portasti nel grembo
il Dio Verbo:
te Madre di Dio con canti esaltiamo!

(dalla liturgia bizantina)

Il coro e l'assemblea contano l'antifona Ave Maria o un altro conto mariano:

Ave, o Maria, piena di grazia,
il Signore è con te.

Tu sei benedetta tra tutte le donne
e benedetto è il frutto del tuo seno, Gesù.
Santa Maria, Madre di Dio,
prega per noi peccatori,
adesso e nell'ora della nostra morte.
Amen.

Durante il canto il sacerdote infonde l'incenso e incensa l'immagine. Terminato il canto, pronunzia l'orazione:

Padre santo, nel cammino della Chiesa pellegrina sulla terra, tu hai posto quale segno luminoso la beata vergine Maria. Noi ti lodiamo e ti ringraziamo per la sua premurosa presenza materna nell'anno che sta per concludersi.

CANTO MARIANO

P. Vi benedica Dio onnipotente Padre † Figlio e Spirito Santo.
A. **Amen.**

P. Andate in pace
A. **Rendiamo Grazie a Dio.**

TOTUS TUUS

"Cristo, Principe della Pace è la sorgente della nostra autentica gioia. Testimoniamo la gioia di questa sua presenza forte e dolce a tutti. Diciamo loro che è bello essere amici di Gesù e che vale la pena seguirlo. Mostriamo con il nostro entusiasmo che, tra tanti modi di vivere che oggi il mondo sembra offrirci, tutti apparentemente sullo stesso piano, solo seguendo Gesù si trova il vero senso della vita e perciò la gioia vera e duratura".

Benedetto XVI

Queste parole incarnano alla perfezione l'ideale di vita, gli intenti, la natura e l'opera dell'Editrice Shalom che risponde quotidianamente di "Sì" a quella vocazione alla **missione evangelizzatrice**, così primaria e più che mai urgente. In questi tempi, infatti, in cui la nostra fedeltà all'unica Chiesa di Cristo è messa a dura prova, è essenziale accogliere nella nostra esperienza cristiana la sottomissione, l'obbedienza e la comunione con il Papa, vivificati dal vincolo di amore trinitario e incoraggiati e guidati da Maria. In più di un'occasione Papa Benedetto XVI ha rinnovato l'invito a **difendere il dono più grande che abbiamo: la fede**, una fede, sì, aperta al dialogo, ma radicata sull'unica roccia: Gesù Cristo. Anche noi accogliamo l'invito ad avere più coraggio, con tutto il rispetto per le altre culture e religioni nel difendere il grande dono che ci è dato: la vita e **la fede in Gesù Cristo che è l'unica vera**.

Facendo della promessa della Vergine di Lourdes a Bernadette lo scopo del nostro lavoro: "Non vi prometto di rendervi felici in questo mondo, ma nell'altro" presentiamo il catalogo 2006 sotto il segno della profezia espressa dal santo Curato d'Ars: "Verrà un giorno in cui gli uomini saranno talmente stanchi di sentir parlare dell'uomo che piangeranno di gioia quando si parlerà loro di Gesù!". Le pagine che seguono, infatti, propongono testi ortodossi (cioè scritti in assoluta obbedienza alle leggi della Chiesa Cattolica) editi dall'Editrice SHALOM, casa editrice cattolica e mariana, che si prefigge di promuovere la preghiera tra il maggior numero possibile di lettori e di ristabilire il culto Eucaristico al centro della vita umana. Per rendere attuabile questo progetto, l'Editrice SHALOM, pur essendo una società commerciale, ha rinunciato ad ogni fine di lucro e non riconosce alcun tipo di diritto d'autore (né patrimoniale, né morale) su testi, traduzioni, foto, disegni ed illustrazioni di ogni tipo. Abbiamo notato che il Signore è molto generoso con........... i generosi. Egli infatti non può sopportare di farsi battere in generosità. Questa iniziativa viene sviluppata allo scopo di contribuire al trionfo del Cuore Immacolato di Maria, nella certezza di poter servire Il Regno di Dio, partecipando alla fede e all'obbedienza di Maria, serva e madre del Signore, affidandosi totalmente alla sua protezione insieme a quella di san Giuseppe e dei santi Michele, Gabriele e Raffaele arcangeli e san Giovanni Battista. Stampa Settembre 2007 da Tibergraph di Città di Castello.

"PREGATE, PREGATE, PREGATE"

Formato: cm. 12 x 19
Pagine: 480
Prezzo: € 7,00
Codice d'ordine 8100

CODICE 8100

Chi è alle prime armi e non conosce le verità della fede e le preghiere tradizionali, chi è un po' "arrugginito" per gli anni lontani dal Signore, chi vuole pregare usando devozioni e formule care alla tradizione o chi vuole provare nuove forme e tipi di preghiera... in una parola il "Pregate, pregate, pregate" è un libro per tutti!

Ogni parola o slogan è impreciso e riduttivo per spiegare questa, che non è una semplice antologia di preghiere o un manualetto più o meno completo di preghiera, ma uno strumento agile, efficace e utilizzabile da 0 a 110 anni...

È il "passa-parola" di migliaia e migliaia di persone che lo hanno apprezzato, sgualcito, usato e consumato nella preghiera e che non potendone fare a meno lo hanno ricomprato quando cadeva a pezzi e non potendo tacere le meraviglie che la preghiera operava in loro lo hanno regalato ai propri cari, conoscenti o diffuso come opera di apostolato.

ISBN 978-88-86616-00-7

AUTORE
Madre Maria Gabriella Turrin dell'Annunciazione cmop

CONTENUTI

- Preghiere, coroncine, consacrazioni, suppliche e novene con le quali onorare, chiedere, lodare e ringraziare:
- Padre
- Figlio
- Spirito Santo
- Beata Vergine Maria
- Santa Famiglia
- Angeli
- Santi

Oltre a:

- Le verità della fede
- Le preghiere tradizionali del cristiano
- Via crucis e Rosario

“PREGATE IL SANTO ROSARIO OGNI GIORNO, PREGATE INSIEME”

Formato: cm. 11 x 17
Pagine: 320
Prezzo: € 5,00
Codice d'ordine 8102

CODICE
8102

ISBN 978-88-86616-02-7

CONTENUTI

L'importanza del rosario
La storia del rosario
La struttura e i tempi del rosario
Come si recita il rosario

PREGATE IL ROSARIO OGNI GIORNO

SOLO IL ROSARIO PUÒ FARE MIRACOLI NELLA NOSTRA VITA

MEDITATE OGNI GIORNO... CON IL ROSARIO

APPENDICI

Un altro libro sul rosario?
Sì, un altro, ma proprio un altro...
Non nel senso di ulteriore, ma nel senso di diverso!
Diverso perché giovane per i giovani, adulto per gli adulti nella fede, moderno seppure tradizionale, semplice per chi non ha mai recitato il rosario, biblico per chi ama nutrirsi della Parola, approfondito per chi cerca la riflessione, meditativo per chi vuole la contemplazione, “dilatato” per chi prega aprendo il proprio orizzonte a 360°, concreto per chi desidera impegnarsi quotidianamente per cambiare vita, completo per chi desidera dedicare un mese (per es. maggio, ottobre) alla preghiera prediletta da santi e pontefici, cambiando meditazioni ogni giorno.
Impariamo ad amare e far amare il Rosario a questo nostro tempo avido di chiasso ma arido di orazione. Viviamo questa preghiera meravigliosa che è il santo Rosario, nel quale l'anima non si stanca di ripetere le stesse cose, come non se ne stancano gli innamorati che si amano veramente, e in cui si impara a rivivere i momenti centrali della vita del Signore.

SULLA TUA PAROLA MESSALINO

LETTURE DELLA MESSA COMMENTATE PER VIVERE LA PAROLA DI DIO

Formato: cm. 10 x 13,6
Pagine: 576
Prezzo: € 3,00
Codice d'ordine vari

Nella Messa Gesù parla al nostro cuore, quante volte, però, non siamo in sintonia con lui, per stanchezza, per distrazione o per semplice incomprensione dei testi sacri...
Spesso avremmo bisogno di una spiegazione o di un commento semplice che ci permetta di capire le letture per poi metterle in pratica.
Il messalino ci viene incontro: ogni lettura è approfondita da un commento/meditazione che può essere utilizzato per prepararsi alla celebrazione e per farla fruttificare nel corso della giornata. Praticamente edificante perché suggerisce «modi di vivere» per fare della Parola del giorno, vita; ci fa conoscere l'esempio dei santi perché riporta le vite dei più amati.

COMMENTI:
Fr. Roberto Fusco ffb (Fraternità Francescana di Betania)

MODI DI VIVERE:
Sr. Anne Marie Wauthier ffb

CONTENUTI
Ogni libretto ti accompagna per due mesi e contiene:
- Le letture della Messa
- Meditazioni per ogni lettura
- Spunti di riflessione
- Propositi semplici per mettere in pratica la Parola di Dio a cura di sr. Anne Marie Wauthier ffb
- Vite dei santi più conosciuti e amati
- Perle di vita cristiana

Codice 8281 Gennaio - Febbraio	**€ 3,00**
Codice 8282 Marzo - Aprile	**€ 3,00**
Codice 8283 Maggio - Giugno	**€ 3,00**
Codice 8278 Luglio - Agosto	**€ 3,00**
Codice 8279 Settembre - Ottobre	**€ 3,00**
Codice 8280 Novembre - Dicembre	**€ 3,00**

“PREGATE SEMPRE SENZA STANCARVI MAI”

CODICE
8144

Formato: cm. 12 x 19
Pagine: 1056
Prezzo: € 12,00
Codice d'ordine 8144

ISBN 978-88-8404-037-X

CURATORE
Padre Ferdinando Campana ofm

CONTENUTI
- Lodi, Ora media, Vespri, Compieta
- Le 4 settimane del salterio
- Inni e Antifone di tutto l'anno
- I Comuni dei santi e l'Ufficio dei defunti
- Le parti proprie di Natale, Triduo Pasquale e Pentecoste

“È cosa lodevole che la famiglia, santuario domestico della Chiesa, oltre alle comuni preghiere celebri anche, secondo l'opportunità, qualche parte della Liturgia delle Ore, inserendosi così più intimamente nella Chiesa. Nulla deve essere lasciato intentato, perché questa chiara e pratica indicazione trovi nelle famiglie cristiane crescente e gioiosa applicazione”. Paolo VI

Si tratta di un testo ricco ed elegante che permette di celebrare la Liturgia delle Ore, vero culmine della preghiera domestica e pane quotidiano della preghera comunitaria. I caratteri grandi, le immagini e i colori rendono più facile questa preghiera universale sia agli esperti, sia ai principianti, sia a chi non le ha mai pregate! È uno strumento pratico e comprensibile a tutti, arricchito con l'ausilio di spiegazioni, affinché tutti da soli, in famiglia o in comunità, possano pregare la Liturgia delle ore facendo vibrare le corde del proprio cuore all'unisono con quello di tutti i fedeli nel mondo accomunati dalla stessa fede in Cristo, dall'unica chiesa e dalla stessa preghiera. Così ci si sentirà più intimamente inseriti nella Chiesa.

VANGELO E ATTI DEGLI APOSTOLI

Formato: cm. 10 x 13,6
Pagine: 576
Prezzo: € 2,90
Codice d'ordine 8364

CODICE
8364

ISBN 978-88-8404-154-8

"Soprattutto il Vangelo mi occupa durante la preghiera: in esso trovo tutto il necessario per la mia povera anima. Scopro sempre in esso luci nuove, significati nascosti e misteriosi".
santa Teresa di Gesù Bambino

In versione tascabile il libro più importante nella storia dell'umanità! L'unico libro sempre attuale che parla all'uomo di ogni tempo come suo contemporaneo, scaldandogli il cuore e rispondendo alle sue domande di senso più profonde! Non andiamo in cerca di cose straordinarie, ma piuttosto prendiamo il Vangelo, leggiamolo e tutto ci sarà chiaro. Portiamo il Vangelo nelle nostre famiglie, mettiamolo in un luogo visibile e soprattutto testimoniamolo con la nostra vita!

AUTORE
don Mariano Grosso osb

CONTENUTI
- Vangelo di Marco
- Vangelo di Matteo
- Vangelo di Luca
- Vangelo di Giovanni

PREGHIERE A GESU' BAMBINO

Formato: cm. 12 x 19
Pagine: 384
Prezzo: € 5,00
Codice d'ordine 8318

CODICE 8318

Con il contributo di tutti i monasteri di Carmelitane Scalze d'Italia

Gesù Bambino promette ad ognuno di noi:
"Più mi onorerete, più io vi favorirò!"
Il libro va pensato come una sorta di calendario liturgico/manuale del devoto a Gesù Bambino. Alle preghiere e devozioni valide per ogni giorno dell'anno compresi i 25 del mese e le dodici domeniche a Gesù Bambino, seguono le forme di culto e di onore delle festività care e promosse dai centri di diffusione della devozione a Gesù Bambino, con speciale riferimento al santuario di Arenzano.

ISBN
978-88-8404-100-5

GESU' BAMBINO DIO CON NOI

Formato: cm. 11 x 17
Pagine: 192
Prezzo: € 4,00
Codice d'ordine 8353

CODICE 8353

Padre Pierluigi Canobbio OCD

Si tratta di uno studio approfondito che ha l'intento di evidenziare, con taglio pastorale, i fondamenti e le principali categorie teologiche della devozione a Gesù Bambino di Praga come è strutturata e vissuta nell'omonimo Santuario di Arenzano. Vengono riportati i fondamenti biblici, patristici, liturgici e le testimonianze degli autori spirituali che hanno trattato e amato particolarmente Gesù Bambino.

ISBN
978-88-8404-102-9

PREGHIERE AL CUORE IMMACOLATO DI MARIA

Formato: cm. 12 x 19
Pagine: 384
Prezzo: € 7,00
Codice d'ordine 8155

CODICE 8155

A Fatima, la Madonna ha dato conferma alla devozione al suo Cuore Immacolato, parlandone, mostrandolo, additando in esso la "devozione per il nostro tempo" e servendosi di suor Lucia per annunciare la luminosa speranza: "Il mio Cuore Immacolato trionferà!". Se il filo rosso del Cuore di Maria unisce tutte le apparizioni Mariane della storia, la sua rivelazione raggiunge la sua pienezza a Fatima! Ecco lo spirito del libro: con Lucia potremmo attribuire a noi le parole della prima lettera di Giovanni: "Ciò che era fin da principio, ciò che noi abbiamo udito, veduto, contemplato e toccato, noi lo annunziamo anche a voi, perché anche voi siate in comunione con noi". (cfr 1Gv 1,1-14)

ISBN 978-88-8404-072-5

AUTORE
Un sacerdote della Chiesa cattolica

CONTENUTI
- Le tre Ave Maria
- Preghiamo con san G. Eudes
- La Medaglia Miracolosa
- Maria appare a Lourdes
- Preghiamo con san M. Kolbe
- Tutta le devozioni al Cuore Immacolato

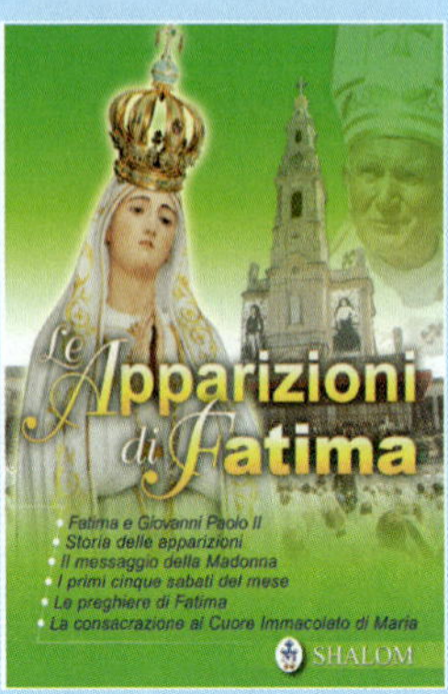

LE APPARIZIONI DI FATIMA

CODICE 8204

Formato: cm. 13 x 19
Pagine: 448
Prezzo: € 7,00
Codice d'ordine 8204

ISBN 978-88-86616-23-6

AUTORE
Don Giuseppe Cionchi

CONTENUTI
- Fatima e Giovanni Paolo II
- Storia delle apparizioni
- Il messaggio della Madonna
- I primi cinque sabati del mese
- Le preghiere di Fatima
- La Consacrazione al Cuore Immacolato di Maria

"Con la pubblicazione della terza parte del segreto e la beatificazione dei pastorelli Francesco e Giacinta, il messaggio di Fatima appare in tutta la sua straordinaria bellezza e grandezza. È un messaggio di santità, che sollecita i singoli e l'intera Chiesa. È un messaggio di speranza, che indica, all'orizzonte di un periodo storico tempestoso, l'avvento del trionfo del Cuore Immacolato di Maria e di un tempo di pace per l'umanità.
Ciò che caratterizza questo libro è innanzi tutto la completezza. Leggendolo si dispiega davanti agli occhi il meraviglioso piano di misericordia di Maria a partire da quel 13 Maggio 1917 fino ai nostri giorni. Gli avvenimenti di Fatima sono letti con gli occhi della Chiesa, in particolare del protagonista del segreto, che è Giovanni Paolo II.
Fatima è anche una fonte inesauribile di spiritualità e il merito di queste pagine è quello di mostrare il valore permanente degli insegnamenti della Madonna nel cammino verso la santità. Maria è la Madre che prende tutti per mano e che conduce con infinita pazienza tutti i suoi piccoli figli sulla via della salvezza."

Padre Livio Fanzaga, Direttore di Radio Maria

LE APPARIZIONI DELLA MADONNA IN AFRICA: KIBEHO

Formato: cm. 13 x 19
Pagine: 512
Prezzo: € 7,00
Codice d'ordine 8271

CODICE
8271

"Le apparizioni della Madonna nella località di Kibeho (Rwanda) sono iniziate il 28 Novembre 1981 e sono andate avanti per diversi anni. Tuttavia fin dall'inizio l'eco dell'evento è andato oltre i confini del paese africano giungendo anche in Italia. Una particolare attenzione al messaggio della Madonna a Kibeho è stata prestata dopo gli eccidi degli anni 1994/95, quando circa un milione di persone sono state uccise in una guerra fratricida esplosa con un furore e una carica di odio agghiaccianti. Allora si comprese come ancora una volta l'intervento di Maria avveniva nel contesto di situazioni storiche ben precise, dove era necessario far risuonare il messaggio evangelico della preghiera, della conversione e della pace. La Madre di Dio per i mali del mondo propone anche a Kibeho l'unica medicina possibile, che ben conosciamo dopo La Salette, Lourdes e Fatima. È la medicina della conversione, della preghiera e della sofferenza salvifica."

Padre Livio Fanzaga, Direttore di Radio Maria

ISBN 978-88-8404-012-4

AUTORE
Padre Gianni Sgreva CP.

PRESENTAZIONI
René Laurentin
Padre Livio Fanzaga

CONTENUTI
- Un dono per la Chiesa, l'Africa e il mondo
- I veggenti e gli avvenimenti
- Storia delle apparizioni
- Il messaggio

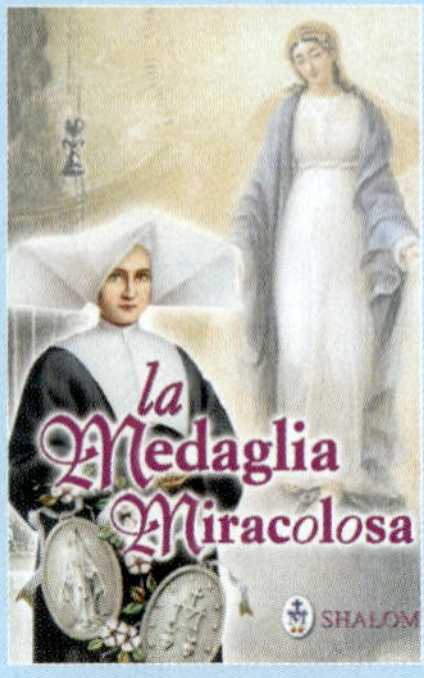

LA MEDAGLIA MIRACOLOSA

Formato: cm. 10 x 14
Pagine: 192
Prezzo: € 3,00
Codice d'ordine 8332

CODICE
8332

Per conoscere e amare la storia e la devozione dell'unica medaglia ideata e voluta dalla Madonna e somigliarle sempre di più! Se santa Caterina Labouré a cui la Vergine, comparendo nel 1830, chiese di coniarla, si lamentò che il dono della Medaglia miracolosa non era apprezzato come si conveniva, dobbiamo far sì che questo lamento non valga per noi... Dipende da noi, dal nostro amore per la Madonna.

ISBN
978-88-8404-098-5

UN MESE CON LA MEDAGLIA MIRACOLOSA

Formato: cm. 11 x 17
Pagine: 128
Prezzo: € 3,00
Codice d'ordine 8382

CODICE
8382

La Medaglia Miracolosa è un dono specialissimo che la Madonna ci ha fatto: meditarne il significato e il messaggio riempie la vita di meraviglie e di grazie!
Questo libro perciò non è utile per vivere i classici mesi mariani, ma per rendere "Mariana " ogni giornata!
Un libro per maggio, ottobre, novembre e... per dedicare a Maria ogni mese dell'anno, anzi ogni giorno!

ISBN
978-88-8404-147-0

PREGHIERE AI DOLORI E ALLE LACRIME DELLA MADONNA

Formato: cm. 12 x 19
Pagine: 256
Prezzo: € 5,00
Codice d'ordine 8182

CODICE 8182

Quanto è importante l'amore di una madre per il proprio figlio! Spesso in silenzio, una mamma si prende cura dei propri figli ed è per loro un costante punto di riferimento. Quante madri soffrono a causa delle incomprensioni con i propri figli, quante pensano di avere sbagliato tutto, quante non hanno ancora compreso pienamente il mistero della maternità: Maria sia il loro esempio, la loro guida ed il loro conforto.

Per le devozioni contenute in questo libro si usano:
"Corona delle lacrime" cod. 4430
"Corona dell'Addolorata" cod. 4431

ISBN 978-88-86616-74-0

AUTORE

Un sacerdote della Chiesa cattolica

CONTENUTI

- Preghiere, tridui e novene a Maria Addolorata
- Corona alle lacrime della Madonna
- Suppliche ai dolori della Vergine
- L'Ora della Desolata
- Il Rosario dell'Addolorata
- Via Matris
- Beata Vergine di La Salette
- Liturgia delle Ore

PREGHIERE PER LA FAMIGLIA

Formato: cm. 12 x 19
Pagine: 512
Prezzo: € 7,00
Codice d'ordine 8111

CODICE
8111

ISBN 978-88-86616-08-2

AUTORE
Padre Tarcisio Stramare osj
Don Giuseppe Brioschi sdb

CONTENUTI
- Preghiere per la famiglia
- Preghiere per la Santa Famiglia di Nazaret
- Il Santo Rosario, preghiera per la famiglia
- Atti di Consacrazione per la famiglia
- Coroncine e Novene
- Liturgia delle Ore
- Preghiere per i familiari defunti

La santa Famiglia di Nazaret è veramente il "prototipo" di ogni famiglia cristiana che, unita nel Sacramento del matrimonio e nutrita dalla Parola e dall'Eucaristia, è chiamata a realizzare la stupenda vocazione e missione di essere cellula viva non solo della società, ma della Chiesa, segno e strumento di unità per tutto il genere umano.
Molti problemi delle famiglie contemporanee dipendono dal fatto che diventa sempre più difficile comunicare. Non si riesce a stare insieme e i rari momenti in cui ci si ritrova sono assorbiti dalla televisione. Pregando la famiglia si ritrova: i singoli membri, gettando lo sguardo su Gesù recuperano la capacità di guardarsi sempre nuovamente negli occhi, di comunicare, di perdonarsi scambievolmente e ricominciare ogni giorno da capo con il cuore rinnovato dalla gioia di Cristo.

Senza la preghiera in famiglia non c'è speranza di riuscita...

IL ROSARIO ALLA SANTA FAMIGLIA DI NAZARET

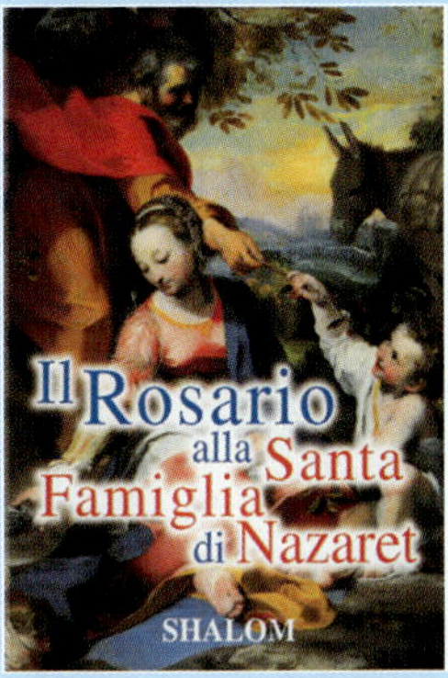

Formato: cm. 10 x 14
Pagine: 32
Prezzo: € 1,50
Codice d'ordine 8187

CODICE 8187

"In questa grande impresa del rinnovamento di tutte le cose in Cristo, il matrimonio, anch'esso purificato e rinnovato, diviene una realtà nuova, un Sacramento delle Nuova Alleanza. Ed ecco che alle soglie del Nuovo Testamento, come già all'inizio dell'Antico, c'è una coppia. Ma, mentre quella di Adamo ed Eva era stata sorgente del male che ha inondato il mondo, quella di Giuseppe e di Maria costituisce il vertice, dal quale la Santità si espande su tutta la terra. Il Salvatore ha iniziato l'opera della salvezza con questa unione verginale e santa, nella quale si manifesta la sua onnipotente volontà di purificare e santificare la famiglia, questo santuario dell'amore e questa culla della vita".

Paolo VI

Con il Rosario alla Santa Famiglia di Nazaret contempliamo contemporaneamente Gesù, Maria e Giuseppe per guardare a loro come al modello per la nostra famiglia. In questo libretto tascabile le quotidiane difficoltà delle famiglie di oggi proiettate nei misteri della vita della Santa Famiglia.

ISBN 978-88-86616-50-3

AUTORE

Madre Maria Fabrizia dell'Agnello Immolato cmop
Suor Maria Therese dell'Incarnazione cmop.

CONTENUTI

- 150 Salmi.
- 50 Canti Biblici dell' Antico Testamento.
- 22 Canti biblici del Nuovo Testamento.
- Spiegazione, attualizzazione e meditazione di ognuno con un commento semplice e che tocca il cuore
- Preghiera di conclusione ispirata al Salmo pregato

Collana: **La Madre di Dio**

Novene
all'Immacolata
Concezione

Testi: **Don Giuseppe Brioschi SdB**

ISBN 9 7 8 - 8 8 - 8 6 6 1 6 - 9 2 - 8

Per ordinare questo libro citare il codice 8176

Indice

Immacolata Concezione

Novene all'Immacolata Concezione

Il Dogma dell'Immacolata Concezione

Eleviamoci alla contemplazione del capolavoro di Dio Trinità: Maria immacolata, Madre di Gesù, da sempre amata dal Padre, plasmata e resa nuova creatura dallo Spirito Santo! Questa è la fede dell'oriente e dell'occidente cristiano, che si è fatta strada faticosamente lungo i secoli cristiani.

Storia e significato

Nella storia dei dogmi, quello dell'Immacolata Concezione reca con sé una peculiarità che lo rende unico: la sua definizione per opera di Pio IX, nel 1854, nasce non tanto dalle attestazioni scritturistiche o dalla tradizione più antica, quanto, e qui sta il tratto di unicità, dall'approfondimento del sensus fidelium e del Magistero.

Per comprendere come si è giunti alla definizione del dogma dell'Immacolata Concezione non si può partire dalla Scrittura, ma occorre collocarsi nel contesto della fede ecclesiale, quello che definiamo sensus fidei, che ha un ruolo determinante anche nei primi dogmi mariani, ma che ha un ruolo preponderante nel caso specifico dello sviluppo del dogma dell'Immacolata.

Quando parliamo di sensus fidei, intendiamo quella capacità, che è propria di tutto il popolo fedele, di sviluppare le virtualità contenute in un dato rivelato. È quanto Gesù affermava che ci sarebbe stato concesso con il dono dello Spirito: «Vi guiderà alla verità tutta intera» (Gv 16,13). È lo Spirito Santo che matura il sensus fidei del popolo cristiano tanto da renderlo capace di una percezione spontanea del dato rivelato e di una maturazione interiore del dato stesso. Il Concilio vede concorrere nel sensus fidei tre elementi fondamentali: la riflessione dei fedeli, l'esperienza spirituale, la predicazione dei vescovi (Dei Verbum 8). Sono proprio questi gli elementi che emergono nella lunga storia del dogma dell'Immacolata.

L'influsso prioritario della fede popolare

È un fatto che la fede popolare nell'Immacolata Concezione della Vergine precede la riflessione teologica e il Magistero, che come abbiamo detto si pronuncia definitivamente nel 1854. Come si esprime questa fede popolare? Bisogna ricorrere ad indicazioni di ordine diverso.

Una prima indicazione circa l'origine straordinaria e santa di Maria si trova nel Protovangelo di Giacomo o Natività di Maria, sorto nel II seco-

lo in ambiente popolare, che racconta in un genere letterario certamente fantasioso, la concezione di Maria da parte di Anna mentre Giacchino è ancora nel deserto, cioè senza incontro sessuale e quindi senza contaminazione legale. Pur non specificando l'assenza di peccato originale in Maria, rappresenta una prima presa di coscienza intuitiva della santità perfetta e originale di Maria nella sua stessa concezione.

Nei primi secoli del Cristianesimo nella dottrina dell'Immacolata Concezione è il parallelismo tra Eva e Maria, secondo una duplice relazione di somiglianza e di opposizione. Sulla base della prima, come Eva fu plasmata senza macchia dalle mani di Dio, similmente Maria doveva essere creata da Dio, Immacolata. Per opposizione, Colei che doveva essere la restauratrice delle rovine di Eva, non poteva essere travolta dal peccato. Tale parallelo è ripreso in maniera molto pertinente ed efficace anche dal Concilio Vaticano II, nella costituzione Lumen Gentium.

Nel secolo V, Procolo sostenne un intervento speciale di Dio nella creazione della futura Madre di Dio, perché fosse una creatura nuova, formata "da un'argilla monda" come Adamo prima del peccato. Questo testo fu stimato tanto degno della dimostrazione immacolista da confluire nel testo della bolla Ineffabilis Deus.

Nella polemica pelagiana sia Agostino che i suoi oppositori sembrano, a proposito di Maria, influenzati dalla pietà popolare. Nel De natura et gratia *Agostino riferisce, ad esempio, un'espressione di Giuliano di Eclano († 454) che lui stesso condivide: «la pietà impone di riconoscere Maria senza peccato». Sappiamo che l'opinione di Agostino circa l'Immacolata Concezione, tuttavia, è negativa a causa del principio dell'assoluta necessità della redenzione per tutti gli uomini. Nella posizione agostiniana, negativa per motivi teologici circa l'Immacolata Concezione, ma rispettosa della pietà popolare, si intravede un contrasto fra dottrina dei colti e intuito del popolo che si risolverà con la vittoria di quest'ultimo.*

Nell'XI sec. abbiamo la testimonianza di un teologo, il benedettino Eadmero († 1134) nel suo Trattato sulla concezione della Beata Maria Vergine *oppone «la pura semplicità e l'umile devozione» dei poveri, i quali celebrano la festa della Concezione della Madre di Dio, alla «scienza superiore e disquisizione valente» dei ricchi ecclesiastici o secolari, che aboliscono la festa dichiarandola priva di fondamento». Eadmero opta senz'altro per i semplici, perché a loro e non ai superbi Dio si comunica, e «mosso dall'affetto della pietà e della sincera devozione per la Madre di Dio» si pronuncia per la concezione di Maria libera da ogni peccato.*

Nel 1435, durante il concilio di Basilea, il canonico Giovanni di

Romiroy si appella alla devozione popolare per indurre i padri conciliari a porre fine alla controversia circa l'Immacolata Concezione per non scandalizzare il popolo cristiano che si sente offeso quando sente affermare che Maria è stata macchiata dalla colpa originale.

Nel corso dei secoli la fede popolare si conferma a favore dell'Immacolata Concezione nonostante l'opposizione di una parte della teologia.

È del XVII sec. la testimonianza di un oppositore dell'Immacolata Concezione, Melchior Cano, il quale rivendica ai teologi, non al popolo, la facoltà di discernere tale verità. Egli afferma che se ciò spettasse al popolo la questione sarebbe già risolta a favore dell'Immacolata Concezione.

In questo stesso secolo, nascono diverse confraternite sotto il titolo dell'Immacolata Concezione e diverse espressioni artistiche. Un fatto singolare è il cosiddetto «voto del sangue». In alcune università nasce l'iniziativa di fare voto di difendere tale verità fino all'effusione del sangue.

Alfonso Maria de Liguori († 1787) affermerà che esistono due motivi che garantiscono la verità di questa dottrina: il consenso dei fedeli e la celebrazione universale della festa dell'Immacolata. Ad incentivare il senso dei fedeli concorsero alcuni fattori, quali la predicazione popolare, soprattutto dei Francescani, alcuni catechismi, alcune apparizioni mariane, non ultima quella di rue du Bac (1830) a santa Caterina Labourè, e, soprattutto l'introduzione della festa dell'Immacolata nell'Italia meridionale fin dal IX sec., universalmente dal 1708. Questa pietà popolare svolse un ruolo efficace nella storia del dogma, vincendo le difficoltà teologiche e contribuendo a determinare quel factum ecclesiae, cioè la realtà viva della prassi ecclesiale a cui si richiamerà Pio IX come primo motivo della definizione dogmatica.

Il ruolo illuminante della teologia

Quale fu il ruolo della teologia nello sviluppo del dogma? Non certo quello trainante, ma quello altrettanto importante di «controllo» della fede popolare. Si trattava, infatti, di armonizzare la fede popolare con l'insieme dei dati rivelati dando a questa verità una formulazione teologica corretta.

È inutile cercare nella patristica riferimenti espliciti all'Immacolata Concezione della Vergine. Tuttavia, l'elaborazione della figura morale di Maria, la convinzione unanime della sua santità ed esenzione da peccati attuali, è il terreno su cui poteva sbocciare l'idea dell'Immacolata Concezione.

Per i Padri orientali Maria è la «Panaghia», la tutta santa, santificata dallo Spirito Santo. In occidente l'esplicitazione della dottrina sull'Imma-

colata è dovuta a Pelagio († 422) e a Giuliano di Eclano, tuttavia si tratta di una formulazione non armonizzata con gli altri dati della fede. Il caso di Maria appariva un caso di autosalvezza, sganciata dall'unica salvezza di Cristo.

Agostino, pur volendo mantenere Maria lontana quando si tratta di peccato, non può ammettere alcuna salvezza al di fuori di Cristo. Riconduce, pertanto, Maria all'alveo della condizione umana inficiata dalla colpa originale e bisognosa di redenzione, affermando che ella sarebbe stata concepita nel peccato per esserne poi subito liberata.

Indubbiamente, il riferimento alla redenzione, d'ora in avanti, sarà il tema centrale, intorno a cui ruoterà la verità dell'Immacolata Concezione, il cui sviluppo, se da un lato ne risulterà complicato e ritardato, dall'altro la inserirà nel contesto dell'umanità e nell'orbita della salvezza.

In tal modo l'Immacolata Concezione cessa di presentarsi come frutto della natura lasciata a se stessa - come pretendevano Pelagio e Giuliano - per misurarsi con l'opera salvifica dell'Unico Mediatore. Ormai, la verità mariana si affermerà a patto di costituire non un caso di autosalvezza, ma un chiaro esempio della grazia redentiva di Cristo salvatore: o questa è un caso di salvezza operata da Cristo o è inaccettabile.

L'idea dell'Immacolata Concezione, dunque, cozza sia con l'universalità della redenzione, sia con la convinzione che il peccato originale si trasmetta tramite l'atto generativo. Questi presupposti e l'esigenza di non sganciare Maria dalla redenzione di Cristo indusse teologi medievali, quali Anselmo di Canterbury († 1109), Bernardo di Chiaravalle († 1153), Alberto Magno († 1280), Tommaso d'Aquino († 1274), Bonaventura da Bagnoregio († 1274) ad affermare che Maria venne purificata dal peccato originale in cui era stata concepita. Solo mediante l'attiva riflessione di alcuni teologi, si è spianata la strada verso l'affermazione dell'Immacolata Concezione della Vergine quale effetto dell'azione salvifica di Cristo.

Il primo ad affermare senza equivoci che Maria è esente da ogni peccato originale è Pascasio Radberto († 865), ma il primo teologo dell'Immacolata è Eadmero († 1134), discepolo di Anselmo di Canterbury. Egli ritiene conveniente alla Madre di Cristo tale condizione e afferma che Dio «poteva, voleva e la fece» immacolata, nonostante sia nata nella nostra natura umana decaduta. Egli parla, come il suo maestro Anselmo, di redenzione anticipata non ancora di redenzione preservativa.

Questo concetto fu elaborato in forma completa dal francescano Giovanni Duns Scoto († 1308). Il maestro francescano era convinto dell'esenzione di Maria dal peccato originale. Per Scoto, l'Immacolata

Concezione non è un'eccezione alla redenzione di Cristo (come facevano comunemente i Maestri della Scolastica: Alberto, Bonaventura, Tommaso...), ma un caso di perfetta e più efficace azione salvifica dell'Unico Mediatore. Ella fu preservata dal peccato da Cristo. Ella è, in realtà, il caso più perfetto di salvezza operata da Cristo. In quanto «perfettissimo mediatore - ragiona Scoto - Cristo esercitò il più perfetto grado possibile di mediazione relativamente a una persona per la quale era mediatore. Ora per nessuna persona esercitò un grado più eccellente che per Maria... Ma ciò non sarebbe avvenuto se non avesse meritato di preservarla dal peccato originale».

La precisazione di Scoto è decisiva nello sviluppo della dottrina circa l'Immacolata Concezione e, man mano, si diffonde fra i teologi.

L'intervento del Magistero

Globalmente va affermato che il Magistero ha posto delle pietre miliari lungo il cammino di chiarificazione di tale dottrina.

• Sisto IV († 1484) proibì a macolisti e immacolisti di accusarsi vicendevolmente di eresia e adottò ufficialmente per Roma la festa della Concezione e ne approvò il nuovo formulario in cui era già chiaramente espresso il privilegio mariano.

• Il Concilio di Trento (1546), senza definire il dogma dell'Immacolata Concezione dichiarò, tuttavia, di non voler includere Maria nel peccato originale.

• Alessandro VII (1661) si dichiara favorevole all'Immacolata Concezione e vieta di attaccarla sotto qualunque forma.

• Clemente XI (1708) contribuisce notevolmente a rafforzare la fede nell'Immacolata Concezione estendendone la festa alla Chiesa universale.

Questi interventi magisteriali trovano il loro punto di arrivo nella proclamazione del dogma da parte del beato Pio IX nel 1854.
Quale fu l'iter seguito dal Papa?

• Nel 1848 istituisce una commissione teologica per studiare ancora questa verità e, soprattutto, esprimersi sulla possibilità di definire il dogma. Non tutti sono d'accordo sull'opportunità della definizione. Antonio Rosmini, allora, suggerisce al Papa di interrogare tutti i vescovi.

• *L'anno successivo, infatti, il Papa pubblica l'enciclica* Ubi primum *in cui chiede a tutti i vescovi di esprimersi sulla definibilità del dogma. La risposta fu amplissimamente favorevole.*

• *L'8 dicembre 1854 il Papa proclama il dogma con la bolla* Ineffabilis Deus. *La formula della definizione è la seguente:*

«Dichiariamo, pronunciamo e definiamo che la dottrina la quale ritiene che la beatissima Vergine Maria nel primo istante della sua concezione, per singolare privilegio di Dio onnipotente ed in vista dei meriti di Gesù Cristo, Salvatore del genere umano, sia stata preservata immune da ogni macchia della colpa originale, è rivelata da Dio e perciò da credersi fermamente e costantemente da tutti i fedeli».

Possiamo notare che la definizione è elaborata in forma negativa: non riguarda direttamente la santità di Maria, né la sua preservazione dalla concupiscenza, ma unicamente la sua immunità dal peccato originale. La bolla suppone, ma non definisce che Maria è redenta da Cristo, limitandosi ad affermare la dipendenza assoluta da Lui.

La pietà mariana immacolista svolse un ruolo efficace nella storia del dogma vincendo le difficoltà teologiche e contribuendo a determinare quel «factum ecclesiae», cioè la realtà viva della prassi ecclesiale, cui si richiamerà Pio IX come al primo motivo della definizione. Infatti, nella redazione della Bolla egli fa spostare l'accento da una dimostrazione storico-teologica alla fede attuale e alla tradizione viva della Chiesa docente e discente.

Pio IX definendo l'Immacolata concezione ritiene di «soddisfare ai piissimi desideri del mondo cattolico», che recepisce con gioia la definizione dogmatica. Giustamente si ritiene che il sensus fidelium, per il fatto di essere un elemento costitutivo del sensus Ecclesiae, viene ad assumere un ruolo di fondamentale importanza nella definizione dell'Immacolata concezione.

A conclusione di questo punto, dobbiamo prendere atto che l'Immacolata Concezione non trova il suo luogo originario nella teologia, in quanto la sua intuizione o possesso vitale è dovuta al popolo cristiano, che come per istinto ha compreso come qualsiasi peccato fosse inconciliabile con la santità della Madre di Dio. Quindi dobbiamo imparare a stimare il popolo di Dio, fino ad affermare con s. Paolino: «Pendiamo dalla bocca di tutti i fedeli, perché in ognuno di essi soffia lo Spirito di Dio».

Dobbiamo prendere atto che esso indovina per istinto ciò che s'inserisce nell'orizzonte del cristianesimo, il quale non è anzitutto una dottrina ma

una vita animata dallo Spirito in forza del battesimo. Si può parlare di un magistero popolare secondo la parola di Giovanni: "Ora voi avete l'unzione ricevuta dallo Spirito e tutti avete la scienza... e non avete bisogno che alcuno vi ammaestri, ma la sua unzione vi insegna ogni cosa, è veritiera e non mentisce" (1Gv 2,20.27).

Il processo verso la definizione dogmatica ci insegna che chi sta con la Chiesa, popolo di Dio, sta con la verità, mentre chi si apparta in uno splendido isolamento teologico rischia di sgarrare e di non capire il movimento della storia. Non solo, ma la definizione dell'Immacolata Concezione attira l'attenzione sulla natura della Chiesa, come comunità viva, guidata dallo Spirito di verità, che sviluppa la rivelazione biblica realizzando una crescita nella conoscenza del mistero. Il cristianesimo è vita, dono, presenza, esperienza, non un relitto del passato né una società inerte tutta preoccupata di conservare. Al contrario la Chiesa di Cristo si mostra tutta protesa a fruttificare.

Fondamenti biblici

Abbiamo detto giustamente che non si può partire dai fondamenti biblici. Ora, però è necessario ritornare alla Scrittura, perché una verità di fede deve avere un solido fondamento nella Scrittura.

La bolla Ineffabilis Deus *riferendosi alla Scrittura non la legge direttamente, ma fa riferimento, continuamente, alla Scrittura commentata dai Padri e Scrittori ecclesiastici. L'argomento biblico, pertanto, non risulta a sé stante, ma è conglobato nella tradizione. Leggiamo, ad esempio, «la dottrina dell'immacolata concezione... a giudizio dei padri è contenuta nella sacra Scrittura».*

Ma quali sono questi brani scritturistici letti nella tradizione?

Dell'Antico Testamento si richiama anzitutto Gn 3,15: «Porrò inimicizia fra te e la donna». Dal protovangelo si passa alle figure bibliche maggiormente ricorrenti nei padri, quindi ai testi sapienziali letti nella liturgia, a numerosi scritti dei profeti.

Del Nuovo Testamento è dato speciale risalto a Lc 1,28: «Piena di grazia» e a Lc 1,42: «Benedetta tu fra le donne e benedetto il frutto del tuo grembo».

La Ineffabilis Deus *insegna che la Scrittura, se letta con gli occhi della Chiesa, rivela una pienezza di senso che non emerge dalla semplice formulazione del testo, cioè della sola lettera. La Scrittura contiene germi di cui la Chiesa, guidata dallo Spirito, ha man mano svelato il senso fino a giungere a maturare la propria fede nell'immacolata concezione della Vergine.*

L'Immacolata mistero di elezione divina e di grazia

Una delle tendenze più marcate in teologia mariana è quella di vedere l'Immacolata non come semplice esenzione dal peccato originale (dogma definito da Pio IX per chiudere una disputa secolare), ma in funzione positiva come pienezza di grazia e di Spirito Santo: Maria, in vista dei meriti di Gesù Cristo,... fu favorita da Dio dal primo istante della sua esistenza, con il dono della grazia santificante e, conseguentemente, non ha conosciuto quello stato che noi chiamiamo peccato originale".

La sostanza del dogma definito nel 1854 è questa: dall'inizio della sua esistenza Maria fu avvolta dall'amore redentivo e santificante di Dio... Maria possedette la grazia fin dall'inizio.

Proprio in questa linea si è posto il concilio Vaticano II, accentuando il rapporto dell'Immacolata con lo Spirito Santo secondo l'insegnamento di padri e teologi orientali, ad ha presentato Maria immune da ogni macchia di peccato, dallo Spirito Santo quasi plasmata e resa nuova creatura, adornata fin dal primo istante della sua concezione dagli splendori di una santità del tutto singolare (cfr. LG 56).

La Concezione Immacolata di Maria è il segno dell'amore gratuito del Padre, l'espressione perfetta della Redenzione operata dal Figlio, l'inizio di una vita totalmente disponibile all'azione dello Spirito Santo

Maria è la pianta non calpestata dal serpente, il paradiso realizzato nel tempo storico, la primavera i cui fiori e frutti non conosceranno mai il pericolo della contaminazione... In Maria spunta un germe di vita eterna e di una nuova umanità. In lei è simbolicamente racchiusa tutta la creazione purificata e trasparente di Dio.

Realizzazione della nuova umanità, l'Immacolata Concezione è però pienamente inserita nella storia: non dobbiamo immaginare che la sua vita terrena sia stata un mare di rose. Ella partecipa al carattere opaco dell'esistenza umana. Dire che era Immacolata non suppone affermare che non soffriva, né si angustiava, né doveva credere e sperare. È figlia della terra, sebbene fosse benedetta dal cielo. Aveva le passioni umane. Poiché la concupiscenza, secondo l'insegnamento dei maestri francescani del Medioevo, non è peccato né conseguenza del peccato, ma appartiene alla creazione originaria, bisogna ammettere che «Maria, come tutti gli esseri normali, ha sentito le diverse passioni della vita con le sue esigenze specifiche. Ella, tuttavia, ha ricevuto per grazia una forza interiore capace di ordinare tutto in un progetto santo. Anche se l'Immacolata non soffre meno degli altri per gli spazi limitati e le contraddizioni esistenziali, ella sa però trascenderli nel desiderio di Dio.

Ricco d'insegnamenti spirituali, il dogma ci ricorda che dobbiamo restare uniti alla "Chiesa del Dio vivente, colonna e sostegno della verità" (1Tm 3,15) per seguire la via giusta, quella dello Spirito che ci fa capire il vero senso della rivelazione.

L'Immacolata proclama nella gioia che Dio è il suo salvatore (Lc 1,47) che l'ha redenta con un amore preventivo.

Infine nell'Immacolata risplende il primigenio piano della salvezza che vuole l'essere umano e il popolo di Dio non già arrancante sotto il peso del peccato personale e dei condizionamenti di una natura umana, ma sollecito sotto la mozione dello Spirito a realizzare la nuova creazione.

Perciò Maria Immacolata diviene per i cristiani un modello che non scoraggia ma spinge a realizzare nella docilità allo Spirito santo quell'ideale d'intima comunione trinitaria ed ecclesiale che risponde al disegno divino di salvezza.

A Maria, prima redenta da Cristo, che ha avuto il privilegio di non essere sottoposta neppure per un istante al potere del male e del peccato, guardano i cristiani, come al perfetto modello ed all'icona di quella santità (cfr. LG 65), che sono chiamati a raggiungere, con l'aiuto della grazia del Signore, nella loro vita.

Con lei ci accorgiamo che è possibile un nuovo inizio per un'umanità nuova...

Seguendo la Parola

Da recitarsi per nove giorni consecutivi senza interruzione a partire dal 29 novembre o tutte le volte che si desidera esprimere la propria devozione a Maria Vergine Immacolata o si desidera chiedere una grazia al Signore per sua intercessione. Questa è l'unica condizione richiesta perché la novena sia "valida", secondo l'insegnamento della Chiesa e la pratica tradizionale. Occorre ricordare ciò che la Chiesa insegna circa la vita spirituale, gli esercizi di pietà e le devozioni: questi esercizi sono strettamente legati alla vita sacramentale e sono tanto più efficaci quanto più si corrisponde alla grazia del Signore. Non per nulla il Direttorio su pietà popolare e liturgia, edito nel 2002, precisa che una novena "prepara veramente alla festa, se i fedeli saranno stimolati ad accostarsi ai sacramenti della Riconciliazione e dell'Eucarestia ed a rinnovare il loro impegno cristiano sull'esempio di Maria, la prima e più perfetta discepola di Cristo".
È pertanto, ugualmente importante:

Prima d'iniziare la novena: *Pentirsi dei propri peccati e confessarsi.*

Ogni giorno della novena:

1. *Lodare, benedire e ringraziare: Dio Padre, per il dono della Creazione e della vita intelligente e libera con le sue meraviglie; Dio Figlio, per il dono della Redenzione; Dio Spirito Santo, per quello della Santificazione;*
2. *perdonare sempre e chiunque;*
3. *vivere la preghiera personale, familiare e comunitaria;*
4. *in modo particolare cercare di partecipare alla santa Messa e ricevere la santa Eucaristia;*
5. *compiere opere di carità.*

Preghiere Iniziali

Nel nome del Padre e del Figlio e dello Spirito Santo. Amen.

INVITO ALLA LODE

P. Eleviamo al Signore la nostra lode.

A. Perché grandi sono le sue opere per noi.

P. Acclamiamo al Dio potente e misericordioso.

A. Perché ha volto il suo sguardo all'umile sua serva.

P. Rendiamo grazie al Dio Onnipotente che ha adempiuto la sua promessa

A. E si è fatto carne nel grembo della Vergine.

P. Con le parole di Maria, magnifichiamo il Signore e raccontiamo quanto ha compiuto a salvezza dell'uomo.

CANTO DEL MAGNIFICAT *Lc 1, 46-55*

Incensazione e accensione dei ceri

Mentre l'assemblea intona o canta il Magnificat, colui che presiede incensa l'immagine della Vergine. Poi un fedele accende il cero corrispondente al giorno della novena. A tale proposito un criterio potrà essere quello di indicare ogni giorno un rappresentante di una fascia di età (un bambino, un ragazzo, un giovane...). Terminato il canto del Magnificat, colui che presiede recita l'Orazione sul Magnificat.

L'anima mia magnifica il Signore *
e il mio spirito esulta in Dio, mio salvatore,

perché ha guardato l'umiltà della sua serva. *
D'ora in poi tutte le generazioni mi chiameranno beata.

Grandi cose ha fatto in me l'Onnipotente *
e Santo è il suo nome:

di generazione in generazione la sua misericordia *
si stende su quelli che lo temono.

Ha spiegato la potenza del suo braccio, *
ha disperso i superbi nei pensieri del loro cuore;

ha rovesciato i potenti dai troni, *
ha innalzato gli umili;

ha ricolmato di beni gli affamati, *
ha rimandato i ricchi a mani vuote.

Ha soccorso Israele, suo servo, *
ricordandosi della sua misericordia,

come aveva promesso ai nostri padri, *
ad Abramo e alla sua discendenza, per sempre.

Gloria al Padre e al Figlio *
e allo Spirito Santo.

Come era nel principio, e ora e sempre *
nei secoli dei secoli. **Amen.**

Orazione sul Magnificat

Ti magnifichi, o Signore, il nostro servizio di lode; tu che per la nostra salvezza hai volto lo sguardo all'umiltà della Vergine Maria, degnati di innalzarci alla pienezza della tua redenzione. Per Cristo nostro Signore. **Amen.**

29 novembre: primo giorno

L'ANIMA MIA MAGNIFICA IL SIGNORE

Preghiere iniziali *(vedi pag. 18-19)*

INTRODUZIONE ALLA PAROLA

«L'anima mia magnifica il Signore». Sant'Ambrogio, che commentando Luca scrive: «Sia in ognuno di noi l'anima di Maria per glorificare Dio», ci ricorda che il ringraziamento è la prima espressione della fede. Non ne è espressione la lamentela, la critica, l'amarezza, l'autocommiserazione, il disfattismo; al contrario sono atteggiamenti di poca fede, perché la fede vera esplode spontaneamente nella lode e nella gratitudine. Lode per quanto Dio opera in noi e nel mondo, gratitudine nel riconoscersi graziati e nella consapevolezza che la divina misericordia «si stende di generazione in generazione»... È la fede che fa scorgere realtà grandi in cose piccole, realtà definitive in fatti incipienti, realtà perenni nelle realtà effimere. Mentre la poca fede non è mai contenta, mai soddisfatta e vorrebbe vedere sempre oltre, la fede vera è lieta e legge in poveri segni la potenza di Dio.

(C.M. MARTINI, *Libertà che si dona*, Milano-Casale Monf. 1995)

SALMO RESPONSORIALE

Rit. Ti magnifichiamo, Signore, nostro Salvatore.

Il mio cuore esulta nel Signore,
la mia fronte s'innalza grazie al mio Dio.
Si apre la mia bocca contro i miei nemici,
perché io godo del beneficio che mi hai concesso. **Rit.**

I sazi sono andati a giornata per un pane,
mentre gli affamati han cessato di faticare.
La sterile ha partorito sette volte
e la ricca di figli è sfiorita. **Rit.**

Il Signore fa morire e fa vivere,
scendere agli inferi e risalire.
Il Signore rende povero e arricchisce,
abbassa ed esalta. **Rit.**

Solleva dalla polvere il misero,
innalza il povero dalle immondizie,
per farli sedere insieme con i capi del popolo
e assegnar loro un seggio di gloria. **Rit.**

Vangelo **Luca 10, 21-24**

In quello stesso istante Gesù esultò nello Spirito Santo e disse: «Io ti rendo lode, Padre, Signore del cielo e della terra, che hai nascosto queste cose ai dotti e ai sapienti e le hai rivelate ai piccoli. Sì, Padre, perché così a te è piaciuto. Ogni cosa mi è stata affidata dal Padre mio e nessuno sa chi è il Figlio se non il Padre, né chi è il Padre se non il Figlio e colui al quale il Figlio lo voglia rivelare». E volgendosi ai discepoli, in disparte, disse: «Beati gli occhi che vedono ciò che voi vedete. Vi dico che molti profeti e re hanno desiderato vedere ciò che voi vedete, ma non lo videro, e udire ciò che voi udite, ma non l'udirono».

Preghiera mariana

Vergine Madre di Dio,
salve, piena di grazia,
il Signore è con te.
Benedetta tu fra le donne
e benedetto il frutto del tuo seno,
perché tu hai generato
il Salvatore delle anime nostre.

(Ostrakon, V secolo)

INTERCESSIONI

Rit. Ti magnifichiamo, Padre, per le tue meraviglie!

- Donaci, Padre, di contemplare la tua presenza nella bellezza che ci circonda... **Rit.**

- Donaci, Padre, di scorgere la tua paterna presenza nella nostra vita quotidiana... **Rit.**

- Donaci, Padre, di comunicare la gioia della fede nell'ambiente in cui viviamo... **Rit.**

- Donaci, Padre, uno sguardo di speranza anche nelle vicende buie e tristi della vita... **Rit.**

- Donaci, Padre, di saper offrire una presenza che incoraggia e sostiene quanti vivono nella sofferenza... **Rit.**

- Donaci, Padre, di saperti incontrare e celebrare sia nella preghiera comune che in quella personale... **Rit.**

Padre nostro

PREGHIAMO

O Dio, che nell'incarnazione del tuo Figlio hai allietato il mondo intero, concedi a noi che veneriamo Maria, causa della nostra letizia, di camminare costantemente nella via dei tuoi precetti e di tenere fissi i nostri cuori dove è la vera gioia. Per Cristo nostro Signore. **Amen.**

30 novembre: secondo giorno

HA GUARDATO ALL'UMILTÀ DELLA SUA SERVA

Preghiere iniziali *(vedi pag. 18-19)*

INTRODUZIONE ALLA PAROLA

Il Padre si rivela ai piccoli, il Padre si nasconde ai sapienti. Non è uno scherzo! Se vogliamo diventare conoscitori di Dio, intimi dell'Altissimo, dobbiamo farci bambini. Se ci teniamo alla rivelazione del suo volto, dobbiamo abituarci alla contemplazione estatica fatta con gli occhi dell'umiltà e della semplicità del cuore.

Sì, farsi piccoli, più piccoli ancora, il più piccoli possibile: è il grande segreto della vita mistica. E quando ci si è ridotti a un punto, senza più consistenza se non quella dell'anima che guarda, o del cuore che ama, abituarsi a rovesciare la posizione, l'eterna posizione dell'orgoglio, la difficile posizione dell'io che si crede sempre centro dell'universo.

(C. CARRETTO, *Al di là delle cose*, Assisi 1969)

SALMO RESPONSORIALE **Sal 123**

Rit. I nostri occhi sono rivolti a te, Signore.

Ecco, come gli occhi dei servi
alla mano dei loro padroni;
come gli occhi della schiava,
alla mano della sua padrona,
così i nostri occhi sono rivolti al Signore nostro Dio,
finché abbia pietà di noi. **Rit.**

Pietà di noi, Signore, pietà di noi,
già troppo ci hanno colmato di scherni,
noi siamo troppo sazi
degli scherni dei gaudenti,
del disprezzo dei superbi. **Rit.**

VANGELO **Matteo 18, 1-5**

In quel momento i discepoli si avvicinarono a Gesù dicendo: "Chi dunque è il più grande nel regno dei cieli?". Allora Gesù chiamò a sé un bambino, lo pose in mezzo a loro e disse: "In verità vi dico: se non vi convertirete e non diventerete come i bambini, non entrerete nel regno dei cieli. Perciò chiunque diventerà piccolo come questo bambino, sarà il più grande nel regno dei cieli. E chi accoglie anche uno solo di questi bambini in nome mio, accoglie me".

PREGHIERA MARIANA

Salve, o piena di grazia!
La tua progenitrice Eva, disobbedendo,
fu condannata a partorire i figli nel dolore.
A te, invece, l'invito alla gioia.
Quella ha generato Caino
e con lui invidia e morte.
Tu, invece, partorisci un figlio
che per tutti è fonte di vita incorruttibile.
Benedetta sei tu fra le donne!
Perché sei stata trovata degna
di ospitare il Signore
e sei divenuta luogo
in cui si realizza la salvezza.

(San Gregorio di Nissa)

INTERCESSIONI

Rit. **Donaci, Signore, un cuore mite ed umile.**

- Quando l'unica nostra preoccupazione diventa il potere o il successo, aiutaci. **Rit.**

- Quando siamo tentati di prevalere sugli altri imponendo le nostre idee, aiutaci. **Rit.**

- Quando siamo più preoccupati di apparire che di essere noi stessi, aiutaci. **Rit.**

- Quando abbiamo la presunzione di sentirci piu giusti e migliori degli altri, aiutaci. **Rit.**

- Quando gli insuccessi o le incomprensioni ci gettano nello sconforto, aiutaci. **Rit.**

- Quando nella nostra comunità nascono conflitti o rivalità, aiutaci. **Rit.**

Padre nostro

PREGHIAMO

Padre santo, che nel misericordioso disegno della redenzione hai scelto la Vergine Maria, umile tua serva, come madre e cooperatrice del Cristo, fa'che volgendo a lei il nostro sguardo, ti serviamo con totale dedizione e ci impegniamo instancabilmente alla salvezza del mondo. Per Cristo nostro Signore. **Amen.**

1° dicembre: terzo giorno

Tutte la generazioni mi chiameranno beata

Preghiere iniziali *(vedi pag. 18-19)*

Introduzione alla parola

Anche se Maria ha accolto l'annuncio e detto sì, essa non ha fatto che entrare in una verità che le veniva comunicata. Non è stata lei a scoprirla, nè l'ha padroneggiata. Maria entra in qualcosa che le avviene. Con timore e fiducia. Ella non parla, ascolta. È tutta udito. È tanto se conserva le labbra e una lingua. Dio e il bambino che deve venire determinano totalmente la sua esistenza... Maria ha fede. Ella accorda credito illimitato a ciò che viene da Dio: «Avvenga di me quello che hai detto».

La sola via percorribile verso la felicità consiste nell'essere uomo, donna d'Avvento: qualcuno che ascolta più di quanto non parli, qualcuno soprattutto consapevole che «nulla è impossibile a Dio». Se Dio ci dà poco significa che abbiamo sperato poco: è, infatti, impossibile nutrire qualcuno che non ha fame.

(G. Daneels, *Le stagioni della vita*, Brescia 1998)

Salmo responsoriale — Sal 18

Rit. Beati coloro che ascoltano la tua Parola, Signore.

La legge del Signore è perfetta,
rinfranca l'anima;
la testimonianza del Signore è verace,
rende saggio il semplice. **Rit.**

Gli ordini del Signore sono giusti,
fanno gioire il cuore;
i comandi del Signore sono limpidi,
danno luce agli occhi. **Rit.**

Il timore del Signore è puro, dura sempre;
i giudizi del Signore sono tutti fedeli e giusti,
più preziosi dell'oro, di molto oro fino,
più dolci del miele e di un favo stillante. **Rit.**

VANGELO **Lc 11, 27-28**

In quel tempo, mentre Gesù stava parlando, una donna alzò la voce di mezzo alla folla e disse: «Beato il grembo che ti ha portato e il seno da cui hai preso il latte!». Ma egli disse: «Beati piuttosto coloro che ascoltano la parola di Dio e la osservano!».

PREGHIERA MARIANA

Ave, tu che hai portato in grembo
la guida degli erranti.
Ave, tu che hai generato
il liberatore dei servi.
Ave, rifugio per chi dispera.
Ave, porta della salvezza,
iniziatrice di nuova progenie.
Ave, tu che mostri la divina bontà
e che hai dato la vita nuova
a quanti furono generati nell'errore.

(Inno Akatistòs)

INTERCESSIONI

Rit. Rendici attenti alla tua Parola, Signore.

- Signore, guarda la tua chiesa. Rendila capace di interpretare la storia alla luce della tua Parola. Ti preghiamo. **Rit.**

- Signore, guarda coloro che ci governano. Illuminali perché non lascino prevalere le ambizioni personali o di gruppo sul bene comune. Ti preghiamo. **Rit.**

- Signore, guarda quanti vivono il dubbio della fede. Aiutali ad aprirsi con disponibilità ed umiltà ad ogni segno, gesto o parola che rimanda alla tua presenza. Ti preghiamo. **Rit.**

- Signore, guarda la nostra comunità parrocchiale. Fa'che l'impegno alla piena ed autentica comunione diventi preoccupazione di tutti per tradursi nella unanime preghiera e nella fedele testimonianza. Ti preghiamo. **Rit.**

Padre nostro

Preghiamo

Signore nostro Dio, che hai fatto della Vergine Maria il modello di chi accoglie la tua Parola e la mette in pratica, apri il nostro cuore alla beatitudine dell'ascolto e, con la forza del tuo Spirito, fa'che noi pure diventiamo luogo santo in cui la tua Parola di salvezza oggi si compie. Per Cristo nostro Signore. **Amen.**

2° dicembre: quarto giorno

Santo è il suo nome

Preghiere iniziali *(vedi pag. 18-19)*

Introduzione alla parola

Il Padre, fin dall'eternità, prende nome nel suo Verbo, nella sua Parola. E il Verbo si è fatto carne per rivelarci il Nome e santificarlo fino alla fine, poiché il Nome è la presenza, "separata" e radiosa a un tempo, cioè santa. La "santificazione del Nome", al tempo di Cristo, non significava solo l'onore e la lode resi a Dio, ma la testimonianza fino all'effusione del sangue, fino al dono della vita, fino al martirio. Gesù ha santificato il Nome fino alla croce, e il Nome ha santificato lui fino alla risurrezione... Là, nella spoliazione totale della croce si rivela il Nome proprio di Dio. E questo Nome è amore.

(O. Clement, *Pregare il Padre nostro*, Magnano 1989)

Salmo responsoriale **Sal 113 B**

Rit. Hai fatto cose grandi, Signore, e Santo è il tuo nome.

Non a noi, Signore, non a noi,
ma al tuo nome dà gloria,
per la tua fedeltà, per la tua grazia. **Rit.**

Perché i popoli dovrebbero dire
«Dov'è il loro Dio?».
Il nostro Dio è nei cieli,
egli opera tutto ciò che vuole. **Rit.**

Gli idoli delle genti sono argento e oro,
opera delle mani dell'uomo.
Hanno bocca e non parlano,
hanno occhi e non vedono,
hanno orecchi e non odono,
hanno narici e non odorano. **Rit.**

Hanno mani e non palpano,
hanno piedi e non camminano;
dalla gola non emettono suoni.
Sia come loro chi li fabbrica
e chiunque in essi confida. **Rit.**

Non i morti lodano il Signore,
nè quanti scendono nella tomba.
Ma noi, i viventi, benediciamo il Signore
ora e sempre. **Rit.**

VANGELO **Giovanni 17, 1.6-11**

Così parlò Gesù. Quindi, alzati gli occhi al cielo, disse: «Padre, è giunta l'ora, glorifica il Figlio tuo, perché il Figlio glorifichi te. Ho fatto conoscere il tuo nome agli uomini che mi hai dato dal mondo. Erano tuoi e li hai dati a me ed essi hanno osservato la tua parola. Ora essi sanno che tutte le cose che mi hai dato vengono da te, perché le parole che hai dato a me io le ho date a loro; essi le hanno accolte e sanno veramente che sono uscito da te e hanno creduto che tu mi hai mandato. Io prego per loro; non prego per il mondo, ma per coloro che mi hai dato, perché sono tuoi. Tutte le cose mie sono tue e tutte le cose tue sono mie, e io sono glorificato in loro. Io non sono più nel mondo; essi invece sono nel mondo, e io vengo a te. Padre santo, custodisci nel tuo nome coloro che mi hai dato, perché siano una cosa sola, come noi».

PREGHIERA MARIANA

Ti proclamiamo beata, noi,
genti di tutte le stirpi,
o Vergine Madre di Dio:
in te, Colui che supera ogni cosa,
Cristo nostro Dio si è degnato di abitare.
Beati siamo noi,

che abbiamo te come nostra difesa:
Salve, o piena di grazia!

(Inno anonimo, V-VI secolo)

INTERCESSIONI

Rit. Sia santificato il tuo nome, Signore!

- Quando non riusciamo ad accettare le avversità e le difficoltà della vita, ti preghiamo. **Rit.**

- Quando non riusciamo a condividere le gioie perché chiusi in un freddo egoismo, ti preghiamo. **Rit.**

- Quando non riusciamo a superare le incomprensioni e ci costa fatica dialogare con gli altri, ti preghiamo. **Rit.**

- Quando i nostri pregiudizi ci impediscono di avvicinare gli altri in modo sincero e sereno, ti preghiamo. **Rit.**

- Quando i nostri limiti e i nostri peccati ci procurano sfiducia e smarrimento, ti preghiamo. **Rit.**

- Quando non siamo capaci di amare in maniera libera, totale e sincera, ti preghiamo. **Rit.**

Padre nostro

PREGHIAMO

O Dio, nostro Padre, il tuo nome è santo davanti a tutte le genti, e attende di essere santificato nella nostra vita, manda il tuo Spirito a fare di noi, nella chiesa del tuo Figlio, il sacramento continuato della tua santità, perché tutti gli uomini ti rendano gloria. Per Cristo nostro Signore. **Amen.**

3 dicembre: quinto giorno

La sua misericordia si stende su quelli che lo temono

Preghiere iniziali *(vedi pag. 18-19)*

Introduzione alla Parola

Il timore di Dio è proprio il riconoscere la sua santità, vedere l'abisso che ci separa da lui, noi, peccatori. Questo timore è una virtù, un dono dello Spirito Santo, il settimo, che oltrepassa e riassume tutti gli altri. La Bibbia non cessa di parlare di questo timore che è «il principio, la pienezza e la radice della Sapienza» (Sir 1, 14-20). Riconoscere l'infinità di Dio e la nostra finitezza, contemplare con stupore e vertigine l'insondabile abisso che ci separa da lui, permette di apprezzare nel suo giusto valore il torrente, la cascata di misericordia che viene a colmare questa distanza. Poiché il timore non è paura di Dio, bensì rispetto amoroso del suo splendore. Il giovane che ama la sua fidanzata teme di offenderla, la percepisce come troppo bella, troppo perfetta per lui, se ne sente indegno. Temere Dio significa amarlo per quello che è, con lucidità. Significa riconoscere che solo una misericordia infinita può innalzarci verso colui che amiamo, e a causa di questa misericordia amarlo ancora di più.

(P. Dumoulin, *Il Magnificat. Una scuola di preghiera*, Città del Vaticano 1989)

Salmo responsoriale **Sal 5**

Rit. Manifestaci, o Padre, la tua misericordia.

Ascolta la voce del mio grido,
o mio re e mio Dio,
perché ti prego, Signore.
Al mattino ascolta la mia voce;
fin dal mattino t'invoco e sto in attesa. **Rit.**

Tu non sei un Dio che si compiace del male;
presso di te il malvagio non trova dimora;
gli stolti non sostengono il tuo sguardo. **Rit.**

Ma io per la tua grande misericordia
mi prostrerò con timore
nel tuo santo tempio. **Rit.**

Signore, guidami con giustizia
di fronte ai miei nemici;
spianami davanti il tuo cammino.
Gioiscano quanti in te si rifugiano,
esultino senza fine. **Rit.**

VANGELO **Giovanni 8, 1-11**

Gesù si avviò allora verso il monte degli Ulivi. Ma all'alba si recò di nuovo nel tempio e tutto il popolo andava da lui ed egli, sedutosi, li ammaestrava. Allora gli scribi e i farisei gli conducono una donna sorpresa in adulterio e, postala nel mezzo, gli dicono: «Maestro, questa donna è stata sorpresa in flagrante adulterio. Ora Mosè, nella Legge, ci ha comandato di lapidare donne come questa. Tu che ne dici?». Questo dicevano per metterlo alla prova e per avere di che accusarlo. Ma Gesù, chinatosi, si mise a scrivere col dito per terra. E siccome insistevano nell'interrogarlo, alzò il capo e disse loro: «Chi di voi è senza peccato, scagli per primo la pietra contro di lei». E chinatosi di nuovo, scriveva per terra. Ma quelli, udito ciò, se ne andarono uno per uno, cominciando dai più anziani fino agli ultimi.
Rimase solo Gesù con la donna là in mezzo. Alzatosi allora Gesù le disse: «Donna, dove sono? Nessuno ti ha condannata?». Ed essa rispose: «Nessuno, Signore». E Gesù le disse: «Neanch'io ti condanno; và e d'ora in poi non peccare più».

PREGHIERA MARIANA

O santa Madre di Dio
Che, accogliendo il messaggio dell'angelo,
hai concepito il Verbo,

hi dato il consenso con la fede,
hai generato il Figlio con la carne,
trepitando per la presenza divina,
ma fiduciosa nell'aiuto della grazia:
accogli le richieste del tuo popolo
e a quanti si rifugiano in te
li presenti salvi al Signore Gesù Cristo,
tuo Figlio benedetto.

(Orazionale visigotico)

INTERCESSIONI

Rit. Ricordati, Padre, della tua misericordia.

- Non abbandonare, o Padre, quanti vivono nel peccato e lontani da te. Il tuo amore li spinga alla conversione. **Rit.**
- Non abbandonare, o Padre, quanti non sanno superare i sentimenti di odio e di rancore. Il tuo amore li renda capaci di perdono. **Rit.**
- Non abbandonare, o Padre, quanti sono schiavi del denaro o del potere. Il tuo amore li liberi da ogni forma di schiavitù. **Rit.**
- Non abbandonare, o Padre, quanti vivono rassegnati o nell'angoscia. Il tuo amore li apra alla vera speranza. **Rit.**
- Non abbandonare, o Padre, quanti sono chiusi nel proprio egoismo. Il tuo amore muova i loro passi verso i fratelli più poveri. **Rit.**

Padre nostro

PREGHIAMO

Dio della libertà e della pace, che nel perdono dei peccati ci doni il segno della creazione nuova, fa'che tutta la nostra vita riconciliata nel tuo amore diventi lode e annunzio della tua misericordia. Per Cristo nostro Signore. **Amen.**

4 dicembre: sesto giorno

HA DISPERSO I SUPERBI NEI PENSIERI DEL LORO CUORE

Preghiere iniziali *(vedi pag. 18-19)*

INTRODUZIONE ALLA PAROLA

I potenti credono di essere il Potente, hanno preso, ai propri occhi, il posto di Dio; ecco perché non conoscono questa interiorità, sono gettati fuori da se stessi. Seduti su un trono, pretendono di governare ogni cosa, non soltanto in se stessi, ma anche intorno a sè: la pretesa dell'"io" non conosce limiti... Il trono dei potenti è l'orgoglio che genera la durezza del cuore.

Il potente è l'uomo la cui volontà di potere diventa il motore dell'agire... La volontà di potere è l'affermazione di sè, attraverso la propria forza, il proprio sapere, la propria sapienza, o addirittura "la propria santità". L'orgoglio spirituale di colui che si crede un maestro o un modello per i suoi fratelli è ben più pericoloso dell'orgoglio del mondo: si chiama fariseismo.

(P. DUMOULIN, *Il Magnificat. Una scuola di preghiera*, Città del Vaticano 1989)

SALMO RESPONSORIALE **Sal138**

Rit. Donaci, Signore, l'umiltà del cuore.

Signore, tu mi scruti e mi conosci,
tu sai quando seggo e quando mi alzo.
Penetri da lontano i miei pensieri,
mi scruti quando cammino e quando riposo. **Rit.**

Ti sono note tutte le mie vie;
la mia parola non è ancora sulla lingua
e tu, Signore, già la conosci tutta.
Alle spalle e di fronte mi circondi
e poni su di me la tua mano. **Rit.**

Stupenda per me la tua saggezza,
troppo alta, e io non la comprendo.
Sei tu che hai creato le mie viscere
e mi hai tessuto nel seno di mia madre. **Rit.**

Ti lodo, perché mi hai fatto come un prodigio;
sono stupende le tue opere,
tu mi conosci fino in fondo. **Rit.**

VANGELO **Luca 14, 7-11**

Osservando poi come gli invitati sceglievano i primi posti, disse loro una parabola: «Quando sei invitato a nozze da qualcuno, non metterti al primo posto, perché non ci sia un altro invitato più ragguardevole di te e colui che ha invitato te e lui venga a dirti: Cedigli il posto! Allora dovrai con vergogna occupare l'ultimo posto. Invece quando sei invitato, và a metterti all'ultimo posto, perché venendo colui che ti ha invitato ti dica: Amico, passa più avanti. Allora ne avrai onore davanti a tutti i commensali. Perché chiunque si esalta sarà umiliato, e chi si umilia sarà esaltato».

PREGHIERA MARIANA

Salve, o torrente di misericordia,
fiume di pace e di grazia,
splendore di purezza, rugiada delle valli;
Madre di Dio e madre del perdono.
Tutta bellissima e degna di venerazione,
noi ti acclamiamo, o venerabile.

(Ildefonso di Toledo)

Intercessioni

Rit. Abbatti l'orgoglio dei tuoi figli, o Dio.

- Quando il progresso e le conquiste ci insuperbiscono allontanandoci da te... **Rit.**

- Quando siamo più preoccupati del giudizio degli altri che di essere santi davanti a te... **Rit.**

- Quando non accettiamo i nostri limiti e li riteniamo un'offesa alla nostra dignità... **Rit.**

- Quando ci affanniamo ad accaparrarci posti o ruoli di prestigio... **Rit.**

- Quando non vogliamo chiedere scusa, pur sapendo di aver sbagliato... **Rit.**

Padre nostro

Preghiamo

Padre santo e misericordioso, che richiami sempre i tuoi figli con la forza e la dolcezza dell'amore, spezza le durezze del nostro orgoglio e crea in noi un cuore nuovo, capace di ascoltare la tua parola e di accogliere il dono della vita nel tuo Figlio. Egli vive e regna nei secoli dei secoli. **Amen.**

5 dicembre: settimo giorno

Ha rovesciato i potenti e ha innalzato gli umili

Preghiere iniziali *(vedi pag. 18-19)*

Introduzione alla parola

Dio ha scelto l'impotenza. Dio ha scelto di entrare nella storia umana nella completa debolezza. Questa scelta divina costituisce il nucleo della fede cristiana. Nella persona di Gesù di Nazaret, il Dio impotente è apparso tra noi per smascherare l'illusione del potere, per disarmare il principe delle tenebre che domina il mondo e per condurre a nuova unità la stirpe umana divisa. È attraverso un'impotenza totale e non mitigata che Dio ci mostra la misericordia divina.

La scelta radicale di Dio è quella di rivelare la gloria, la bellezza, la verità, la pace, la gioia e, soprattutto, l'amore spogliandosi completamente del potere. È molto difficile per noi, se non impossibile, cogliere questo mistero divino... Se vogliamo veramente amare Dio, dobbiamo rivolgere lo sguardo all'uomo di Nazaret, la cui vita è ammantata di debolezza. E la sua debolezza ci apre la strada per giungere al cuore di Dio.

(H. Nouwen, *Il sentiero del potere*, Brescia 1997)

Salmo responsoriale **Sal 112**

Rit. Il Signore abbatte i potenti e innalza gli umili.

Lodate, servi del Signore,
lodate il nome del Signore.
Sia benedetto il nome del Signore,
ora e sempre. **Rit.**

Dal sorgere del sole al suo tramonto
sia lodato il nome del Signore.
Su tutti i popoli eccelso è il Signore,
più alta dei cieli è la sua gloria. **Rit.**

Chi è pari al Signore nostro Dio
che siede nell'alto
e si china a guardare
nei cieli e sulla terra? **Rit.**

Solleva l'indigente dalla polvere,
dall'immondizia rialza il povero,
per farlo sedere tra i principi,
tra i principi del suo popolo.
Fa abitare la sterile nella sua casa
quale madre gioiosa di figli. **Rit.**

VANGELO **Marco 10, 35-45**

E gli si avvicinarono Giacomo e Giovanni, i figli di Zebedèo, dicendogli: «Maestro, noi vogliamo che tu ci faccia quello che ti chiederemo». Egli disse loro: «Cosa volete che io faccia per voi?». Gli risposero: «Concedici di sedere nella tua gloria uno alla tua destra e uno alla tua sinistra». Gesù disse loro: «Voi non sapete ciò che domandate. Potete bere il calice che io bevo, o ricevere il battesimo con cui io sono battezzato?». Gli risposero: «Lo possiamo». E Gesù disse: «Il calice che io bevo anche voi lo berrete, e il battesimo che io ricevo anche voi lo riceverete. Ma sedere alla mia destra o alla mia sinistra non sta a me concederlo; è per coloro per i quali è stato preparato». All'udire questo, gli altri dieci si sdegnarono con Giacomo e Giovanni. Allora Gesù, chiamatili a sé, disse loro: «Voi sapete che coloro che sono ritenuti capi delle nazioni le dominano, e i loro grandi esercitano su di esse il potere. Fra voi però non è così; ma chi vuol essere grande tra voi si farà vostro servitore, e chi vuol essere il primo tra voi sarà il servo di tutti. Il Figlio dell'uomo infatti non è venuto per essere servito, ma per servire e dare la propria vita in riscatto per molti».

PREGHIERA MARIANA

O mia Signora e mio rifugio, mia vita e mio aiuto, mia difesa e mia gloria, speranza mia e mia fortezza.

Concedimi di godere i beni del tuo Figlio nella patria celeste. Tu possiedi un potere uguale al tuo volere, perché sei la Madre dell'Altissimo; per questo io oso e confido. Che io non resti deluso nella mia aspettativa, o purissima Regina.

(Germano di Costantinopoli)

INTERCESSIONI

Rit. Ti preghiamo, ascoltaci, Signore.

- Preserva, Signore, la tua Chiesa da ogni ricerca di potere o di prestigio sociale. **Rit.**
- Illumina, Signore, i governanti perché non ricerchino altro interesse se non il bene comune. **Rit.**
- Sostieni, Signore, quanti vivono nel nascondimento il loro umile servizio ai fratelli. **Rit.**
- Accompagna, Signore, i giovani che sono alla ricerca della propria vocazione. **Rit.**
- Benedici, Signore, la nostra comunità perché sia sempre luogo di dialogo e di aiuto reciproco. **Rit.**

Padre nostro

PREGHIAMO

O Dio, Padre di tutti gli uomini, tu vuoi che gli ultimi siano i primi e fai di un fanciullo la misura del tuo regno, donaci la sapienza che viene dall'alto, perché accogliamo la Parola del tuo Figlio e comprendiamo che davanti a te il più Grande è colui che serve. Per Cristo nostro Signore. **Amen.**

6 dicembre: ottavo giorno

HA RICOLMATO DI BENI GLI AFFAMATI, HA RIMANDATO A MANI VUOTE I RICCHI

Preghiere iniziali *(vedi pag. 18-19)*

INTRODUZIONE ALLA PAROLA

Quando il vangelo parla di ricchezza, non intende la casa sotto cui coprirci o il cibo che procura le forze. Quando parla di ricchezza, parla dei festini del ricco epulone da cui è escluso Lazzaro. Quando parla di ricchezza, parla dell'uomo che butta giù i vecchi granai dove non può più ammucchiare nuove ricchezze per farne dei nuovi, ampi come la sua concupiscenza senza limiti (Lc12, 16). Quando parla di ricchezza, dice: Guai a voi o ricchi che avete già la vostra consolazione (Lc 6, 24). La ricchezza del vangelo non è "ciò che ci occorre", è il di più, è il lusso, è l'ammucchiare, è il privare gli altri, è il nascondere, è un badare solo a se stessi escludendo dal festino i fratelli. E lì si esclude anche quando non si tratta di pane o di abito ma di cultura, di parola di Dio, di dignità, di pace, di amore. Quant'è universale questa prima beatitudine predicata da Gesù nel discorso della montagna e quanto l'han ridotta a meschina e antipatica 'elemosina' i cristiani immemori del nostro tempo!

(C. CARRETTO, *Al di là delle cose*, Assisi 1969)

SALMO RESPONSORIALE — Sal 48

Rit. Hai ricolmato di beni gli affamati, Signore.

La mia bocca esprime sapienza,
il mio cuore medita saggezza;
porgerò l'orecchio a un proverbio,
spiegherò il mio enigma sulla cetra. **Rit.**

Perché temere nei giorni tristi,
quando mi circonda la malizia dei perversi?
Essi confidano nella loro forza,

si vantano della loro grande ricchezza.
Nessuno può riscattare se stesso,
o dare a Dio il suo prezzo. **Rit.**

Per quanto si paghi il riscatto di una vita,
non potrà mai bastare
per vivere senza fine,
e non vedere la tomba. **Rit.**

Se vedi un uomo arricchirsi, non temere,
se aumenta la gloria della sua casa.
Quando muore con sè non porta nulla,
né scende con lui la sua gloria. **Rit.**

Nella sua vita si diceva fortunato:
«Ti loderanno, perché ti sei procurato del bene».
Andrà con la generazione dei suoi padri
che non vedranno mai più la luce. **Rit.**

VANGELO **Luca 16, 19-31**

C'era un uomo ricco, che vestiva di porpora e di bisso e tutti i giorni banchettava lautamente. Un mendicante, di nome Lazzaro, giaceva alla sua porta, coperto di piaghe, bramoso di sfamarsi di quello che cadeva dalla mensa del ricco. Perfino i cani venivano a leccare le sue piaghe.

Un giorno il povero morì e fu portato dagli angeli nel seno di Abramo. Morì anche il ricco e fu sepolto. Stando nell'inferno tra i tormenti, levò gli occhi e vide di lontano Abramo e Lazzaro accanto a lui. Allora gridando disse: Padre Abramo, abbi pietà di me e manda Lazzaro a intingere nell'acqua la punta del dito e bagnarmi la lingua, perché questa fiamma mi tortura. Ma Abramo rispose: Figlio, ricordati che hai ricevuto i tuoi beni durante la vita e Lazzaro parimenti i suoi mali; ora invece lui è con-

solato e tu sei in mezzo ai tormenti. Per di più, tra noi e voi è stabilito un grande abisso: coloro che di qui vogliono passare da voi non possono, né di costì si può attraversare fino a noi. E quegli replicò: Allora, padre, ti prego di mandarlo a casa di mio padre, perché ho cinque fratelli. Li ammonisca, perché non vengano anch'essi in questo luogo di tormento. Ma Abramo rispose: Hanno Mosè e i Profeti; ascoltino loro. E lui: No, padre Abramo, ma se qualcuno dai morti andrà da loro, si ravvederanno. Abramo rispose: Se non ascoltano Mosè e i Profeti, neanche se uno risuscitasse dai morti saranno persuasi».

Preghiera mariana

Accetta le suppliche del tuo popolo,
o Vergine Madre di Dio,
ed intercedi senza posa presso tuo Figlio,
affinché liberi noi che ti lodiamo
dai pericoli e tentazioni.
Tu sei infatti la nostra ambasciatrice
e la nostra speranza.

(Andrea di Creta)

Intercessioni

Rit. Sostieni, Signore, i figli che ti invocano.

- Rinnova, Signore, i tuoi prodigi per tutti i popoli che soffrono la fame a causa dell'indifferenza di chi vive nell'abbondanza. **Rit.**

- Rinnova, Signore, i tuoi prodigi per tutti gli uomini privati della loro libertà e costretti a subire ogni forma di ingiustizia da parte dei potenti. **Rit.**

• Rinnova, Signore, i tuoi prodigi per tutti coloro che sono vittime di discriminazioni razziali e sono privati dei più elementari diritti umani. **Rit.**

• Rinnova, Signore, i tuoi prodigi per tutti gli anziani privati di ogni affetto e costretti a vivere nella solitudine e nell'abbandono. **Rit.**

Padre nostro

PREGHIAMO
O Dio, che nella compassione del tuo Figlio verso i poveri e i sofferenti manifesti la tua bontà paterna, fa'che il pane moltiplicato dalla tua provvidenza sia spezzato nella carità, e la comunione ai tuoi santi misteri ci apra al dialogo e al servizio verso tutti gli uomini. Per Cristo nostro Signore. **Amen.**

7 dicembre: nono giorno

Si è ricordato della sua misericordia, come aveva promesso ai nostri padri

Preghiere iniziali *(vedi pag. 18-19)*

Introduzione alla parola

Maria profetizza, ma afferma anche il compimento di tutte le profezie passate, l'annuncio fatto ai nostri padri a favore di Abramo. E quando dice che Dio si ricorda della sua misericordia, ciò non significa che Dio sia a volte affetto da amnesia, ma che in questo istante ha fatto memoria. Ora il memoriale, nello spirito semitico,è ben più del ricordo: fare memoria significa rendere presente, oggi, l'avvenimento passato, significa comunicare con questo avvenimento... Come la profezia permette a Maria di contemplare ciò che ancora non è manifesto, così il memoriale rende contemporaneo ciò che è già avvenuto nel passato. Così, quando Dio ha agito nel grembo di Maria e il Verbo si è fatto carne, Passato, Presente e Futuro si sono riuniti in solo istante eterno, perché Dio è eterno Presente.

(P. Dumoulin, *Il Magnificat. Una scuola di preghiera*, Città del Vaticano 1989)

Salmo responsoriale Sal 137

Rit. Ti rendiamo grazie, Signore, per la tua fedeltà.

Ti rendo grazie, Signore, con tutto il cuore:
hai ascoltato le parole della mia bocca.
A te voglio cantare davanti agli angeli,
mi prostro verso il tuo tempio santo. **Rit.**

Rendo grazie al tuo nome
per la tua fedeltà e la tua misericordia
hai reso la tua promessa più grande di ogni fama.
Nel giorno in cui t'ho invocato, mi hai risposto,
hai accresciuto in me la forza. **Rit.**

Ti loderanno, Signore, tutti i re della terra
quando udranno le parole della tua bocca.
Canteranno le vie del Signore,
perché grande è la gloria del Signore;
eccelso è il Signore e guarda verso l'umile
ma al superbo volge lo sguardo da lontano. **Rit.**

Il Signore completerà per me l'opera sua.
Signore, la tua bontà dura per sempre:
non abbandonare l'opera delle tue mani. **Rit.**

VANGELO **Luca 2, 8-14**

C'erano in quella regione alcuni pastori che vegliavano di notte facendo la guardia al loro gregge. Un angelo del Signore si presentò davanti a loro e la gloria del Signore li avvolse di luce. Essi furono presi da grande spavento, ma l'angelo disse loro: «Non temete, ecco vi annunzio una grande gioia, che sarà di tutto il popolo: oggi vi è nato nella città di Davide un salvatore, che è il Cristo Signore. Questo per voi il segno: troverete un bambino avvolto in fasce, che giace in una mangiatoia». E subito apparve con l'angelo una moltitudine dell'esercito celeste che lodava Dio e diceva:

«Gloria a Dio nel più alto dei cieli
e pace in terra agli uomini che egli ama».

PREGHIERA MARIANA

In te si rallegra, o piena di grazia, tutto il creato, le schiere degli angeli e il genere umano.

O tempio santificato e paradiso spirituale, vanto delle vergini. Grazie a te, Dio si è incarnato. Del tuo seno egli ha fatto un trono e lo ha reso più vasto dei cieli. In te, o piena di grazia, si rallegra tutto il creato. Gloria a te.

(Giovanni di Damasco)

Intercessioni

Rit. Lode a te, Dio fedele.

- Ti lodiamo, Signore, perché sei fedele alle tue promesse e continui a guidare la tua chiesa sulle strade del mondo perché la buona novella raggiunga ogni angolo della terra. **Rit.**
- Ti lodiamo, Signore, perché sempre ti riveli come Padre misericordioso e continui ad offrire il tuo perdono a quanti si impegnano a vivere un cammino di conversione. **Rit.**
- Ti lodiamo, Signore, perché ci hai donato Gesù, tuo Figlio che continua ad abitare la nostra terra con la Parola e i sacramenti. **Rit.**
- Ti lodiamo, Signore, perché vuoi che tutti gli uomini siano salvi e continui ad effondere il tuo Spirito sul mondo intero perché ogni uomo si apra alla luce della verità. **Rit.**
- Ti lodiamo, Signore, perché ci hai donato la Vergine Maria come Madre e vuoi che guardiamo a lei come stella che brilla sul nostro cammino. **Rit.**
- Ti lodiamo, Signore, perché ci hai donato di vivere questa preghiera. Aiutaci a viverla anche dopo questa celebrazione, perché tutta la nostra vita diventi, come quella di Maria, un cantico di lode. **Rit.**

Padre nostro

Preghiamo

Dio fedele, che nella beata Vergine Maria hai dato compimento alle promesse fatte ai Padri, donaci di seguire l'esempio della figlia di Sion che a te piacque per l'umiltà e con l'obbedienza cooperò alla redenzione del mondo. Per Cristo nostro Signore. **Amen.**

Onoriamo la Vergine

29 novembre: primo giorno

MARIA, SANTUARIO DELLO SPIRITO

Tra le preghiere che il culto alla Vergine ha creato, le Litanie costituiscono certamente una parte importante di quel patrimonio che si è andato sviluppando lungo i secoli e che ormai è "proprietà" della gente che ama pregare con parole semplici. Le litanie, in particolare, offrono alcune immagini con le quali i cristiani amano invocare la Vergine, e che danno alla preghiera uno stile poetico. La novena che si propone vuole valorizzare alcune di queste immagini, offrendole alla meditazione personale e delle nostre Comunità parrocchiali.

Canto d'inizio

Nel nome del Padre e del Figlio e dello Spirito Santo. Amen.

CANTICO

«Benedetta sei tu, figlia, davanti al Dio altissimo
più di tutte le donne che vivono sulla terra
e benedetto il Signore Dio
che ha creato il cielo e la terra.

Il coraggio che ti ha sostenuta
non cadrà dal cuore degli uomini,
che ricorderanno per sempre
la potenza del Signore.

Il Signore dia esito felice alla tua opera
a tua perenne esaltazione.
Hai esposto la vita per sollevare il tuo popolo
dall'umiliazione e dall'abbattimento».

PREGHIERA MEDITATIVA

Maria, non eri diversa da tutte le altre donne. Che cosa avresti dovuto comprendere da un annuncio tanto sconvolgente? Il tuo stupore è stato comprensibile. Noi non ci saremmo accontentati di parole. Noi avremmo preteso segni e infinite spiegazioni. Tu hai creduto. Il tuo "sì" è stata la risposta che ha sovvertito tutte le attese e tutte le speranze. In quel momento hai incominciato a intravedere la tua missione: tu non saresti stata soltanto per te stessa. Tu saresti stata la Madre del Messia e, in lui, la nostra Mamma. Ecco perché l'angelo ti ha salutato con parole arcane che hanno turbato il tuo cuore di ragazza. Tu sei rivestita della luce del tuo Figlio. Con te sarà l' Altissimo per sempre. Ti supplichiamo, Maria: pregalo per noi.

Pausa di silenzio

II ROSARIO

È stato definito in molti modi. Quello che meglio lo spiega, lo descrive come sintesi del Vangelo e quindi come preghiera tipicamente "cristocentrica". Il Rosario è il nostro modo abituale per parlare con Maria di Gesù, perché Maria ci rimanda sempre al suo Figlio. Particolarmente in questi giorni, nei quali ci prepariamo alla celebrazione della solennità dell'Immacolata Concezione, noi siamo chiamati non solo a contemplare il Mistero, ma a viverlo, con fede e con gioia in ogni momento e in ogni situazione della nostra vita.

Recita del I° mistero gaudioso

Padre nostro • 10 Ave Maria • Gloria al Padre

O Maria concepita senza peccato
Prega per noi che ricorriamo a te

LITANIE DALL'ESORTAZIONE APOSTOLICA "MARIALIS CULTUS"

Santa Maria **prega per noi**
Tempio di Dio "
Madre Santa "
Vergine di Nazaret "
Tabernacolo del Signore "
Arca della nostra santificazione "
Dimora dello Spirito di Dio "
Santuario dello Spirito Santo "
Mistica sposa del divin Paraclito "
Madre del Verbo fatto uomo "
Vergine in ascolto "
Vergine in preghiera "
Vergine offerente "
Nuova donna e perfetta cristiana "
Madre tutta santa "
Madre della grazia "

Vergine Santa, tu che sei tutta purezza,
tutta bellezza, tutta grazia,
purifica i nostri cuori.

Vergine Immacolata, tu che sei senza macchia,
senza peccato, senza ruga,
santifica la nostra vita.

Consacrazione quotidiana all'Immacolata

Vergine Immacolata, Madre mia, Maria, io rinnovo a te, oggi e sempre, la Consacrazione di tutto me stesso, perché tu disponga di me per il bene delle anime. Solo ti chiedo, o mia Regina e Madre della Chiesa, di cooperare fedelmente alla tua missione per l'avvento del regno di Gesù nel mondo.

Ti offro pertanto, o Cuore Immacolato di Maria, le preghiere, le azioni e i sacrifici di questo giorno.

Orazione

O Dio, vivo e vero, mandaci il tuo Spirito perché ci trasformi e, con il soccorso della Vergine Maria, portiamo frutti abbondanti di bene, per la vita del mondo. Per Cristo nostro Signore. **Amen.**

Canto mariano finale

30 novembre: secondo giorno

MARIA, TUTTA SANTA

Canto d'inizio

Nel nome del Padre e del Figlio e dello Spirito Santo. Amen.

INNO

Ti salutiamo, o Maria, Madre di Dio,
tesoro venerato dell'universo intero.
Grazie a te Colui che viene nel nome di Dio
è benedetto nei Vangeli.

Grazie a te la Trinità Santissima
è adorata e glorificata.
Grazie a te il cielo esulta,
gli Angeli sono nella gioia.

Grazie a te il Figlio di Dio
ha fatto brillare la sua luce.
Per questo l'universo intero
non fa che esultare di gioia.

PREGHIERA MEDITATIVA

Maria, tu sei l'immagine più somigliante dell'Altissimo pensata dalla Trinità libera da suggestioni di autosufficienza. Tu sei la vergine, la sposa, la madre che si realizza nella fede, nell'accoglienza, nell'offerta, Tu hai creduto all'Amore e lo hai accolto nel tuo grembo verginale di ragazza donandolo a tutta l'umanità. Madre di Cristo e Madre della Chiesa, Tu sei la luce dei nostri giorni e risplendi nel buio delle nostre notti come faro di speranza. Prega per noi, Maria, adesso e nell'ora della nostra morte. **Amen.**

Pausa di silenzio

Il rosario

Recita del 2° mistero gaudioso

Padre nostro • 10 Ave Maria • Gloria al Padre

O Maria concepita senza peccato

Prega per noi che ricorriamo a te

Litanie dell'Immacolata

Santa Maria	**prega per noi**
Tutta pura	”
Tutta illibata	”
Tutta intemerata	”
Tutta degna di lode	”
Tutta irreprensibile	”
Astro fulgidissimo	”
Madre della grazia	”
Splendore di santità	”
Onore delle donne	”
Più alta dei cieli	”
Più santa degli Angeli	”
Trono di luce	”
Bellezza di sole	”
Gaudio della Chiesa	”
Chiara come cristallo	”

Vergine Santa, tu che sei tutta purezza,
tutta bellezza, tutta grazia,
purifica i nostri cuori.

Vergine Immacolata, tu che sei senza macchia,
senza peccato, senza ruga,
santifica la nostra vita.

Consacrazione quotidiana all'Immacolata *(vedi p. 52)*

ORAZIONE

Padre misericordioso, innalziamo a te il nostro umile ringraziamento: tu che hai fatto di Maria un modello di santità per tutti, fa' che anche noi possiamo vivere nella tua volontà ogni giorno della nostra vita. Per Cristo nostro Signore. **Amen.**

Canto mariano finale

1° dicembre: terzo giorno

Maria, piena di grazia

Canto d'inizio

Nel nome del Padre e del Figlio e dello Spirito Santo. Amen.

Inno

Ti saluto, o Maria,
piena di grazia, il Signore è con te.
I sacerdoti di vestiranno di giustizia
ei tuoi devoti esulteranno di gioia.

Per amore di Davide, tuo servo, Signore,
salva il tuo popolo, la tua eredità.
Alla Vergine gloriosa,
piena di grazia, salve!

Il Signore è con te,
tu sei benedetta fra le donne.
Benedetto il frutto del tuo seno:
tu hai concepito il Cristo, Figlio di Dio,
il redentore delle nostre anime.

Preghiera meditativa

Signore, nella tua immensa bontà hai voluto essere il Padre di ogni uomo. Tuttavia, assumendo nel tuo Figlio la nostra natura, hai compreso quanto è grande, per noi, il bisogno di una madre: e così ci hai donato Maria. In lei abbiamo un modello di santità e di amore. Per lei entriamo in rapporto più profondo con Gesù. Con lei troviamo la forza di riprendere il cammino dopo le prove del dubbio, del peccato e della solitudine. Ti ringraziamo per averci donato Maria. Aiutaci a essere come lei. Aiutaci a vivere come lei ogni momento della nostra vita. **Amen.**

Pausa di silenzio

ROSARIO
Recita del 3° mistero gaudioso

Padre nostro • 10 Ave Maria • Gloria al Padre

O Maria concepita senza peccato
Prega per noi che ricorriamo a te

LITANIE DAI DISCORSI DI GIOVANNI PAOLO II

Santa Maria	**prega per noi**
Madre di Cristo e nostra	"
Madre piena di bontà	"
Madonna della grazia	"
Madonna di umiltà	"
Mediatrice e avvocata	"
Modello di tutte le anime	"
Piena di luce	"
Immacolata e Assunta	"
Prima tra gli umili e i poveri	"
Creatura tutta pura e santa	"
Esempio di carità operosa	"
Ispiratrice di santità	"
Maestra di vita cristiana	"
Madre celeste	"
Tutta pura	"

Vergine Santa... *(vedi p. 51)*
Consacrazione quotidiana all'Immacolata *(vedi p. 52)*

ORAZIONE
O Dio, che hai voluto che l'umanità del Salvatore non fosse sottoposta alla comune eredità dei nostri padri, fa' che liberi dal contagio della colpa possiamo anche noi far parte della nuova Creazione iniziata da Cristo tuo Figlio. Egli vive e regna per tutti i secoli dei secoli. **Amen**

Canto mariano finale

2 dicembre: quarto giorno

Maria, donna vestita di sole

Canto d'inizio

Nel nome del Padre e del Figlio e dello Spirito Santo. Amen.

Inno

Dal primo albore di vita, o Vergine,
più pura sei del sole,
tu sei la donna preannunciata
che vinci l'insidia del serpente.

Arca di vita, solitaria vai
sull'incubo mortifero dell'onda.
Aridi sono i nostri campi
e scende su te la rugiada di grazia.

Tu che il peccato ignori,
dalla tristezza del peccato scampaci:
sotto il tuo piede,
invano si dibatta il nemico.

A te, Signore, si levi la lode,
che da purissima Vergine nasci,
al Padre e al Santo Spirito
nei secoli dei secoli. **Amen.**

Preghiera meditativa

Maria, tu hai accolto la volontà del Padre anche quando ti chiamava a lasciare giovani sogni e ingenue sicurezze per correre il rischio del Mistero. Tu sei la luna che si illumina di sole.

Tu, sei la Vergine che si innamora dell'Amore.

Tu sei la Madre rivestita della Grazia.

Per essere Madre sei stata preservata da ogni ombra di peccato.

Per essere Madre Gesù ci ha affidati a te, prima di morire sulla croce.

Per essere Madre il fuoco dello Spirito è sceso anche su te, a Pentecoste.

Tu sei la donna che non conosce la corruzione della morte. Tu sei la regina del cielo e della terra.

Noi ti preghiamo con amore e con speranza:
intercedi per noi, Santa Madre di Dio e Madre nostra.
Amen.

Pausa di silenzio

ROSARIO

Recita del 4° mistero gaudioso

Padre nostro • 10 Ave Maria • Gloria al Padre

O Maria concepita senza peccato
Prega per noi che ricorriamo a te

LITANIE DELLA LITURGIA DELLE ORE

Santa Maria **prega per noi**
Stella del mare ”
Madre gloriosa di Dio ”
Porta felice del cielo ”
Vergine santa fra tutte ”
Piena di grazia ”
Speranza nostra ”
Roveto sempre ardente ”

Vergine Immacolata **prega per noi**
Mistica aurora della redenzione ”
Santuario dello Spirito Santo ”
Immagine della Santa Chiesa ”
Vergine senza macchia ”
Via della pace ”
Bellezza di sole ”

Vergine Santa, tu che sei tutta purezza,
tutta bellezza, tutta grazia,
purifica i nostri cuori.

Vergine Immacolata, tu che sei senza macchia,
senza peccato, senza ruga,
santifica la nostra vita.

Consacrazione quotidiana all'Immacolata *(vedi p. 52)*

ORAZIONE
O Dio, creatore e datore di verità e di luce, guarda noi, tuoi figli: infondici lo splendore della santità, che avvolse la Vergine Maria, perché giungiamo con lei alla pienezza della tua gloria. Per Cristo nostro Signore. **Amen.**

Canto mariano finale

3 dicembre: quinto giorno

Maria, capolavoro di Dio

Canto d'inizio

Nel nome del Padre e del Figlio e dello Spirito Santo. Amen.

Inno

Ave, speranza nostra,
ave, benigna e pia,
ave, piena di grazia,
o Vergine Maria.

Ave, fulgida rosa,
roveto sempre ardente,
ave, pianta fiorita
della stirpe di Iesse.

In te vinta è la morte,
la schiavitù redenta,
ridonata la pace,
aperto il Paradiso.

O Trinità santissima,
a te l'inno di grazie,
per Maria, stupenda creatura,
nei secoli dei secoli. **Amen.**

Preghiera meditativa

Maria, quando il Padre si vide riflesso nel Figlio, attraverso il quale procede lo Spirito Santo, tu eri presente nel suo pensiero, rivestita di grazia e di bellezza.

In te si attua un disegno che solo la fantasia creatrice di Dio avrebbe osato immaginare. In te, verginità e maternità si fondono, in un unico mistero che esalta la

tua figura incomparabile di donna.

Essere vergine per diventare Madre.

Essere Madre e continuare a essere Vergine: questa è la tua vocazione e la tua gloria. Un mistero di amore che si condensa in un "sì", che rivela, con la tua libertà, la libertà infinita di Dio, che ti ha voluta libera.

Pausa di silenzio

ROSARIO

Recita del 5° mistero gaudioso

Padre nostro • 10 Ave Maria • Gloria al Padre

O Maria concepita senza peccato
Prega per noi che ricorriamo a te

LITANIE DEL SANTO NOME DI MARIA

Santa Maria **prega per noi**
Luminare dell'universo "
Splendore della Santa Chiesa "
Sposa eletta di Dio "
Madre del divin Verbo "
Adombrata dallo Spirito "
Vergine tutta piena di grazia "
Dotata di magnifica bellezza "
Madre amabile "
Delle sante la santissima "
Vergine dolce e bella "
Nobile Regina del cielo "
Aurora di luce perpetua "
Festeggiata tra i santi "

Paradiso di Dio **prega per noi**

Trono di luce ”

Vergine Santa, tu che sei tutta purezza,
tutta bellezza, tutta grazia,
purifica i nostri cuori.

Vergine Immacolata, tu che sei senza macchia,
senza peccato, senza ruga,
santifica la nostra vita.

Consacrazione quotidiana all’Immacolata *(vedi p. 52)*

ORAZIONE

Guarda con bontà, o Padre, questa tua famiglia: fa’ che ascoltando con fede viva la tua Parola, ad imitazione della Vergine Maria, sia sempre fedele al tuo piano di salvezza. Per Cristo nostro Signore. **Amen.**

Canto mariano finale

4 dicembre: sesto giorno

MARIA, MODELLO DI TUTTE LE VIRTÙ

Canto d'inizio

Nel nome del Padre e del Figlio e dello Spirito Santo. Amen.

INNO

O Donna gloriosa,
alta sopra le stelle,
tu nutri col tuo seno
il Dio che ti ha creato.

La gioia che Eva ci tolse
ci rendi, nel tuo Figlio
e dischiudi il cammino
verso il regno dei cieli.

Sei la via della pace,
sei la porta regale:
ti acclamano le genti
redente dal Signore.

A Dio Padre sia lode,
al Figlio e al Santo Spirito,
che ti hanno adornata
di una veste di grazia. **Amen.**

PREGHIERA MEDITATIVA

Maria, tu sei la ragazza esuberante ed entusiasta che crede all'annuncio più incredibile della storia.

Tu sei la compagna umile e casta che inventa con il suo sposo un amore inimitabile.

Tu sei la Vergine che concepisce nello Spirito e che non “sa” come diventa “Madre”.

Tu non conosci la calma di giorni che riempiono gli anni di pace e sicurezza.

Tu sei sempre al centro di eventi che ti costringono a uscire da te stessa e a chiedere il miracolo anche quando sembra impossibile.

Tu sei la ragazza che vive di preghiera.

Tu sei la donna che vive per intercedere.

Tu sei la luce di chi non ha speranza.

Prega per noi, Maria, perché il Sì ora sia con noi per sempre. **Amen.**

Pausa di silenzio

ROSARIO

Recita del 2° mistero luminoso

Padre nostro • 10 Ave Maria • Gloria al Padre

O Maria concepita senza peccato
Prega per noi che ricorriamo a te

LITANIE ANGELICHE

Santa Maria	**prega per noi**
Pienezza di bene	”
Vergine senza ruga	”
Stella lucente	”
Degna del sole	”
Luce del mondo	”
Splendore di festa	”
Fonte sigillata	”
Vergine di benedizione	”

Tralcio della vite vera **prega per noi**
Speranza degli uomini ”
Cielo dell’Invisibile ”
Santa fra tutti ”

Vergine Santa, tu che sei tutta purezza,
tutta bellezza, tutta grazia,
purifica i nostri cuori.

Vergine Immacolata, tu che sei senza macchia,
senza peccato, senza ruga,
santifica la nostra vita.

Consacrazione quotidiana all’Immacolata *(vedi p. 52)*

ORAZIONE
O Dio nostro Padre, che ti compiaci degli umili e compi in loro, per mezzo dello Spirito, le meraviglie della salvezza, guarda all’innocenza della Vergine Maria e donaci un cuore semplice, pronto ad ogni cenno del tuo volere. Per Cristo nostro Signore. **Amen.**

Canto mariano finale

5 dicembre: settimo giorno

Maria, madre del Signore

Canto d'inizio

Nel nome del Padre e del Figlio e dello Spirito Santo. Amen.

Inno

O benedetta fra le donne,
il Signore ti ha parlato;
ti ha annunziato la buona novella.

Salve, prediletta del Signore,
salve, tu che sei accanto all'Altissimo,
salve, Madre di Dio.

Salve a te, che hai ricevuto Dio
e che Dio ha ricevuto nei cieli.
Salve, o Vergine.

Salve, o Maria,
libro dell'eterna luce,
salve, Madre del Salvatore.

Preghiera meditativa

Maria, in te convergono, tre diverse espressioni dell'unica volontà di tre Persone che costituiscono in Dio, un solo Essere.

Il Padre ti ha prescelta come Madre del suo Figlio e come sua collaboratrice nell'attuazione storica del suo disegno di salvezza.

Il Figlio ti ha prescelta come colei che avrebbe dovuto preparargli un corpo per consentirgli di diventare fratello di ogni uomo.

Lo Spirito Santo ti ha prescelta come Sposa che ricolmerà di Grazia con la Potenza dell'Altissimo. Il tuo "sì" è stato l'inizio di una nuova Storia. Riconoscendoti "serva" ti sei realizzata come "Theotòkos" ed è per questo che tutte le generazioni ti proclamano beata.

Noi ti supplichiamo, Madre Tutta Santa.

Pausa di silenzio

Rosario

Recita del 3° mistero glorioso

Padre nostro • 10 Ave Maria • Gloria al Padre

O Maria concepita senza peccato
Prega per noi che ricorriamo a te

Litanie dell' Immacolata

Santa Maria	**prega per noi**
Figlia del Padre	"
Madre del figlio	"
Sposa dello Spirito	"
Via che porta a Gesù	"
Regina del cielo e della terra	"
Stella del mare	"
Esempio di perfezione	"
Dispensatrice di grazie	"
Fonte del divino amore	"
Serva della redenzione	"
Serva del Regno	"
Vergine in ascolto	"
Modello dei cristiani	"

Madre dei viventi **prega per noi**

Porta della Gerusalemme celeste ”

Vergine Santa, tu che sei tutta purezza,
tutta bellezza, tutta grazia,
purifica i nostri cuori.

Vergine Immacolata, tu che sei senza macchia,
senza peccato, senza ruga,
santifica la nostra vita.

Consacrazione quotidiana all'Immacolata *(vedi p. 52)*

ORAZIONE

O Dio, che nella verginità feconda di Maria hai dato agli uomini i beni della salvezza, fa' che sperimentiamo la sua intercessione, poiché per mezzo di lei abbiamo ricevuto l'autore della vita, Cristo tuo Figlio. Egli vive e regna nei secoli dei secoli. **Amen.**

Canto mariano finale

6 dicembre: ottavo giorno

Maria, madre della Chiesa

Canto d'inizio

Nel nome del Padre e del Figlio e dello Spirito Santo. Amen.

Inno

Ave, stella del mare,
madre gloriosa di Dio,
vergine sempre, Maria,
porta felice del cielo.

L'"Ave" del messo celeste
reca l'annunzio di Dio,
muta la sorte di Eva,
dona al mondo la pace.

Spezza i legami agli oppressi,
rendi la luce ai ciechi,
scaccia da noi ogni male,
chiedi per noi ogni bene.

Vergine santa fra tutte,
dolce regina del cielo
rendi innocenti i tuoi figli,
umili e puri di cuore.

Preghiera meditativa

Signore, come Maria, aiutaci a vivere di fede: che la nostra fede sia forte soprattutto nei momenti del dolore e della prova.

Come Maria, aiutaci a vivere d'amore: che noi sappiamo dimenticarci di noi stessi e vedere il tuo volto sul

volto dei fratelli.

Come Maria, aiutaci a vivere di speranza: che noi non ci lasciamo abbattere dalle difficoltà e dagli insuccessi, ma guardiamo al tuo Figlio, morto e sepolto e risorto per amore.

Come Maria, aiutaci a essere umili.

Come Maria, aiutaci a dire "sì" quando ci chiami.

Come Maria, aiutaci a essere poveri perché sappiamo donare noi stessi.

Come Maria, aiutaci a incontrarti nel silenzio, perché il silenzio diventi ogni giorno la nostra forma più alta di preghiera. Amen.

Pausa di silenzio

Rosario

Recita del 4° mistero glorioso.

Padre nostro • 10 Ave Maria • Gloria al Padre

O Maria concepita senza peccato
Prega per noi che ricorriamo a te

Litanie del Cuore Immacolato

Santa Maria **prega per noi**
Immagine del cuore di Dio "
Immacolata dal concepimento "
Piena di grazia "
Trono di gloria "
Santuario della Trinità "
Abisso di umiltà "
Abitazione del Dio incarnato "
Culla della salvezza "

Signora piissima **prega per noi**
Inviolato fiore **”**
Dimora di misericordia **”**
Porta lucente del cielo **”**
Regina delle vergini **”**

**Vergine Santa, tu che sei tutta purezza,
tutta bellezza, tutta grazia,
purifica i nostri cuori.**

**Vergine Immacolata, tu che sei senza macchia,
senza peccato, senza ruga,
santifica la nostra vita.**

Consacrazione quotidiana all’Immacolata *(vedi p. 52)*

ORAZIONE

O Dio di misericordia infinita, il Figlio, sulla croce, ci ha donato come Madre nostra la sua stessa Madre: fa’ che la tua Chiesa, sorretta dall’esempio della Vergine Maria, si allieti ogni giorno della santità dei suoi figli. Per Cristo nostro Signore. **Amen.**

Canto mariano finale

7 dicembre: nono giorno

MARIA, NELLA GLORIA DI DIO

Canto d'inizio

Nel nome del Padre e del Figlio e dello Spirito Santo. Amen.

CANTICO

«Benedetta sei tu, figlia, davanti al Dio altissimo
più di tutte le donne che vivono sulla terra
e benedetto il Signore Dio
che ha creato il cielo e la terra.

Il coraggio che ti ha sostenuta
non cadrà dal cuore degli uomini,
che ricorderanno per sempre
la potenza del Signore.

Il Signore dia esito felice alla tua opera
a tua perenne esaltazione.
Hai esposto la vita per sollevare il tuo popolo
dall'umiliazione e dall'abbattimento».

PREGHIERA MEDITATIVA

Maria, la Santissima Trinità ti ha incoronata Regina per affermare la tua grandezza superiore a quella di ogni creatura. Davanti a te si inginocchiano gli Angeli che cantano perennemente le tue lodi. La Chiesa ti invoca come Madre implorando il tuo aiuto nel cammino che l'attende. I santi guardano a te come al modello di ogni perfezione.

Dio ti ha unita indissolubilmente a sé e ti ha accolta presso il tuo Figlio nella gloria.

Tu sei talmente Santa, Madre di Gesù e Madre nostra,

che non possiamo pensarti senza rendere grazie al Padre, al Figlio e allo Spirito.

A te guardiamo con fede e con speranza: non lasciarci soli nei momenti della prova.

Prega per noi e accompagnaci con il tuo amore fino a quando verrà il tempo di raggiungerti per sempre. **Amen.**

Pausa di silenzio

Rosario

Recita del 5° mistero glorioso.

Padre nostro • 10 Ave Maria • Gloria al Padre

O Maria concepita senza peccato
Prega per noi che ricorriamo a te

Litania Prodigiosa

Santa Maria **prega per noi**
Vergine Madre di Dio ”
Vergine senza macchia ”
Più pura degli Angeli ”
Aurora della salvezza ”
Primizia dei redenti ”
Madre e modello della Chiesa ”
Segno di sicura speranza ”
Porta del Paradiso ”
Nostra speranza e conforto ”
Via verso il Signore ”
Fonte di dolcezza ”
Più lucente del sole ”
Gloria di Gerusalemme ”

Letizia di Israele **prega per noi**
Esultanza di tutti i santi **”**

Vergine Santa, tu che sei tutta purezza,
tutta bellezza, tutta grazia,
purifica i nostri cuori.

Vergine Immacolata, tu che sei senza macchia,
senza peccato, senza ruga,
santifica la nostra vita.

Consacrazione quotidiana all’Immacolata *(vedi p. 52)*

ORAZIONE
O Dio onnipotente, che nella Vergine Maria hai compiuto meraviglie, fino a innalzarla al regno dei cieli con il corpo glorificato, donaci di vivere in questo mondo costantemente rivolti ai beni eterni e di poter un giorno condividere il gaudio senza fine. Per Cristo nostro Signore. **Amen.**

Canto mariano finale

Celebriamo Maria

29 novembre: primo giorno

Nel nome del Padre e del Figlio e dello Spirito Santo. Amen.

«Chi è costei che sorge come l'aurora, bella come la luna, fulgida come il sole, terribile come schiere a vessilli spiegati?» (Ct 6,10).

«Affrettiamoci a conoscere il Signore, la sua venuta è sicura come l'aurora. Verrà a noi come la pioggia di primavera che feconda la terra» (Os 6,3).

Preghiera

O Vergine Immacolata, primo e soave frutto di salvezza, noi ti ammiriamo e con te celebriamo le grandezze del Signore che ha fatto in te mirabili prodigi. Guardando te, noi possiamo capire ed apprezzare l'opera sublime della redenzione e possiamo vedere nel loro risultato esemplare le ricchezze infinite che Cristo, con il suo sangue, ci ha donato. Aiutaci, o Maria, ad essere, come te, salvatori insieme con Gesù di tutti i nostri fratelli. Aiutaci a portare agli altri il dono ricevuto, ad essere "segni" di Cristo sulle strade di questo nostro mondo assetato di verità e di gloria, bisognoso di redenzione e di salvezza. **Amen.**

3 Ave Maria

30 novembre: secondo giorno

Nel nome del Padre e del Figlio e dello Spirito Santo. Amen.

«Il Signore Dio disse al serpente: "Poiché tu hai fatto questo, sii maledetto... Io porrò inimicizia tra te e la donna, tra la tua stirpe e la sua stirpe: questa ti schiaccerà la testa e tu le insidierai il calcagno» (Gn 3,14).

Preghiera di sant'Efrem

Ti saluto, o Maria, tutta pura, tutta irreprensibile e degna di lode. Tu sei la corredentrice, la rugiada del mio arido cuore, la serena luce della mia mente confusa, la riparatrice di tutti i miei mali.

Compatisci, o purissima, l'infermità dell'anima mia. Tu puoi ogni cosa, perché sei la Madre di Dio; a te nulla si nega, perché sei la regina.

Non disprezzare la mia preghiera e il mio pianto, non deludere la mia attesa. Piega il Figlio tuo in mio favore e, finché durerà questa vita, difendimi, proteggimi, custodiscimi.

3 Ave Maria

1° dicembre: terzo giorno

Nel nome del Padre e del Figlio e dello Spirito Santo. Amen.

«Io gioisco pienamente nel Signore, la mia anima esulta nel mio Dio, perché mi ha rivestito delle vesti di salvezza, mi ha avvolto con il manto della giustizia, come uno sposo che si cinge il diadema e come una sposa che si adorna di gioielli» (Is 61,10).

Preghiera di p. Grandmaison

Santa Maria, Madre di Dio, conservami un cuore di fanciullo, puro e limpido come acqua di sorgente. Ottienimi un cuore semplice che non si ripieghi ad assaporare le proprie tristezze: un cuore magnanimo nel donarsi, facile alla compassione; un cuore fedele e generoso, che non dimentichi alcun bene e non serbi rancore di alcun male.

Formami un cuore dolce e umile che ami senza esigere di essere riamato; un cuore grande e indomabile così che nessuna ingratitudine lo possa chiudere e nessuna indifferenza lo possa stancare; un cuore tormentato dalla gloria di Gesù Cristo, ferito dal suo grande amore con una piaga che non rimargini se non in cielo.

3 Ave Maria

2 dicembre: quarto giorno

Nel nome del Padre e del Figlio e dello Spirito Santo. Amen.

«Gioisci, esulta, figlia di Sion, perché ecco, io vengo ad abitare in mezzo a te - oràcolo del Signore -. Nazioni numerose aderiranno in quel giorno al Signore e diverranno suo popolo ed egli dimorerà in mezzo a te e tu saprai che il Signore degli eserciti mi ha inviato a te» (Zc 2,14-15).

Preghiera di sant'Antonio di padova

Regina nostra, inclita Madre di Dio, ti preghiamo: fa' che i nostri cuori siano ricolmi di grazia e risplendano di sapienza. Rendili forti con la tua forza e ricchi di virtù. Su noi effondi il dono della misericordia, perché otteniamo il perdono dei nostri peccati.

Aiutaci a vivere così da meritare la gloria e la beatitudine del cielo.

Questo ci conceda Gesù Cristo, tuo Figlio, che ti ha esaltata al di sopra degli angeli, ti ha incoronata Regina, e ti ha fatto assidere in eterno sul fulgido trono. A lui onore e gloria nei secoli. **Amen.**

3 Ave Maria

3 dicembre: quinto giorno

Nel nome del Padre e del Figlio e dello Spirito Santo. Amen.

«Nel cielo apparve poi un segno grandioso: una donna vestita di sole, con la luna sotto i suoi piedi e sul suo capo una corona di dodici stelle» (Ap 12,1). «Chi è costei che sorge come l'aurora, bella come la luna, fulgida come il sole, terribile come schiere a vessilli spiegati?» (Ct 6,10).

PREGHIERA

O Vergine, bella come la luna, delizia del cielo, nel cui volto guardano i beati e si specchiano gli angeli, fa' che noi, tuoi figli, ti assomigliamo e che le nostre anime ricevano un raggio della tua bellezza che tramonta con gli anni, ma rifulge nell'eternità. O Maria, Sole del Cielo, risveglia la vita dovunque è la morte e rischiara gli spiriti dove sono le tenebre. Rispecchiandoti nel volto dei tuoi figli, concedi a noi un riflesso del tuo lume e del tuo fervore. Salvaci, o Maria, bella come la luna, fulgida come il sole, forte come un esercito schierato, sorretto non dall'odio, ma dalla fiamma dell'amore. **Amen.**

3 Ave Maria

4 dicembre: sesto giorno

Nel nome del Padre e del Figlio e dello Spirito Santo. Amen.

«Tutta bella tu sei, amica mia, in te nessuna macchia. Tu mi hai rapito il cuore, sorella mia, sposa, tu mi hai rapito il cuore. Giardino chiuso tu sei, sorella mia, sposa, giardino chiuso, fontana sigillata. Fontana che irrora i giardini, pozzo d'acque vive e ruscelli sgorganti dal Libano» (Ct 4,7.9.12.15).

Preghiera di san Germano

Ave Maria! Piena di grazia, più santa dei santi, più elevata dei cieli, più gloriosa degli angeli, più venerabile d'ogni creatura.

Ave, celeste Paradiso! Tutto fragranza, giglio che olezza soave, rosa profumata che si schiude a salute dei mortali.

Ave, tempio immacolato di Dio costruito santamente, adorno di divina magnificenza, aperto a tutti, oasi di mistiche delizie.

Ave purissima! Vergine Madre! Degna di lode e di venerazione, fonte d'acque zampillanti, tesoro di innocenza, splendore di santità. Tu, o Maria, guidaci al porto della pace e della salvezza, a gloria di Cristo che vive in eterno con il Padre e con lo Spirito Santo. **Amen.**

3 Ave Maria

5 dicembre: settimo giorno

Nel nome del Padre e del Figlio e dello Spirito Santo. Amen.

«La Sapienza è un'emanazione della potenza di Dio, un effluvio genuino della gloria dell'Onnipotente: per questo nulla di contaminato in essa si infiltra. È un riflesso della luce perenne, uno specchio senza macchia dell'attività di Dio e un'immagine della sua bontà... Essa in realtà è più bella del sole e supera ogni costellazione di astri; paragonata alla luce, risulta superiore; a questa infatti succede la notte, ma contro la sapienza la malvagità non può prevalere» (Sap 7,25-30).

Preghiera

O Vergine Maria, Madre della Chiesa, a te raccomandiamo la Chiesa tutta. Tu che sei chiamata "aiuto dei Pastori", proteggi e assisti i vescovi nella loro missione apostolica, e quanti, sacerdoti, religiosi, laici, li aiutano nella loro ardua fatica.

Ricordati di tutti i tuoi figli; avvalora presso Dio le loro preghiere; conserva salda la loro fede; fortifica la loro speranza; aumenta la carità.

Ricordati di coloro che versano nelle tribolazioni, nelle necessità, nei pericoli; ricordati di coloro soprattutto che soffrono persecuzioni e si trovano in carcere per la fede.

A costoro, o Vergine, concedi la forza e affretta il sospirato giorno della giusta libertà. Amen.

3 Ave Maria

6 dicembre: ottavo giorno

Nel nome del Padre e del Figlio e dello Spirito Santo. Amen.

«Cristo ha amato la Chiesa e ha dato se stesso per lei, per renderla santa, purificandola per mezzo del lavacro dell'acqua accompagnato dalla parola, al fine di farsi comparire davanti la sua Chiesa tutta gloriosa, senza macchia né ruga o alcunché di simile, ma santa e immacolata» (Ef 5,25-27).

Preghiera

O Padre di misericordia, datore di ogni bene, noi ti ringraziamo perché dalla nostra stirpe umana hai eletto la beata Vergine Maria ad essere Madre del Figlio tuo fatto uomo.

Ti ringraziamo perché l'hai preservata da ogni peccato, l'hai riempita di ogni dono di grazia, l'hai congiunta all'opera di redenzione del tuo Figlio e l'hai assunta in anima e corpo al cielo.

Ti preghiamo, per sua intercessione, di poter realizzare la nostra vocazione cristiana, di crescere ogni giorno nel tuo amore e di venire con lei a godere per sempre nel tuo regno beato. **Amen.**

3 Ave Maria

7 dicembre: nono giorno

Nel nome del Padre e del Figlio e dello Spirito Santo. Amen.

«Beato l'uomo che mi ascolta, vegliando ogni giorno alle mie porte, per custodire attentamente la soglia. Infatti, chi trova me trova la vita, e ottiene favore dal Signore» (Pr 8,34-35).

Preghiera

Ascolta, o prediletta da Dio, l'ardente grido che ogni cuore fedele innalza verso di te. Chinati sulle nostre piaghe doloranti. Muta le menti dei malvagi, asciuga le lacrime degli afflitti e degli oppressi, custodisci il fiore della purezza nei giovani, proteggi la Chiesa santa, fa' che gli uomini tutti sentano il fascino della cristiana bontà.

Accogli, o Madre dolcissima, le nostre umili suppliche e ottienici soprattutto che possiamo un giorno ripetere dinanzi al tuo trono l'inno che si leva oggi sulla terra intorno ai tuoi altari: tutta bella sei, o Maria! Tu gloria, tu letizia, tu onore del tuo popolo. **Amen.**

3 Ave Maria

La Mamma che ci viene incontro

Questa novena serve a mettere in luce le apparizioni di Maria di Nazareth nell'arco di diversi secoli.
Se da uno sguardo superficiale questo lavoro può sembrare, a prima vista, poco interessante, ad un più attento esame si comprende, invece, quanto sia importante conoscere le varie apparizioni della Madonna lungo i secoli.

La Madonna è maestra nell'insegnamento: ogni Suo gesto, ogni Sua parola, ogni Suo intervento in questo mondo hanno come principale scopo quello di condurre l'uomo a Suo Figlio. In questo suo intervenire nel mondo, quale Madre della Chiesa e dell'intera umanità, questo è il messaggio che ci perviene, nascosto nelle pieghe delle Sue apparizioni sulla terra.

Forse mai come in questo tempo che viviamo, così frastornato e caotico, così velocemente vissuto inseguendo ogni genere di vanità effimere, dovremmo ritrovare quella dimensione esistenziale che ci permetta di ritornare al centro dell'esistenza umana: la consapevolezza di vivere. Purtroppo molte persone, soprattutto tra le nuove generazioni, credono di vivere inseguendo e bruciando le tappe della loro vita proprio perché non conoscono la più importante regola della vita: sapere di vivere. Troppo spesso si confonde la frenesia del vivere col vivere... solo che nella frenesia nulla si trova che riesca a lenire la sete di vita che ogni anima possiede perché in ogni anima risiede Dio che è il Signore della Vita. Possiamo rinnegare Dio ed allontanarlo, apparentemente, dalla nostra coscienza, ma non possiamo allontanare la sete di vivere.

Esiste qualcuno, molto più intelligente di noi, perfidamente intelligente, che questo lo sa molto bene... se all'uomo togli il senso della

vita... allora gli togli anche il senso di Dio.

Questo mondo è finalizzato ad ottenere questo: togliere il senso di Dio dalle necessità del cuore umano e nello stesso tempo avvinghiarlo ad una non-vita: drogandogli l'anima con mille verità fasulle e mille richiami falsamente ammiccanti.

Fortunatamente la Madonna, che vede tutti i piani messi in atto dal grande mentitore, appare nel mondo per riportare l'uomo, smarrito e lontano da tutti e soprattutto da sé stesso, al centro del suo stesso cuore... dove può finalmente trovare Dio e la Vera Vita.

Meditare sulle apparizioni significa oggi porsi alla scuola di Maria, maestra di umanità e di fede, annunciatrice e serva della Parola, che deve risplendere in tutto il suo fulgore.

Questa novena è un richiamo a chiunque lo consulti perché si soffermi a riflettere sul tempo presente... che è il suo tempo, quel tempo che Dio ha voluto concedergli.

Le apparizioni Mariane

Fin dal Medioevo la Chiesa Cattolica ha ricevuto un numero elevatissimo di testimonianze di presunte manifestazioni soprannaturali. Sebbene molte di queste manifestazioni siano state screditate o rigettate in tempi recenti, le apparizioni restano un elemento particolarmente allettante per i Cattolici. Diverse persone in passato hanno dichiarato di aver visto apparizioni di vari santi (come ad esempio nel caso, recente, di Padre Pio). Ma l'apparizione più frequente in assoluto è quella della Vergine Maria.

Le apparizioni mariane cui vogliamo fare riferimento in questo articolo sono:

- ***Guadalupe**, Messico (1531), dove è nata la devozione di "Nostra Signora di Guadalupe";*
- ***Lourdes**, Francia (1858), dove la quattordicenne Bernardette Soubirous affermò di aver ricevuto 18 apparizioni della vergine Maria, la quale le avrebbe confidato 3 "segreti" che ella non avrebbe dovuto rivelare (di recente si è parlato anche di nuove rivelazioni di Lourdes);*
- ***Fatima**, Portogallo (1917), dove 3 bambini sono stati testimoni di 6 diverse apparizioni, ricevendo profezie e visioni; il messaggio di Fatima è molto simile a quello di Lourdes, in quanto riguarda la preghiera e il pentimento, ma in più spiega come ciò deve avvenire: tramite la recitazione del rosario e "la devozione del mondo intero*

all'Immacolato cuore di Maria". L'apparizione dichiarò, infine, di essere "la Signora del Rosario";

*• **Banneux**, Belgio (1933), dove si contarono 33 apparizioni di quella che si autodefinì "la Vergine Immacolata", "la Madre di Dio", e la "Regina del Cielo";*

*• **Rue du Bac**, Parigi (1830);*

*• **La Salette**, Francia (1846);*

*• **"Tre fontane"**, Roma (1947) Apparizione della Madonna della Rivelazione alle;*

*• Le apparizioni di **Akita**, Giappone (1973),*

*• Le apparizioni Nostra Signora del Dolore di **Kibeho**, Rwanda (1981-28).*

Il più autorevole mariologo vivente, padre René Laurentin, ha contato circa 1800 apparizioni mariane, affermando che però quelle che la Chiesa Cattolica ritiene autentiche sono solamente 12, mentre sulle altre sono in corso indagini.

29 novembre: primo giorno

"Io sono la Madre del Salvatore, Madre di Dio"

Le apparizioni di Banneux
Belgio 1933

A Banneux, piccolo villaggio delle Ardenne, la "Vergine dei poveri" appare a Mariette Beco per ben otto volte da gennaio a marzo 1933. Mariette è nata il 25 marzo 1921, festa dell'Annunciazione e quell'anno Venerdì santo, giorno nel quale la Chiesa venera solennemente la croce di Cristo. Queste apparizioni sono approvate dalla Chiesa il 22 agosto 1949.

La storia delle apparizioni

Domenica, 15 gennaio 1933, la neve e il ghiaccio hanno coperto La Fange; il vento soffia gelido e tagliente. Sono le 19 e la bambina, guardando dai vetri della finestra della cucina, attende il ritorno del fratello Julien, uscito di casa fin dal mattino con alcuni suoi compagni. Nello stesso tempo sorveglia René che è malato.

Ad un tratto vede a pochi metri, nel buio del giardino, una giovane signora che "sembra fatta di luce" e che le sorride. La Signora indossa una veste bianca con una nastro blu che le cinge la vita e un velo bianco e trasparente sulla testa. Mariette nota anche una rosa d'oro sul piede destro e sulla mano destra un rosario che sembra fatto anch'esso d'oro. La Signora ha le mani giunte come se pregasse...

Mariette si sposta per osservarla meglio, poi ritorna alla finestra e dice: «Mamma, Dio mio!... vedo una signora nel giardino... è così ben vestita e così elegante!... Dio mio - mamma - si direbbe la santa Vergine!». La madre non la prende molto sul serio ma poi guardando fuori dalla finestra si rende conto che la figlia non racconta storie, anche lei, infatti, scorge quella prodigiosa apparizione. La signora Beco nel vedere quella figura così luminosa, che ha la forma di una persona e che pare avere come un lenzuolo bianco sulla testa, si spaventa e chiude le tende. Mariette, prendendo coraggio, dà un'altra occhiata fuori e vede ancora la Signora che le sorride, allora prende una corona del rosario che aveva trovato sulla strada per

Tancrémont e recita qualche Ave Maria mentre contempla con stupore l'apparizione. Durante la preghiera ha l'impressione che anche la Signora fuori dalla finestra muova le labbra come se pregasse. A un certo punto, la Signora apre le mani, alza la destra e, con l'indice le fa un cenno di invito. Mariette va verso l'ingresso, ma la mamma le impedisce di uscire chiudendo la porta a chiave. Mariette ritorna alla finestra, però, la Bella Signora è sparita e la notte ha ripreso il suo dominio su La Fange.

La sera seguente la Madonna non appare. Martedì 17 gennaio Mariette si reca da Don Jamin, il suo Parroco, e gli racconta l'accaduto. Il sacerdote dice che forse ha visto solo la statua della Madonna di Lourdes, ma Mariette insiste che la Signora che ha visto era molto più bella. Don Jamin, anche se non convinto dal racconto di Mariette, rimane comunque stupito dal fatto che improvvisamente la bambina abbia ripreso ad andare a Messa e a frequentare il catechismo dopo diversi mesi di assenza. Mercoledì 18 gennaio, La Fange è nello scenario di domenica sera. All'improvviso, verso le 19, Mariette esce di casa senza dir nulla. Incuriosito, suo padre apre la porta e la vede inginocchiata, con le mani giunte, sul sentiero che dalla soglia di casa va alla siepe del giardino.

Mariette prega a bassa voce e guarda nella stessa direzione verso la quale, la domenica, aveva visto la figura luminosa. Poi d'un tratto tende le braccia: al di sopra degli abeti, piccolissima, appare la Signora che man mano le si avvicina, fermandosi a qualche passo. Una piccola nube grigia la separa dal terreno gelato. Mariette continua a pregare sottovoce, tenendo il rosario in mano e lo sguardo rivolto verso l'alto. La Signora, sorridendo dolcemente, muove graziosamente le labbra come se pregasse. Questo dialogo orante dura una ventina di minuti, poi l'apparizione le fa cenno di seguirla e si allontana indietreggiando lungo la strada per Tancrémont. Mariette fiduciosa si incammina. Il padre la vede varcare lo steccato e chiama la piccola, ma lei senza voltarsi gli risponde: «Lei mi chiama». I testimoni seguono a distanza.

All'improvviso si ferma, si inginocchia, recita alcune Ave, poi si rialza e prosegue. Pochi passi, poi si inginocchia e di nuovo si rialza: la Signora ha ripreso a spostarsi. Con sicurezza volta a destra verso una sorgente che scorre lungo il bordo della strada, si inginocchia ancora sull'orlo del fossato, mentre la Bella Signora si posa al di sopra della scarpata. Rivolgendosi a Mariette le dice: *«Immergi le*

mani nell'acqua». Senza esitare la bimba obbedisce, disgiunge le mani per bagnarle e il rosario le scivola nell'acqua. La Signora le dice ancora: *«Questa sorgente è riservata per me»*. Poi si congeda salutandola così: «Buona sera, arrivederci!». Si allontana indietreggiando al di sopra degli abeti vicini alla sorgente, con lo sguardo rivolto alla piccola, scomparendo lentamente nel cielo.

Giovedì 19 gennaio, Mariette indossa un vecchio cappotto e verso le 19 va a inginocchiarsi in giardino come la sera precedente. Il tempo è inclemente e il terreno coperto di neve gelata. Mariette prega sottovoce. Alla seconda decina del rosario, stende le braccia e grida: «Eccola!». Un attimo di silenzio, poi ancora: «Chi siete mia Bella Signora?». ***«Io sono la Vergine dei Poveri»*** risponde. Mariette si alza e seguendola si dirige verso il cancello, imbocca la strada, cammina tranquillamente sostando e inginocchiandosi nei punti dove si era fermata la sera prima. Giunta alla sorgente si inginocchia nuovamente, volgendo lo sguardo verso l'alto: la Madonna si è fermata al di sopra del pendio. Mariette le domanda: «Bella Signora, voi ieri avete detto: "Questa sorgente è riservata per me". Perché per me?». E così dicendo porta la mano al petto, indicando se stessa. In modo amabile la Vergine accentua il suo sorriso e le risponde: *«Questa sorgente è per tutte le nazioni... per gli ammalati»*. La bambina ripete queste parole con voce nitida aggiungendo: «Grazie, grazie!». La Madonna dolcemente soggiunge: *«Pregherò per te. Arrivederci»,* quindi si allontana rimpicciolendo al di sopra degli abeti.

Avendo dormito male la notte precedente, Mariette resta a letto tutto il giorno, ma ciò non le impedisce di uscire alla solita ora. È venerdì 20 gennaio, c'è molto buio e vi è più gente della sera prima. La bambina si inginocchia in giardino, recita il rosario e dopo qualche Ave grida: «Eccola!». Poi domanda: «Cosa desiderate, mia Bella Signora?». La Madonna risponde: *«Desidererei una piccola cappella»*. Trascorre qualche istante, la Vergine disgiunge le mani e le stende orizzontalmente senza staccarle dal petto. Con la destra traccia un segno di croce, benedice la piccola e allontanandosi lentamente scompare nel cielo. Mariette perde i sensi. Aiutato da un vicino, il padre, intimorito e commosso, la riporta in casa dove riprende presto conoscenza, per poi addormentarsi tranquillamente.

Dal 21 gennaio all'11 febbraio, puntualmente Mariette esce di casa alle 19 per andare a pregare al solito posto. Il freddo pungente

e la temperatura rigida si alternano a neve e pioggia battenti, ma lei resta fedele aspettando la Madonna e persevera nella preghiera. Mariette stessa dirà parecchie volte: «Devo uscire, bisogna che vada. Ella mi chiama!». Per la fede di Mariette l'attesa sarà veramente ricolmata di grazia dalla Vergine dei Poveri che le riapparirà.

Sabato 11 febbraio, alle 19 Mariette è inginocchiata in giardino: è notte di luna piena e soffia la tramontana. È presente un gruppetto di persone. Dopo aver recitato la seconda corona, di scatto si alza, si dirige verso la siepe del giardino, in direzione della sorgente, inginocchiandosi nei medesimi punti delle altre volte. Giunta alla fonte si china, immerge le mani nell'acqua, poi si segna con il crocifisso del rosario. Qualche istante e la Madonna le dice: *«Io vengo ad alleviare la sofferenza»*. La fanciulla esclama con voce nitida: «Grazie! Grazie!». La Vergine la saluta: «Arrivederci» e si allontana.

Passa ancora qualche giorno, poi la sera di mercoledì 15 febbraio la Madonna si mostra di nuovo agli occhi estasiati della bambina: «Santa Vergine, il signor cappellano mi ha pregato di chiedervi un segno». Alla domanda della piccola la Madonna risponde: *«Credete in me, io crederò in voi»*. Poi la Vergine confida un segreto a Mariette e al momento di allontanarsi aggiunge: *«Pregate molto, arrivederci»*.

Lunedì 20 febbraio, c'è neve e fa molto freddo. Al termine della seconda decina del rosario, Mariette tende all'improvviso le braccia e la sua preghiera si fa più concitata. La Bella Signora è discesa come al solito e conduce la bambina alla sorgente. Mariette si inginocchia nei soliti punti e prega senza interruzioni. Giunta alla sorgente, la Madonna, sorridendo come di solito, le dice: *«Mia cara bambina, prega molto»*. Detto ciò, la Vergine, cessando di sorridere, aggiunge, prima di andarsene: «Arrivederci».

La sera di giovedì 2 marzo continua a piovere a dirotto. Quando Mariette sta per iniziare la recita della terza corona, improvvisamente cessa la pioggia, il cielo si rasserena e brillano le stelle. Subito la bambina tace e tende le braccia. La Madonna le appare, ma sul suo volto si è spento il sorriso. La Vergine dice: *«Io sono la Madre del Salvatore Madre di Dio»* e mentre un velo di tristezza continua a coprire il suo viso, consegna a Mariette la sua ultima raccomandazione: *«Pregate molto»*, poi stende le mani sulla bambina, con la destra la benedice tracciando un segno di croce e si congeda definitivamente dicendole: «Addio». Nel corso di queste otto apparizioni,

la Madonna ha voluto ricordarci il suo compito nel mistero della salvezza: lei è la serva del Signore che ci conduce a Gesù, Sorgente della grazia che dona l'acqua viva. Maria viene per suscitare in noi la fede e la preghiera, atteggiamenti indispensabili per unirci a Gesù Salvatore del mondo. L'autenticità delle otto apparizioni è stata riconosciuta dalla Chiesa nella lettera pastorale di monsignor L. J. Kerkhofs, vescovo di Liegi, il 22 agosto 1949, che aveva ricevuto l'incarico dalla Santa Sede nel 1942 di occuparsi del caso.

Il messaggio: scuola di povertà

Nella notte buia la Vergine è venuta a risvegliare la luce della fede e la gioia di avvicinarci al Signore. Maria sceglie la strada della povertà e dei poveri per essere in linea con il Vangelo annunciato da Gesù e per vivere la missione della Chiesa: «I poveri li avrete sempre con voi» (Mt 26, 11). La Madonna accompagna la piccola Mariette alla sorgente che ha detto essersi riservata per donarla a tutte le nazioni, agli ammalati. Cristo Gesù è il cuore del mondo e solo lui può offrirci l'acqua viva che disseta la nostra sete di salvezza. Maria è colei che ci è accanto per condurci a Gesù percorrendo con noi la strada della perseveranza e della peregrinazione nella fede. Il messaggio di Banneux ha una luce particolarmente evangelica in cui riverbera l'intensità delle beatitudini: «Beati i poveri in spirito, perché di essi è il regno dei cieli» (Mt 5, 3). Apparendo a La Fange Maria ci dice che la fonte è riservata a tutte le nazioni perché riconoscano che solo Dio può donare la luce vera, quella che illumina ogni uomo. In modo speciale agli ammalati nel corpo o nello spirito è offerta la sorgente perché trovino sollievo nelle loro sofferenze e possano viverle con Gesù, avendo accanto la Madre. Alla piccola Mariette la Vergine chiede di immergere le mani nell'acqua e di pregare molto: è un gesto che mostra la confidenza che il credente deve riporre solo in Dio, per rimanere nel suo amore.

Banneux ora è un centro di spiritualità evangelica. La primitiva via fangosa percorsa dai carri, è diventata una larga strada asfaltata affiancata da case moderne, da caffé, da negozietti per la vendita dei "ricordini"; conduce alla chiesa, alla sorgente, al bosco, alle cappelle. A Banneux la Madonna mantiene la promessa e "addolcisce la sofferenza" umana compiendo guarigioni sui corpi malati e nelle anime. Ma non sono i miracoli la caratteristica di Banneux. Se la Vergine si serve di essi, è solo per avvalorare la sua vera missione:

là la Madre di Dio si fa evangelizzatrice, maestra, guida, interprete del Vangelo. Ha bisogno perciò di "scolari", "poveri" di ragionamenti umani, "poveri" di sé, "poveri" di pretese... Aveva scelto come sede Banneux perché era un paese di poveri, di diseredati, di sfrattati, e tra loro poteva trovare dei semplici... come aveva trovato Marietta, scontrosa, inconsapevolmente spinta alla ribellione, ma anima aperta, terra vergine. Ecco: a Lei, bastano cuori "poveri" per poter far scuola; per questo si fa chiamare "Madonna dei poveri".

A Banneux si diventa veri "poveri". La Vergine fa inginocchiare; fa recitare il Rosario, e con quello, non si sa come, insegna tante cose fino allora mai pensate, mai capite, mai amate. Si torna bimbi, e il cuore gode la giocondità di creature nuove. Ognuno si sente bimbo, teneramente amato da una Madre, Addolorata, Desolata, Abbandonata anche Lei. Tutta la vita di Maria e la vita del Suo Figlio Gesù fanno sentire che la felicità terrena è troppo effimera, e che la Madonna porta dolcemente a desiderare l'infinita gioia eterna dove il pianto non avrà più suono e le lacrime diventeranno scintille di luce.

In preghiera con Maria

Maria appare a Banneux come messaggera di pace. Esorta in un certo senso i protagonisti della società a diventare artefici di pace ed educatori dei popoli, invitando ogni uomo a prendersi cura dei propri fratelli, dei più piccoli, di quanti vengono disprezzati e di coloro che soffrono, tutte persone amate da Dio. Spetta a noi ancora oggi pregare affinché «Maria, Mediatrice di grazia, sempre vigile e premurosa verso tutti i suoi figli, ottenga per l'umanità intera il dono prezioso della concordia e della pace».

Nel nome del Padre e del Figlio e dello Spirito Santo. Amen.

ALLA VERGINE DEI POVERI

Vergine dei Poveri, accompagnaci a Gesù unica sorgente di grazia e insegnaci la docilità allo Spirito Santo, perché divampi quel fuoco d'amore che è venuto a portare per l'avvento del Regno.

Vergine dei Poveri, salva le nazioni: ottienici di essere guidati da saggi governanti e la grazia che tutti i popoli, rappacificati tra loro e concordi, formino un unico ovile sotto un solo pastore.

Vergine dei Poveri, chiedi la guarigione per quanti soffrono, sostieni chi li serve con amore, donaci la grazia di appartenere solo a Cristo e liberaci da ogni pericolo.

Vergine dei Poveri, conforta gli ammalati con la tua presenza; insegnaci a portare con Gesù la nostra croce quotidiana e fa' che ci impegniamo lealmente al servizio dei poveri e dei sofferenti.

Vergine dei Poveri, intercedi presso il tuo Figlio e ottienici tutte le grazie necessarie per la nostra salvezza, per quella delle nostre famiglie, di coloro che si raccomandano alle nostre preghiere e dell'intera umanità.

Vergine dei Poveri, noi crediamo in te e, confidando nella tua intercessione materna, ci abbandoniamo alla tua protezione. Ti affidiamo il cammino che la Chiesa sta percorrendo in questo terzo millennio, la crescita morale e spirituale dei giovani, le vocazioni religiose, sacerdotali, missionarie e l'opera della nuova evangelizzazione.

Vergine dei Poveri, che hai detto: «Credete in me, io crederò in voi», ti ringraziamo perché ci accordi la tua fiducia. Rendici capaci di scelte conformi al Vangelo, aiutaci a gestire la nostra libertà nel servizio reciproco e nell'amore di Cristo per la gloria del Padre.

Vergine dei Poveri, colmaci di grazie, donaci la tua benedizione come hai fatto con Mariette a Banneux imponendo le tue mani sul suo capo e trasforma la nostra vita. Fa' che nessuno si lasci soggiogare dalla schiavitù e dal peccato, ma sia consacrato a Cristo, unico Signore.

Vergine dei Poveri, Madre del Salvatore Madre di Dio, ti diciamo grazie per la tua disponibilità alla volontà divina che, nella sua bontà, ci ha donato il Redentore. Ti ringraziamo perché ascolti le nostre invocazioni presentandole a Gesù, unico mediatore. Insegnaci a benedire il Padre in ogni circostanza della nostra esistenza e a vivere fruttuosamente l'Eucaristia, cibo di vita eterna.

Vergine dei Poveri, ti presentiamo in particolare questa intenzione... affinché tu interceda presso il Signore ottenendoci, secondo la sua volontà e per la tua mediazione materna, la grazia che imploriamo. **Amen.**

Invocazioni alla Vergine dei Poveri

Vergine dei Poveri,
accompagnaci a Gesù,
sorgente della grazia.

Vergine dei Poveri,
salva le nazioni.

Vergine dei Poveri,
dai sollievo agli ammalati.

Vergine dei Poveri,
allevia la sofferenza.

Vergine dei Poveri,
prega per ciascuno di noi.

Vergine dei Poveri,
noi crediamo in te.

Vergine dei Poveri,
credi in noi.

Vergine dei Poveri,
noi pregheremo molto.

Vergine dei Poveri,
donaci la tua benedizione.

Vergine dei Poveri,
Madre del Salvatore
Madre di Dio, grazie!

L'IMMACULÉE CONCEPTION

30 novembre: secondo giorno

"Io sono l'Immacolata Concezione"

Apparizione della Madonna a Lourdes
11 febbraio-16 luglio 1858,
Francia

Ai piedi dei Pirenei, Lourdes accoglie ogni anno 5 milioni di visitatori provenienti da ogni parte del mondo. Qui un giorno Maria è apparsa all'umile veggente Bernadette Soubirous, incaricandola di un grande messaggio di speranza per l'umanità, sofferente nel corpo e nello spirito, che è l'eco della parola di Dio affidata alla Chiesa.

La storia delle apparizioni

Quella mattina era giovedì grasso e a Lourdes faceva tanto freddo. In casa Soubirous non c'era più legna da ardere. Bernadette, che allora aveva 14 anni, era andata con la sorella Toinette e una compagna a cercar dei rami secchi nei dintorni del paese.

Verso mezzogiorno le tre bambine giunsero vicino alla rupe di Massabielle, che formava, lungo il fiume Gave, una piccola grotta. Qui c'era un angolo sotto la roccia dove l'acqua depositava sempre legna e detriti. Per poterli andare a raccogliere, bisognava però attraversare un canale d'acqua, che veniva da un mulino e si gettava nel fiume.

Toinette e l'amica calzavano gli zoccoli, senza calze. Se li tolsero, per entrare nell'acqua fredda. Bernadette invece, essendo molto delicata e soffrendo d'asma, portava le calze. Pregò l'amica di prenderla sulle spalle, ma quella si rifiutò, scendendo con Toinette verso il fiume.

Rimasta sola, Bernadette pensò di togliersi anche lei gli zoccoli e le calze, ma mentre si accingeva a far questo udì un gran rumore: alzò gli occhi e vide che la quercia abbarbicata al masso di pietra si agitava violentemente, per quanto non ci fosse nell'aria neanche un alito di vento. Poi la grotta fu piena di una nube d'oro, e una splendida Signora apparve sulla roccia.

La Signora aveva l'aspetto di una giovane di sedici o diciassette anni. Vestita di bianco, con una fascia azzurra che scendeva lungo l'abito, portava sulla testa un velo bianco che lasciava intravedere

appena i capelli ricadendo all'indietro fino all'altezza della fascia. Dal braccio le pendeva un grande rosario dai grani bianchi, legati da una catenella d'oro, mentre sui piedi nudi brillavano due rose, anch'esse di un oro lucente.

Istintivamente, Bernadette s'inginocchiò, tirando fuori la coroncina del Rosario. La Signora la lasciò fare, unendosi alla sua preghiera con lo scorrere silenzioso fra le sue dita dei grani del Rosario. Alla fine di ogni posta, recitava ad alta voce insieme a Bernadette il Gloria Patri. Quando la piccola veggente ebbe terminato il Rosario, la bella Signora scomparve all'improvviso, ritirandosi nella nicchia, così come era venuta. Vedendo la sorella e l'amica, Bernadette chiede loro: "Non avete visto niente?" Toinette rincalza: "E tu che cosa hai visto?" la risposta di Bernadette è evasiva, ma ormai la curiosità della sorella si acuisce e lei insiste per sapere che cosa è successo promettendo di non dire niente a nessuno. Poi invece rivela tutto alla mamma, che taglia corto a suon di bastonate.

Tre giorni dopo, il 14 Febbraio, Bernadette si sente chiamata interiormente verso la grotta di Massabielle, munita questa volta di una bottiglietta di acqua benedetta che getta prontamente sulla Vergine durante la nuova apparizione, perché, così le è stato detto, su queste cose non si sa mai e potrebbe anche essere il diavolo a farle un tiro mancino…

La Vergine sorride al gesto di Bernadette e non dice nulla. Il 18 febbraio, finalmente, la Signora parla. *"Non vi prometto di farvi felice in questo mondo* - le dice - *ma nell'altro. Volete farmi la cortesia di venire qui per quindici giorni?"*. La Signora, quindi, confida a Bernadette tre segreti che la giovane deve tenere per sé e non rivelare mai a nessuno.

Intanto la notizia delle apparizioni si diffonde in un baleno in tutta Lourdes e molti curiosi si recano con Bernadette in quella grotta dove lei dice di vedere "*Aquéro*" (quella là, nel dialetto di Lourdes). Bernadette, infatti, non conosce il francese, ma sa parlare solo il patois, il dialetto locale. E nel patois la bella Signora che le appare a Massabielle è "Aquéro".

E intanto l'afflusso della gente alla grotta aumenta. Nell'apparizione del 24 febbraio la Madonna ripete per tre volte la parola "*Penitenza, penitenza, penitenza!"*. Ed esorta: *"Pregate Dio per la conversione dei peccatori". "Baciate la terra in penitenza per i peccatori"*.

Il giorno seguente, la Signora dice a Bernadette di andare alla fonte a lavarsi e a bere. Ma non c'erano fonti in quel luogo, né sorgenti. La Signora allora indica un punto esatto. Bernadette vi si reca e poiché non vede l'acqua comincia a scavare con le sue mani, impiastricciandosi la faccia e mangiando fili d'erba... Tutti i presenti si burlano di lei. Ma, poco dopo, da quella piccola buca scavata nella terra dalle mani di Bernadette, cominciava a scorrere acqua in abbondanza. Un cieco si bagna gli occhi con quell'acqua e riacquista la vista all'istante.

Da allora la sorgente non ha mai cessato di sgorgare. È l'acqua di Lourdes, che prodigiosamente guarisce ancora oggi ogni sorta di mali, spirituali e fisici, e senza minimamente diffondere il contagio delle migliaia di malati immersi nelle piscine. È anche il ricordo più caro che ogni pellegrino ama portare con sé, facendo ritorno a casa dalla cittadella di Maria.

Ma un fatto ancora più eclatante doveva verificarsi, dopo il miracolo della sorgente, per avvalorare come soprannaturali le apparizioni di Massabielle. La Signora aveva chiesto a Bernadette che i sacerdoti si portassero lì in processione e che si costruisse una cappella. L'abate Peyramale, però, parroco di Lourdes, non ne voleva sapere e chiese perciò a Bernadette un segno irrefutabile: qual era il nome della bella Signora che le appariva alla grotta?

Nell'apparizione del 25 marzo 1858, "Aquéro" rivelò finalmente il suo nome. Alla domanda di Bernadette, nel dialetto locale rispose: *"Que soy Immaculada Councepciou... Io sono l'Immacolata Concezione"*.

Quattro anni prima, Papa Pio IX aveva dichiarato l'Immacolata Concezione di Maria con un dogma, cioè una verità della fede cattolica, ma questo Bernadette non poteva saperlo. Così, nel timore di dimenticare tale espressione per lei incomprensibile, la ragazza partì velocemente verso la casa dell'abate Peyramale, ripetendogli tutto d'un fiato la frase appena ascoltata.

L'abate, sconvolto, non ha più dubbi. Da questo momento il cammino verso il riconoscimento ufficiale delle apparizioni può procedere speditamente, fino alla lettera pastorale firmata nel 1862 dal vescovo di Tarbes, che, dopo un'accurata inchiesta, consacrava per sempre Lourdes alla sua vocazione di santuario mariano internazionale.

Vi furono ancora altre due apparizioni ufficiali, il 7 di Aprile e il 16 Luglio.

Il 7 aprile, penultima apparizione, il dottor Dozous constata il miracolo del cero, cioè osserva che al contatto della fiamma le mani di Bernadette non subiscono alcuna scottatura.
Nell'ultima apparizione, quella del 16 luglio, Bernadette vede l'Immacolata nonostante lo steccato che chiude la grotta. Ma che cosa si dissero non è trapelato. Fu l'ultima volta che la vide sulla terra.

Cominciarono anche a verificarsi miracoli riconoscibili esternamente: quelli che la commissione ha riconosciuto ufficialmente sono più di settanta. Ma quanti miracoli nel miracolo ossia quante guarigioni spirituali ha trascinato con sé l'apparizione a Bernadette.

Nel 1866 Bernadette entrò nell'ordine delle suore della carità di Nevers, dove morì a trentacinque anni. Fu canonizzata nel 1933. In lei risplende la legge storico-salvifica della bassezza-innalzamento, come riconosce lei stessa in una preghiera a Maria: "Sì, tenera Madre, tu ti sei abbassata fino a terra per apparire a una debole fanciulla (...) Tu, Regina del cielo e della terra, hai voluto servirti di quanto v'era di più umile secondo il mondo". Il suo confessore disse: "La prova migliore delle apparizioni è Bernadette stessa". La sua vita ne è limpida dimostrazione.

Ora Bernadette è in cielo e il suo corpo riposa nell'urna della Chiesa a Nevers dove ella attese nel silenzio e nella preghiera, nell'offerta della sofferenza e nella pazienza il giorno dell' incontro perenne con la Bella Signora e con suo Figlio Gesù.

In preghiera con Maria

Alla grotta di Massabielle, dove si incrociano il dolore umano e la speranza, la paura e la fiducia... quanti pellegrini, confortati dallo sguardo della Madre, trovano la forza di compiere più facilmente la volontà di Dio anche quando costa rinuncia e dolore, consapevoli che, come affernma l'apostolo Paolo, tutto concorre al bene di coloro che amano Dio, nel volto di ogni essere umano, ancor più se provato e sfigurato dalla malattia, brilla il volto di Cristo.

Nel nome del Padre e del Figlio e dello Spirito Santo. Amen.

Alla beata Vergine Maria di Lourdes

Consolatrice degli afflitti, Maria Immacolata, che, mossa da materna carità, ti manifestasti nella grotta di Lourdes e ricolmasti di celesti favori Bernadette e oggi ancora guarisci le piaghe dell'anima e del corpo a quanti con fiducia a te ricorrono, ravviva in me la fede e fa' che, vinto ogni rispetto umano, mi mostri in tutte le circostanze, vero seguace di Gesù Cristo.

Ave Maria

**Nostra Signora di Lourdes, Immacolata Concezione,
salute degli infermi, rifugio dei peccatori,
prega per noi che a te ricorriamo.**

O Vergine purissima, Maria Immacolata, che comparisti all'umile fanciulla dei Pirenei nella solitudine di un luogo alpestre e sconosciuto e vi operasti le più grandi meraviglie, ottienimi da Gesù, mio Salvatore, amore alla solitudine ed al ritiro, sicché possa udire la sua voce e ad essa uniformare ogni azione della mia vita.

Ave Maria

Nostra Signora di Lourdes, Immacolata Concezione,

salute degli infermi, rifugio dei peccatori,
prega per noi che a te ricorriamo.

O Madre di misericordia, Maria Immacolata, che a Bernadette chiedesti di pregare per i peccatori, fa' che siano gradite a Dio le suppliche che per essi s'innalzano al cielo e che essi, convertiti dai tuoi materni richiami, possano giungere al possesso del celeste regno.

Ave Maria
Nostra Signora di Lourdes, Immacolata Concezione,
salute degli infermi, rifugio dei peccatori,
prega per noi che a te ricorriamo.

O Vergine purissima, Maria Immacolata, che nelle tue apparizioni a Lourdes ti facesti vedere avvolta in un candido manto, ottienimi la virtù della purezza, tanto cara a te e a Gesù, tuo divino Figlio e fa' che io sia pronto a morire, prima di macchiarmi di colpa mortale.

Ave Maria
Nostra Signora di Lourdes, Immacolata Concezione,
salute degli infermi, rifugio dei peccatori,
prega per noi che a te ricorriamo.

O Vergine Immacolata, dolcissima Madre Maria, che da Bernadette ti facesti vedere circondata da un celeste splendore, sii per me luce, protezione e guida nell'aspro sentiero della virtù, affinché non mi allontani mai da esso e possa giungere in paradiso.

Ave Maria
Nostra Signora di Lourdes, Immacolata Concezione,

salute degli infermi, rifugio dei peccatori,
prega per noi che a te ricorriamo.

O Consolazione degli afflitti, che ti degnasti di conversare con un'umile e povera fanciulla, dimostrando con ciò quanto ti stiano a cuore gli indigenti e i tribolati, richiama su questi infelici gli sguardi della Provvidenza: cerca cuori compassionevoli che vengano in loro soccorso, talché ricchi e poveri benedicano il nome del Signore e la sua ineffabile bontà.

Ave Maria
Nostra Signora di Lourdes, Immacolata Concezione,
salute degli infermi, rifugio dei peccatori,
prega per noi che a te ricorriamo.

O regina dei potenti, Maria Immacolata, che apparisti alla devota figlia dei Soubirous con la corona del santo Rosario fra le dita, fa' che io stampi nel mio cuore i sacrosanti misteri che devono in esso meditarsi e ne tragga tutti gli spirituali vantaggi.

Ave Maria
Nostra Signora di Lourdes, Immacolata Concezione,
salute degli infermi, rifugio dei peccatori,
prega per noi che a te ricorriamo.

O Vergine benedetta, Maria Immacolata, che dicesti a Bernadette che l'avresti fatta felice, non in questo mondo, ma nell'altra vita: fa' che io viva distaccato dai beni di questo mondo e ponga la mia speranza solo in quelli del cielo.

Ave Maria

Nostra Signora di Lourdes, Immacolata Concezione, salute degli infermi, rifugio dei peccatori, prega per noi che a te ricorriamo.

O Madre dell'amore, Maria Immacolata, che nelle tue apparizioni a Lourdes ti facesti vedere con i piedi adorni d'una rosa color d'oro, simbolo della carità perfettissima che ti lega a Dio, accresci in me la virtù della carità e fa' che tutti i miei pensieri, tutte le mie opere siano rivolte al fine di piacere al mio Creatore.

Ave Maria

Nostra Signora di Lourdes, Immacolata Concezione, salute degli infermi, rifugio dei peccatori, prega per noi che a te ricorriamo.

Preghiamo

O Vergine Immacolata, Madre nostra, che ti sei degnata di manifestarti ad una sconosciuta fanciulla, fa che noi viviamo nell'umiltà e nella semplicità dei figli di Dio. Accordaci di saper fare penitenza per i nostri peccati, facci vivere in un grande aborrimento del peccato e sempre più uniti alle virtù cristiane, affinché il tuo Cuore resti aperto sopra di noi e non cessi di versare le grazie che fanno vivere quaggiù dell'amore divino e rendono sempre più degni dell'eterna corona. **Amen.**

Preghiera alla Madonna per i malati

Vergine santa,
nel fulgore della tua gloria,
non dimenticare la tristezza della terra.

Getta uno sguardo di bontà
su coloro che sono nella sofferenza,
che lottano contro le difficoltà
e che non cessano di assaporare
ogni giorno le amarezze della vita.

Abbi pietà di coloro che si amano
e che sono stati separati!
Abbi pietà della solitudine del cuore!
Abbi pietà della debolezza della nostra fede!

Abbi pietà di coloro
ai quali va la nostra tenerezza!
Abbi pietà di coloro che piangono,
di coloro che pregano,
di coloro che hanno paura!

Dona a tutti la speranza e la pace!
Vergine Maria,
sii al capezzale di tutti i malati del mondo.

1° dicembre: terzo giorno

"Sono Colei che sono nella Trinità Divina"

Apparizione della Madonna della Rivelazione
12 aprile 1947
"Tre fontane" (Roma)

La guerra è finita da poco. La gente è come uscita da un incubo. Tutti cercano di rifarsi una vita. Dopo tante privazioni c'è la voglia di recuperare il tempo perduto senza andare troppo per il sottile. L'immane tempesta ha lasciato segni indelebili non soltanto sulla pelle, ma anche nell'animo dell'uomo. Per dimenticare i morti e le rovine la gente ricorre a tutti i mezzi. L'incertezza del futuro favorisce comportamenti non sempre ortodossi. Non si violano soltanto le leggi divine, ma anche quelle umane, comuni a tutti gli uomini che rispettano precise norme morali. La lotta politica è molto aspra. La contrapposizione tra i moderati, che vorrebbero mettere una pietra sugli orrori e le stragi causate dalla guerra, e i rivoluzionari, che teorizzano un bagno di sangue per lavare le colpe passate, è netta. Molto profondo è anche il solco tra cattolici e "mangiapreti". Sono ancora vive le polemiche suscitate dal sofferto referendum istituzionale. La repubblica ha prevalso sulla monarchia, ma le ombre sul risultato non sono ancora dissipate. Siamo alla vigilia della prima consultazione politica e si delinea uno scontro frontale tra le sinistre unite e i cattolici. Dal risultato di questa battaglia dipende l'avvenire del paese.

Il veggente

Bruno Cornacchiola nasce a Roma il 9 maggio 1913. La sua famiglia, povera materialmente, è addirittura squallida nei valori spirituali. Sua madre, assillata dal lavoro fuori casa, non può dedicarsi alla loro educazione. Suo padre, quasi sempre ubriaco, lo picchia spesso, tanto che ad un certo momento decide di non rincasare più la sera e passa la notte in qualche grotta della periferia di Roma o nei locali presso la Scala Santa. Bruno racconta di sé: "Viaggiavo in ferrovia e non pagavo il biglietto perché mi nascondevo sotto i sedili delle carrozze quando passava il bigliettaio e se si presentava l'occasione rubavo, preoccupato soltanto di non farmi prendere dai carabinieri...".

A 23 anni si sposa con Iolanda Lo Gatto. Non vuole però ricevere il Sacramento del Matrimonio e solo per accontentare la futura moglie accondiscende a celebrarlo in sacrestia.

Durante la guerra civile in Spagna parte come volontario, attratto dal miraggio della buona remunerazione, e vi rimane tre anni. Fa amicizia con un soldato tedesco, protestante, che gli instilla l'odio per la Chiesa e il Papa. Finita la guerra di Spagna, prima di ritornare in patria entra in un'armeria a Toledo e compra un pugnale, sul cui manico scrive: "A morte il Papa". Arrivato in patria, è preoccupato nella ricerca di un lavoro e per il problema religioso che lo sconvolge. In quei giorni stende il suo piano: "Per salvare l'umanità dovrò uccidere i preti in qualunque luogo, cercherò in tutti i modi di distruggere la Chiesa cattolica e sarà mio dovere pugnalare il Papa".

Vuole convincere la moglie ad abbandonare la sua fede cattolica e spesso la picchia. Un giorno la moglie, esasperata, fa con lui uno strano patto: "Bruno, tu vuoi che io entri con te a far parte della Chiesa protestante... Accetto, ma ad una condizione: ti devi confessare e ricevere la comunione nei primi nove venerdì del mese. Se alla fine di questa pia pratica vorrai ancora cambiare religione ti seguirò anch'io, se no continueremo insieme nella fede del nostro battesimo". L'uomo acconsente e riceve per nove volte, ogni primo venerdì del mese, l'Eucaristia, ma non muta parere; così, fallita la prova, la moglie passa con lui al protestantesimo.

Ma Cristo lo attende al varco.

L'APPARIZIONE

Il 12 aprile 1947, sabato, decide di andare con i suoi figlioli al lido di Ostia, ma giunto alla stazione ostiense, il treno era già partito. Allora si dirige verso la località "Tre Fontane", nello spiazzo antistante l'abbazia dei Trappisti. Si rivolge ai bambini:

- "Gianfranco, Carlo, Isola, voi potete giocare a palla, ma non allontanatevi troppo".

Essi partono immediatamente, sparendo e apparendo tra le piante con grida festose, mentre Bruno si siede su un muretto, ai margini del boschetto di eucalipti, per preparare uno scritto contro la Vergine Maria. Si è portato una Bibbia e dei fogli e subito getta su un foglio le prime battute: "La Madonna non è Vergine, non è Immacolata, non è Assunta in cielo...".

Frattanto i bambini lo chiamano:

- “Papà, abbiamo perduto la palla, vieni a cercarla con noi!”.

Egli si alza e incontrato Carlo, il più grandicello, si dispone con lui a ispezionare il terreno. Isola si sposta e raccoglie fiori. Gianfranco siede in disparte per sfogliare un giornalino. Cornacchiola racconta:

“Carlo ed io scendemmo nella scarpata verso via Laurentina per trovare la palla, ma non la vedemmo. Desiderando assicurarmi che il più piccolo non si fosse allontanato dal luogo assegnatogli, lo chiamavo per nome ed egli mi rispondeva. Ad un certo momento, però, non lo sentii più e pur avendo alzato la voce, non ebbi nessuna risposta. Preoccupato risalii, mi portai verso i cespugli vicino alla grotta dove l’avevo lasciato, ma non lo vidi. Perciò gridai ancora più forte:
- Gianfranco, dove sei? - Invano.

Sempre più preoccupato lo cercavo affannosamente tra i cespugli e le rocce e finalmente trovai il bambino inginocchiato all’ingresso di una grotta, a sinistra di chi la guarda. Teneva le mani giunte come se pregasse e guardava all’interno con viva attenzione, sorridendo e bisbigliando qualcosa. Mi avvicinai di più e udii distintamente tali parole:
- Bella Signora!... Bella Signora!....
- Che dici, Gianfranco, - chiesi - che cosa fai?

Credevo fosse un gioco di bambini, poiché nessuno in casa aveva insegnato a lui, non ancora battezzato, quell’atteggiamento di preghiera.
Allora chiamai: - Isola, vieni giù, spiegami tu qualcosa!
Mi obbedì e... - Cosa c’è là dentro? - domandai - Vedi niente tu?
- No papà - risponde, e nello stesso tempo anch’essa cadde in ginocchio a destra del fratellino. I fiori le uscirono dalle mani, mentre lo sguardo era fisso all’interno della grotta. Anche lei sottovoce bisbigliava:
- Bella Signora!... Bella Signora!...

Io, stizzito più che mai, mi chiedevo la motivazione del curioso modo di fare dei figli che, in ginocchio, guardavano incantati verso l’interno della grotta, ripetendo le stesse parole. Pensai di chiamare Carlo che stava ancora cercando la palla e...
- Vieni anche tu qui - pregai - e spiegami che fanno i tuoi fratelli in quella curiosa posizione... Forse l’avete preparato voi questo gioco?
- Ma cosa dici - egli osservò - di quale gioco parli?... Non lo conosco e non lo so fare!

Appena pronunciate simili parole anche lui cadde in ginocchio a destra di Isola, con le mani giunte e gli occhi fissi ad un punto che lo affascinava entro la grotta, ripetendo le stesse parole: - Bella Signora!...

- È troppo! - gridai - Anche tu mi prendi in giro!

Non ne potevo più e con i nervi a pezzi: - Carlo, - imposi - via di qui.

E, poiché non si muoveva, cercai di alzarlo, ma non ci riuscii. Sembrava di piombo. Allora ebbi paura. Mi avvicinai trepidante alla bambina e:

- Isola - la invitai - alzati e non fare come Carlo!

Quella non rispose. Tentai di smuoverla ma non ci riuscii. Invaso dal terrore, nell'osservare le pupille dilatate dei figli estatici e il pallore dei loro volti, abbracciai il più piccolo e: - Su alzati. - dissi - È possibile che le mie braccia siano state private di tanta energia?

A questo punto: - Ma che cosa succede qui? - esclamai - Ci sono forse delle streghe nella grotta oppure qualche diavolo?

Poi, istintivamente: - Chiunque tu sia, fossi anche un prete, vieni fuori!

Entrai nell'antro, deciso di prendere a pugni lo strano essere, ma la grotta era vuota".

Cornacchiola esce allora in preda alla disperazione e, piangendo convulsamente, alza le braccia e gli occhi al cielo e grida:

- "Dio, salvaci tu!". Quand'ecco - egli dice - emessa l'invocazione, vidi improvvisamente due candidissime mani che si muovevano verso di me e sentii che mi sfioravano la faccia. Ebbi la sensazione che mi si strappasse qualcosa dagli occhi. In quell'istante provai un certo dolore e rimasi nell'oscurità più profonda... A questo punto io non vedevo più né la cavità né ciò che vi stava dentro, ma fui invaso da un'insolita gioia".

In quell'istante è rapito dalla visione di una giovanile figura di donna, avvolta nello splendore di una luce d'oro, ferma e dolcemente statica. Bruno la fissa con trasporto, vinto dal fascino di tanta bellezza, attratto da quella luce che, pur intensissima, non offende la vista ma lo inonda di soavità sovrumana. La donna veste una tunica bianca e luminosa, stretta ai fianchi da una fascia rosa. Ha capelli neri, un tantino sporgenti dal velo verde-prato che la copre dalle spalle ai piedi. Da sotto la veste escono i piedi nudi e verginali, fermi sopra un masso di tufo anch'esso circondato di luce. Nella mano destra regge, appoggiandolo al petto, un libro di colore grigio, su cui

tiene pure l'altra mano. Soprattutto è affascinato dal volto di quella creatura, un volto in cui si fondono il candore innocente della puerizia, la vaghezza e la grazia della verginità, la gravità maestosa della sublime maternità.

Continua il veggente: "Vidi che la bella Signora lentamente muoveva la mano sinistra ed indicava qualcosa ai suoi piedi. Guardai e vidi a terra un drappo nero sostenente una croce spezzata".

Cornacchiola pensa che quel drappo nero, simile a una veste stracciata, e la croce spezzata, volessero alludere all'abito talare, con ogni altro segno di distinzione, da molti religiosi e sacerdoti ormai messo da parte.

"Il mio primo impulso fu quello di lanciare un grido, ma la voce mi moriva in gola".

L'Apparizione, quasi offrendo il libro che teneva in mano, con tono ineffabilmente dolce disse:

- "*Sono Colei che sono nella Trinità Divina. Sono la VERGINE DELLA RIVELAZIONE. Tu mi perseguiti, ora basta! Entra nell'ovile santo, corte celeste in terra. Il giuramento di Dio è e rimane immutabile: i nove venerdì del Sacro Cuore, che tu facesti, amorevolmente spinto dalla tua fedele sposa prima di iniziare la via dell'errore, ti hanno salvato!*".

Intanto un profumo misterioso e indefinibile inonda l'ambiente e sembra coprire la sporcizia del suolo, triste strascico di squallidi incontri.

Dopo essersi così presentata, la celestiale Signora tiene una prolungata allocuzione al figlio che sta per ritornare a Dio, parte della quale è rivolta a lui stesso e a tutti i fedeli, l'altra invece contiene un messaggio segreto per il Santo Padre. Poi continua:

- "*Desidero darti una sicura prova della divina realtà che stai vivendo, perché tu possa escludere ogni altra motivazione del tuo incontro, compresa quella del nemico infernale. E questo è il segno: quando incontrerai un sacerdote nella chiesa o per via, avvicinalo e rivolgigli questa espressione: "Padre, le devo parlare!". Se costui ti risponderà: "Ave Maria, figliolo, cosa vuoi?" pregalo di fermarsi perché è quello da me scelto. A lui manifesterai ciò che il cuore ti dirà e obbediscilo, ti indicherà infatti un altro sacerdote con queste parole: "Quello fa per il tuo caso". Ti recherai poi dal Santo Padre, il supremo pastore della cristianità e gli consegnerai personalmente il mio messaggio. Ti condurrà dal Papa qualcuno che io ti indi-*

cherò. Alcuni a cui tu narrerai questa visione non ti crederanno, ma non lasciarti deprimere..."
Poi, con atteggiamento di materna benignità e serena mestizia, l'incantevole Signora gira su se stessa e si allontana.

Nel messaggio, la Madonna chiede con insistenza a tutti la preghiera ed invita alla recita del Rosario: *"Si preghi assai e si reciti il Rosario quotidiano per la conversione dei peccatori, degli increduli e per l'unità dei cristiani. Le Ave Maria che voi dite con fede e amore, sono tante frecce d'oro che raggiungono il Cuore di Gesù".*

Ed ecco, quasi a premio di coloro che ascolteranno il suo materno messaggio, la Vergine promette celesti favori: *"Con questa terra di peccato opererò potenti miracoli per la conversione degli increduli".*

Nella sua bontà Ella vuole anche svelare il Figlio nei misteri della sua vita intima, legata alla Trinità:
"Il mio corpo non poteva marcire e non marcì. Mio Figlio e gli angeli mi vennero a prendere al momento del mio trapasso".

Il 9 dicembre 1949 il Santo Padre Pio XII invitò i tranvieri di Roma, accompagnati da padre Rotondi, a recitare con lui il Rosario nella sua cappella privata.

Lasciamone la descrizione a Cornacchiola: "Tra i lavoratori c'ero anch'io; portavo con me il pugnale e la Bibbia sulla quale stava scritto: 'Questa è la morte della Chiesa Cattolica, col Papa in testa'. Volevo consegnare al Santo Padre il pugnale e la Bibbia. Finito il Rosario il Papa disse: - 'Qualcuno di voi mi vuol parlare?'.
Io mi inginocchiai e dissi: - Santità, sono io!

Gli altri lavoratori fecero largo per il passaggio del Papa; egli si chinò verso di me, mi pose la mano sulla spalla, avvicinò il suo volto al mio e chiese:
- 'Cosa c'è, figlio mio?'.
- 'Santità, qui c'è la Bibbia protestante che interpretavo erroneamente e con la quale ho ucciso molte anime'.
Piangendo consegnai anche il pugnale sul quale stava scritto 'Morte al Papa' e sussurrai: - Chiedo perdono di aver osato solo pensare a tanto. Avevo progettato di ucciderla con questo pugnale!

Il Santo Padre prese quegli oggetti, mi guardò, sorrise e osservò:
- Caro figlio, con ciò non avresti fatto altro che dare un nuovo martire alla Chiesa, ma a Cristo una vittoria dell'amore".

In preghiera con Maria

Nel nome del Padre e del Figlio e dello Spirito Santo. Amen.

Supplica alla Vergine

Vergine Santissima della Rivelazione, che sei nella Trinità Divina, degnati, ti preghiamo, di rivolgere a noi, il tuo sguardo misericordioso e benigno.

Oh Maria! Tu che sei la nostra potente avvocata presso Dio, che con questa terra di peccato ottieni grazie e miracoli per la conversione degli increduli e dei peccatori, fa che otteniamo dal tuo Figlio Gesù con la salvezza dell'anima, anche la perfetta salute del corpo, e le grazie di cui abbiamo bisogno *(si chieda la grazia)*.

Concedi alla Chiesa ed al Capo di essa, il Romano Pontefice, la gioia di vedere la conversione dei suoi nemici, la propagazione del Regno di Dio su tutta la terra, l'unità dei credenti in Cristo, la pace delle nazioni, affinché possiamo meglio amarti e servirti in questa vita e meritare di venire un giorno a vederti e ringraziarti eternamente in Cielo. **Amen.**

3 Ave Maria
Salve Regina

Preghiera alla Vergine di Bruno Cornacchiola

Vergine Madre, e mia Regina, tu che sei tutta Pura, perché rifletti quel Sole che è sorgente di Vita Eterna, Dio Padre.

Tu che sei tutta Santa, perché in te è incastonata quella Via che conduce alla Vita Eterna: Gesù Cristo, tuo Figlio Signor nostro.

Tu che sei tutta immacolata dal concepimento nell'Eternità, perché in te ritroviamo le virtù e la

Sapienza di Dio, in te risiede lo Spirito Santo.

Ascolta quel che questo indegno figlio vuole dirti, umiliato ai tuoi piedi, per la sua santificazione e per la salvezza santificante di tutto il mondo, che solo a Dio appartiene.

Fai che nell'aprire la mia bocca, sia solo lode a Dio Trino e Uno: Padre, Figlio, Spirito Santo; Via, Verità e Vita Eterna, per tutti i benefici che continuamente sono sopra di me. Tu prega per me Madre, Dio, affinché possa corrispondere ai suoi benefici.

Tu implora per me, Madre, il Sommo Dio Onnipotente, affinché entri in me, e in tutti quelli che lo vogliono, la potenza della sua Parola, della sua Verità, della sua Santità, per parlare, per dire il vero, per santificarmi e santificare gli altri.

Tu che sei Madre, o dolcissima Sposa, Madre, e Figlia di Dio Padre, di Dio Figlio, di Dio Spirito Santo, in un solo Dio d'Amore, tu che sei presso il Trono "Regina", parla di questo povero peccatore:

- all'Eterno Padre che mi perdoni,
- a Gesù Tuo Figlio, che mi salvi e lavi con il suo Sangue Preziosissimo,
- allo Spirito Santo, tuo Sposo diletto che mi adombri con la sua Fortezza, con la sua Sapienza, e infine con la sua Potenza di Carità.

Come sei bella, Madre!

Apri il tuo Cuore e mettimi dentro per ricevere il calore del tuo Amore santificante e potentissimo presso la Trinità Divina.

Portami vicino al ruscello della Carità affinché possa bere, come fanno i fiori piantati alla riva del ruscello, quell'acqua che disseta e crescere come fiore, per dare gloria a Dio Trino e Uno, per te che sei Nostra Madre Celeste.

Il tuo profumo di Santità, Vergine Madre, fai che possa essere il mio profumo!

Il tuo Giglio che è il candore Eterno presso il Trono di Dio, fai che possa essere io il suo profumo che dà gloria continua al Trono Divino. Fai Madre, che non sia come un terreno che è abbandonato a se stesso, che tutti calpestano se è incolto. Ogni razza di animali e insetti vi prendono dimora; no Madre, ma voglio essere un giardino ove i fiori abbondano e mandano profumo e alimento.

Fammi crescere col tuo latte d'Amore materno, per amarti e in quest'Amore dar gloria a Dio Padre, al Figliolo e allo Spirito Santo, a Dio Uno e Trino nella Carità Divina. **Amen.**

Padre nostro
Ave Maria
Gloria al Padre

2 dicembre: quarto giorno

"Il mio Cuore Immacolato trionferà"

Apparizione della Madonna di Fatima
1917
Portogallo

Fatima è il nome d'origine araba di un villaggio al centro del Portogallo. È un piccolo borgo che si è ingrandito all'indomani delle apparizioni che hanno portato un gran flusso di fedeli che si recano in pellegrinaggio a far visita alla grotta delle apparizioni. Veggenti delle apparizioni furono tre giovanissimi pastori, Lucia Santos che all'epoca delle apparizioni aveva dieci anni, Francesco Marto, di nove anni e sua sorella Giacinta di sette. Le famiglie dei bambini sono famiglie modeste ma non indigenti, prevalentemente dedite al lavoro dei campi ed anche i tre ragazzi, che non hanno alcuna forma di cultura, si dedicano ad accudire un piccolo gregge.

L'apparizione dell'angelo (1916)

La storia delle apparizioni della Vergine vanno inquadrate in un piano più complesso che non va limitato alle sole sei apparizioni della Vergine dal maggio all'ottobre 1917 ma va completato con le apparizioni dell'angelo del 1916 e le apparizioni complementari del 1925 e del 1929 divulgate più tardi. Nel 1916, infatti ai tre pastorelli appare per tre volte un angelo che li prepara alle apparizioni della Vergine: nella prima apparizione, l'angelo che si definisce "Angelo della Pace" e "Angelo del Portogallo" insegna loro la preghiera: **"Mio Dio, io credo, spero e vi amo. Vi domando perdono per quelli che non credono, non sperano e non vi amano"**. Nella seconda apparizione insegna loro la pratica del sacrificio quotidiano e nella terza insegna una bellissima preghiera trinitaria: **"Santissima Trinità, Padre, Figlio e Spirito Santo, io vi adoro profondamente e vi offro il preziosissimo corpo, sangue, anima e divinità di Gesù Cristo, presente in tutti i tabernacoli del mondo, in riparazione degli oltraggi, dei sacrilegi, delle indifferenze con le quali egli è offeso; e per i meriti infiniti del cuore sacratissimo di Gesù e per l'intercessione del cuore immacolato di Maria vi chiedo la conversione dei poveri peccatori"**. Suor Lucia riassumerà con queste

parole gli effetti di quelle angelofanie: "La forza della presenza di Dio era così intensa, che ci assorbiva e annichiliva quasi completamente. Sembrava privarci anche dell'uso dei sensi corporali (...). La pace e la felicità che sentivamo erano grandi, ma tutte interiori, con l'animo completamente raccolto in Dio".

Le tre apparizioni centrali (1917)

Le apparizioni centrali sono quelle avvenute a Fatima nel corso del 1917. La prima apparizione avvenne il 13 maggio: mentre i tre giovani pastori di domenica erano a pascolare il gregge, dopo aver pranzato e recitato il rosario, all'improvviso un gran bagliore squarciò il cielo e in mezzo ad alcuni cespugli di lecci apparve la figura di una persona che li chiamava. I veggenti dichiararono: "Sembrava non avesse più di 18 anni. Il suo vestito aveva il candore della neve. Lo stesso si dica del manto dai bordi dorati che le copriva il capo e la maggior parte del corpo. Dalle mani congiunte all'altezza del petto, le pendeva un grazioso rosario, terminante in una croce d'oro". La Vergine parla della sua origine celeste e invita i ragazzi a ritornare per sei mesi consecutivi, allo stesso giorno e alla stessa ora.

La seconda apparizione, a giugno del 1917 avvenne alla presenza di un piccolo gruppo di persone. Il testo dell'apparizione si riferisce alla missione affidata a Lucia: *"Sì, Giacinta e Francesco verrò presto a prenderli. Tu, però, devi rimanere quaggiù più a lungo. Gesù vuole servirsi di te per farmi conoscere ed amare. Egli vuole stabilire nel mondo la devozione al mio cuore immacolato. A chi la praticherà prometto la salvezza. Questa anime saranno predilette da Dio e come fiori saranno collocate in me dinanzi al suo trono"*.

Il segreto

La terza apparizione occorsa il 13 luglio aveva per contenuto la comunicazione del segreto, le cui parti conosciute dicono: *"Avete visto l'inferno dove vanno a finire le anime dei poveri peccatori. Per salvarli il Signore vuole stabilire nel mondo la devozione al mio Cuore Immacolato. Se si farà quello che vi dirò, molte anime si salveranno e vi sarà pace. La guerra sta per finire; ma se non cessano di offendere il Signore, nel regno di Pio XI ne incomincerà un'altra peggiore. Quando vedrete una notte illuminata da una luce sconosciuta, sappiate che quello è il grande segno che vi dà Dio che prossima è la punizione del mondo per i suoi tanti delitti, mediante la guerra, la fame e le persecuzioni contro la Chiesa e contro il santo*

Padre. Per impedire ciò, verrò a chiedere la consacrazione della Russia al mio Cuore Immacolato e la comunione riparatrice nei primi sabati del mese. Se si darà ascolto alle mie domande, la Russia si convertirà e si avrà pace. Altrimenti diffonderà nel mondo i suoi errori, suscitando guerre e persecuzioni alla chiesa, molti buoni saranno martirizzati, il santo Padre avrà molto da soffrire: varie nazioni saranno annientate. ***Finalmente il mio Cuore Immacolato trionferà****. Il Santo Padre mi consacrerà la Russia. Questa convertirà ed una pausa di pace sarà concessa al mondo. Il Portogallo si manterrà sempre nella dottrina della fede (...). Non dite questo a nessuno. A Francesco potete dirlo".*

Quelle di Fatima sono sicuramente le apparizioni più profetiche dell'epoca moderna. La prima e la seconda riguardano la spaventosa visione dell'inferno, la devozione al Cuore Immacolato di Maria, la seconda guerra mondiale e la previsione dei danni immani che la Russia, nella sua defezione dalla fede cristiana e nell'adesione al totalitarismo comunista, avrebbe recato all'umanità.

La terza parte del segreto fu scritta per ordine del Vescovo di Leiria e consegnato allo stesso in busta chiusa per essere meglio custodito. Lo stesso Vescovo trasmise poi la busta nel 1957 all'Archivio segreto del Santo Uffizio. Nel 1959 il Commissario del Sant'Uffizio Padre Pierre Paul Philippe portò a Giovanni XXIII la busta contenente la terza parte del segreto, ma il Papa decise di non renderla pubblica. Medesima cosa fece qualche anno dopo Papa Paolo VI. Giovanni Paolo II dopo l'attentato in cui fu coinvolto il 13 maggio 1981 chiese subito la busta contenente il segreto e nel 2000 vi fu la comunicazione ufficiale, autorizzata dal santo Padre, della terza parte del segreto. Il testo di questa rivelazione dice:

"Scrivo in atto di obbedienza a Voi mio Dio, che me lo comandate per mezzo di sua eccellenza reverendissima il Signor Vescovo di Leiria e della Vostra e mia Santissima Madre. Dopo le due parti che già ho esposto, abbiamo visto al lato sinistro di Nostra Signora un poco più in alto un Angelo con una spada di fuoco nella mano sinistra; scintillando emetteva fiamme che sembrava dovessero incendiare il mondo; ma si spegnevano al contatto dello splendore che Nostra Signora emanava dalla sua mano destra verso di lui: l'Angelo indicando la terra con la mano destra, con voce forte disse: penitenza, penitenza, penitenza! E vedemmo in una luce immensa che è Dio qualcosa di simile a come si vedono le persone in uno

specchio quando vi passano davanti un Vescovo vestito di bianco abbiamo avuto il presentimento che fosse il Santo Padre. Vari altri vescovi, sacerdoti, religiosi e religiose salire una montagna ripida, in cima alla quale c'era una grande Croce di tronchi grezzi come se fosse di sughero con la corteccia; il santo Padre, prima di arrivarvi, attraversò una grande città mezzo in rovina e mezzo tremulo con passo vacillante, afflitto di dolore e di pena, pregava per le anime dei cadaveri che incontrava nel suo cammino, giunto alla cima del monte, prostrato in ginocchio ai piedi della grande croce venne ucciso da un gruppo di soldati che gli spararono vari colpi di arma da fuoco e frecce, e allo stesso modo morirono gli uni dopo gli altri i vescovi sacerdoti, religiosi e religiose e varie persone secolari, uomini e donne di varie classi e posizioni. Sotto i bracci della Croce c'erano due angeli ognuno con un innaffiatoio di cristallo nella mano, nei quali raccoglievano il sangue dei martiri e con esso irrigavano le anime che si avvicinavano a Dio".

LE APPARIZIONI SUCCESSIVE

La quarta apparizione, quella del mese di agosto, non fu nel solito luogo a causa del fatto che il sindaco di Villa Nova di Aurem, nel tentativo di strappare loro il segreto, sequestrò i tre pastorelli e li riconsegnò ai genitori solo dopo tre giorni. Tuttavia la moltitudine di gente che si era raccolta per l'apparizione assisté a speciali prodigi nel cielo che testimoniarono che l'assenza dei ragazzi non impediva al Signore di manifestarsi.

L'apparizione ebbe luogo il 19 dello stesso mese e il suo testo dice: *"Pregate, pregate molto e fate sacrifici per i peccatori. Badate che molte anime vanno all'inferno perché non vi è chi si sacrifichi e preghi per loro".*

Nella quinta apparizione la Madonna promise guarigioni e il ritorno il mese seguente.

La sesta apparizione fu preceduta da una grande pubblicità sulla stampa che annunciava che la Vergine avrebbe compiuto un miracolo perché tutti credessero. I testi dell'apparizione sono: *"Sono la Madonna del rosario. Voglio che si costruisca qui una cappella in mio onore. Si continui sempre a recitare il rosario tutti i giorni. La guerra sta per finire e i soldati torneranno presto a casa. Non offendano più nostro Signore, che è già troppo offeso".*

Terminata la visione, ci fu nel cielo un prodigio straordinario già

preannunciato alcuni mesi prima: un moto di rotazione vertiginoso del sole, che assumeva tutti i colori dell'arcobaleno riflettendoli sulle persone.

L'apparizione di Tuy (1925)

Si conclusero così le apparizioni centrali, ma il 10 dicembre del 1925, Lucia, all'epoca postulante della congragazione Dorotea ricevé nella sua camera la visione della Madonna e di Gesù Bambino. Il testo di questa visione è: *"Guarda, figlia mia, il mio cuore circondato di spine con cui gli uomini ingrati ad ogni momento lo trafiggono con le loro bestemmie ed ingratitudini. Tu almeno cerca di consolarmi, e da parte mia annuncia che io prometto di assistere, nell'ora della morte, con le grazie necessarie alla salvezza delle loro anime, tutti quelli che nel primo sabato di cinque mesi consecutivi si confesseranno, riceveranno la santa comunione, diranno una corona del rosario e mi faranno compagnia durante quindici minuti, meditando i misteri del rosario, al fine di offrirmi riparazione".*

Il testo dell'apparizione di Tuy fu trascritto dal padre spirituale di Lucia, P. Gonçalves: *"È arrivato il momento in cui il Santo Padre faccia, in unione con tutti i vescovi del mondo, la consacrazione della Russia al mio Cuore Immacolato, promettendo di salvarla per questo mezzo. Sono tante le anime che la giustizia di Dio condanna per i peccati commessi contro di me. Vengo a chiedere riparazione. Sacrificati per questa intenzione e prega (...). Non hanno voluto fare attenzione alla mia domanda ... lo faranno ma sarà tardi. La Russia avrà sparso i suoi errori nel mondo, provocando guerre, persecuzioni contro la Chiesa; il santo Padre avrà molto da soffrire".*

Con questa apparizione si conclusero ufficialmente le manifestazioni di Fatima.

Il messaggio di Fatima

Il messaggio di Fatima è un appello alla preghiera e alla pratica della comunione riparatrice, alla penitenza e alla conversione del cuore; è un messaggio perfettamente ortodosso che rivela una grande ampiezza dottrinale ed integrità dogmatica che fa di esso una perfetta sintesi evangelica. Esso rientra nella tradizione più perfetta e fedele della Chiesa. Dal contenuto trinitario fino alla dottrina sulle ultime realtà, il messaggio percorre tutto l'insegnamento della fede cattolica tradizionale, in modo così trasparente e facile da penetrare

le coscienze, educandole alla linea più pura del cattolicesimo.

A Fatima, il culto della Vergine nasce sin dai primi momenti delle apparizioni.

Anche la sede papale cominciò gradualmente a porre gesti favorevoli: Pio XII manifestò il suo favore per Fatima tanto da voler essere chiamato "il Papa di Fatima".

La conferma ufficiale venne da Paolo VI che inviò la Rosa d'oro al santuario nel 1964 alla conclusione della terza sessione del Concilio Vaticano, con la consacrazione al Cuore Immacolato di Maria e con la decisione di recarsi in pellegrinaggio a Fatima.

Anche Giovanni Paolo II si è recato in pellegrinaggio a Fatima per esprimere gratitudine alla Vergine per averlo protetto nell'attentato del 1981.

In preghiera con Maria

Il 13 Giugno 1917, la vergine Maria si rivolse alla piccola Lucia con queste parole: "Gesù vuole stabilire nel mondo la devozione al mio Cuore Immacolato. Io prometto la salvezza a chi adotterà questa devozione, e le anime che la praticheranno saranno care a Dio. Esse saranno come dei fiori posti da me per ornare il suo Trono".

Nel nome del Padre e del Figlio e dello Spirito Santo. Amen.

Coroncina al Cuore Immacolato di Maria

Cuore Immacolato di Maria, dopo quello di Gesù, il più puro, il più santo, il più nobile, formato dalla mano dell'Onnipotente; Cuore ripieno di tenerissima carità, ti lodo, ti benedico e ti offro tutti gli ossequi dei quali sono capace.

Ave Maria

Cuore Immacolato di Maria ti rendo infinite grazie di tutti i benefici ricevuti per tua intercessione; mi unisco a tutte le anime più fervorose, per onorarti degnamente, lodarti e benedirti.

Ave Maria

Cuore Immacolato di Maria, sii tu la strada per cui mi

accosti al Cuore di Gesù e per cui Gesù stesso mi conduca alla santità.

Ave Maria

Cuore Immacolato di Maria, sii tu il mio rifugio il mio conforto; lo specchio in cui contempli, la scuola ove studi le lezioni del Divino Maestro; fa' che presso di te apprenda le sue massime, specialmente la purezza, l'umiltà, la mansuetudine, la pazienza, il disprezzo del mondo e, soprattutto, l'amor di Gesù.

Ave Maria

Cuore Immacolato di Maria, trono della carità e della pace, ti presento il mio cuore, benché agitato e deformato dalle passioni; conosco che è indegno di esserti offerto, ma non rifiutarlo per pietà: purificalo, santificalo, riempilo del tuo amore e dell'amore di Gesù; rendilo somigliante al tuo, affinché possa un giorno con te essere beato in eterno.

O Cuore purissimo di Maria, vergine santissima.
Ottienici da Gesù la purezza e l'umiltà del cuore.

Cuore Immacolato di Maria.
Dacci l'umiltà, la dolcezza e la misericordia.

Atto di Consacrazione

Veniva recitato da suor Lucia ed è consigliabile ripeterlo spesso.

O Vergine e Madre, confidando nel tuo Cuore Immacolato, mi consacro interamente a te e, per mezzo tuo, al Signore con le tue stesse parole: "Ecco l'ancella del Signore, si faccia di me secondo la tua parola, la tua volontà, la tua gloria".

3 dicembre: quinto giorno

"Siate fedeli e ferventi nella preghiera"

Le apparizioni di Akita

1973

Giappone

Akita è una città di circa 300.000 abitanti e si trova a nord ovest del Giappone. I fatti sono avvenuti nel convento delle suore giapponesi "Serve dell'Eucaristia", che si trova in diocesi di Niigata a 6 kilometri da Akita. Le apparizioni hanno per protagonista suor Agnese Katsuko Sasagawa. Suor Agnese nacque nel 1931, rimase paralizzata fino ai 19 anni quando si curò con l'acqua di Lourdes e guarì. Si convertì al Cattolicesimo ricevendo il Battesimo all'età di 25 anni. Suor Agnese entrò, a 42 anni, nel convento delle "Serve dell'Eucarestia". Come attestano i registri del 12 maggio 1973, la suora era completamente sorda ed irrimediabilmente incurabile.

La storia delle apparizioni

Il 12 giugno 1973, suor Agnese si accingeva, verso le 8,30 del mattino, all'adorazione eucaristica, improvvisamente apparve una grande luce la fece cadere in ginocchio. I giorni seguenti, 13 e 14 giugno, il fenomeno si ripetè riempiendola di stupore, ma anche di gioia e di pace. Il 28 giugno, sulla sua mano sinistra appare una ferita a forma di croce, è molto dolorosa e le provoca una copiosa perdita di sangue. In seguito ebbe la visione del suo angelo custode che la invitava alla preghiera di riparazione al Cuore del Signore e al Cuore della Madonna sente una voce (la religiosa è completamente sorda) e, mentre prega, vede una luce brillante provenire dal tabernacolo, questo fenomeno si verifica per diversi giorni.

Il 6 luglio, entra nella Cappella per pregare davanti a una statua in legno. "Quando mi avvicinai alla statua - riferisce Agnese - sentii che la statua dava l'impressione di essere viva... era immersa nella luce e una voce risuonò nelle mie orecchie sorde". Secondo lei la Vergine le parlò esprimendo una promessa: "la tua sordità sarà guarita...". Il giorno seguente, quando le consorelle entrano nella Cappella per pregare davanti alla Vergine, scoprono con stupore che dalla mano destra della statua fuoriusciva del sangue. Osservano con

maggiore attenzione constatando che c'è una ferita a forma di croce identica a quella che ha suor Agnese. La ferita sanguina tutti i venerdì del mese di luglio del 1973, così come avviene con la ferita della religiosa. Di lì a poco suor Agnese riceve dalla Madonna un messaggio nel quale le viene chiesto di pregare per il Papa, i vescovi e i sacerdoti e in riparazione ai mali degli uomini. Il 24 luglio arriva il Vescovo Ito per accertarsi dei fatti.

PRIMA APPARIZIONE 6 LUGLIO 1973

Il primo messaggio che la Madonna, comunica a suor Agnese lo si ha il 6 luglio. *"Figlia mia, mia novizia, mi hai obbedito bene abbandonando tutto per seguirmi. È dolorosa l'infermità alle tue orecchie? La tua sordità sarà guarita, stanne certa. La ferita alla tua mano ti fa soffrire? Prega in riparazione ai peccati degli uomini.*
Ogni persona in questa comunità è la ma insostituibile figlia. Recitate bene la preghiera delle Serve dell'Eucarestia? Allora recitiamola insieme: ***Sacratissimo Cuore di Gesù, realmente presente nella Santa Eucarestia, io consacro il mio corpo e la mia anima per essere interamente uniti con il Tuo Cuore che viene sacrificato in ogni istante in tutti gli altari del mondo, dando lode al Padre e invocando la venuta del Suo Regno. Ti prego, ricevi l'umile offerta di me stessa. Usami come desideri per la gloria del Padre e per la salvezza delle anime. Santissima Madre di Dio, non farmi essere separata dal tuo Divino Figlio. Ti prego, difendimi e proteggimi come tua figlia particolare. Amen".***

Alla fine della preghiera la voce dice:

"Prega molto per il Papa, i vescovi e i preti. Dal momento del tuo Battesimo hai sempre pregato per loro con fede. Continua a pregare molto, moltissimo. Quanto ti è successo oggi riferiscilo ai tuoi Superiori. E obbedisci fedelmente a quello che ti diranno. Ora, loro desiderano fervidamente che si preghi".

SECONDA APPARIZIONE 3 AGOSTO 1973

II 3 agosto, venerdì, verso le 3 del pomeriggio, suor Agnese dopo aver recitato il rosario meditando la passione del Signore, improvvisamente dalla statua della Madonna le giunge una voce che le dice: *"Figlia mia, mia novizia, ami il Signore? Se ami il signore ascolta quello che ho da dirti. È molto importante. Lo riferirai al tuo superiore. Molti uomini in questo mondo fanno soffrire il Signore. Io*

desidero anime che lo consolino per placare la collera del Padre Celeste. Desidero, con Mio Figlio, anime che dovranno riparare, per mezzo della loro sofferenza e della loro povertà, per i peccatori e gli ingrati. Affinché il mondo possa conoscere la Sua ira, il Padre Celeste si sta preparando a infliggere un grande Castigo su tutta l'umanità. Con Mio Figlio sono intervenuta tante volte per placare l'ira del Padre. Ho impedito l'arrivo di calamità offrendogli le sofferenze del Figlio sulla Croce, il Suo prezioso sangue e le anime dilette che Lo consolano formando una schiera di anime vittime. Preghiera, penitenza e sacrifici coraggiosi possono attenuare la collera del Padre. Io desidero anche questo dalla vostra comunità...che ami la povertà, che si santifichi e preghi in riparazione per l'ingratitudine e le offese di tanti uomini. Recitate la preghiera delle Serve dell'Eucarestia consapevoli del suo significato. Mettetela in pratica; offrite in riparazione per i peccati tutto ciò che Dio può mandare. Fai in modo che tutte si sforzino, secondo le capacità e la posizione, di offrirsi interamente al Signore. Anche in un istituto secolare la preghiera è necessaria. Già le anime che vogliono pregare stanno per essere radunate. Senza dare troppa importanza alla forma, siate fedeli e ferventi nella preghiera per consolare il Maestro". E dopo un attimo di silenzio:

"Quello che pensi in cuor tuo è vero? Sei sinceramente decisa a diventare la pietra scartata? Mia novizia, tu che desideri appartenere senza riserve al Signore per diventare la degna sposa dello Sposo, fai i tuoi voti sapendo che devi essere appesa alla croce con tre chiodi. Questi tre chiodi sono: povertà, castità e obbedienza. Dei tre l'obbedienza è fondamentale. Nel totale abbandono, fatti guidare dal tuo superiore. Egli saprà come capirti e indirizzarti".

Il 29 settembre, festa di san Michele, suor Agnese e altre due suore vanno in cappella e recitano il rosario meditando la passione del Signore. Terminato il 5° mistero la statua della Madonna risplende di luce. Il fatto si ripete alla sera, terminata la recita dell'ufficio la statua emana una specie di sudore. In quel momento a suor Agnese appare l'angelo che le dice: "La Madonna soffre, asciugatele il sudore". Allora quattro suore vennero con asciugamano e cotone per asciugare il sudore che usciva abbondantemente dalla fronte, dal collo, dal petto e dalle spalle. Dopo cena le suore continuarono ad asciugare la statua pregando, mentre nella cappella si spandeva un profumo di rose e di gigli, che durò fino al 15 ottobre.

Terza apparizione 13 ottobre 1973

Il 13 Ottobre 1973, nell'anniversario dell'ultima apparizione di Fatima, riceve l'ultimo e più importante messaggio. Suor Agnese ha appena incominciato il rosario quando la solita voce dalla statua le dice:

"Mia cara figlia, ascolta bene ciò che ho da dirti. Ne informerai il tuo superiore". Dopo un attimo di silenzio la Madonna continua dicendo:

"Come ti ho detto, se gli uomini non si pentiranno e non miglioreranno se stessi, il Padre infliggerà un terribile castigo su tutta l'umanità. Sarà un castigo più grande del Diluvio, tale come non se ne è mai visto prima. Il fuoco cadrà dal cielo e spazzerà via una grande parte dell'umanità, i buoni come i cattivi, senza risparmiare né preti né fedeli. I sopravvissuti si troveranno così afflitti che invidieranno i morti. Le sole armi che vi resteranno sono il Rosario e il Segno lasciato da Mio Figlio. Recitate ogni giorno le preghiere del Rosario. Con il Rosario pregate per il Papa, i vescovi e i preti.

L'opera del diavolo si insinuerà anche nella Chiesa in una maniera tale che si vedranno cardinali opporsi ad altri cardinali, vescovi contro vescovi. I sacerdoti che mi venerano saranno disprezzati e ostacolati dai loro confratelli... chiese ed altari saccheggiati; la Chiesa sarà piena di coloro che accettano compromessi e il Demonio spingerà molti sacerdoti e anime consacrate a lasciare il servizio del Signore. Il demonio sarà implacabile specialmente contro le anime consacrate a Dio. Il pensiero della perdita di tante anime è la causa della mia tristezza. Se i peccati aumenteranno in numero e gravità, non ci sarà perdono per loro. Con coraggio, parla al tuo superiore. Egli saprà come incoraggiare ognuna di voi a pregare e a realizzare il vostro compito di riparazione. Èil vescovo Ito, che dirige la vostra comunità".

E dopo aver sorriso aggiunge:

"Hai ancora qualcosa da chiedere? Oggi sarà l'ultima volta che io ti parlerò in viva voce. Da questo momento in poi obbedirai a colui che ti è stato inviato e al tuo superiore. Prega molto le preghiere del Rosario. Solo io posso ancora salvarvi dalle calamità che si approssimano. Coloro che avranno fiducia in me saranno salvati".

La voce cessò; la statua splende di luce.

L'angelo che visitò la prima volta suor Agnese, ha continuato a parlarle per i 6 anni seguenti.

La mattina del 4 gennaio 1975, primo venerdì del mese, la suora incaricata della Chiesa, si accorge che il piedistallo della statua della Madonna era bagnato. Guardando in alto vede che dagli occhi della statua scendono delle lacrime che scorrono sulle guance e cadendo bagnano il piedistallo. Quel giorno il vescovo era presente e fu anche lui testimone del fatto.

Alla sera, dopo la benedizione eucaristica, l'angelo appare a suor Agnese e le dice: *"Non meravigliarti delle lacrime di Maria. La Madonna desidera che tutti si convertano. Se non vedete vi dimenticate di Dio e stentate a credere. Guardando le lacrime di Maria, convenitevi e consolate la Madonna, annunziate a tutti quanto sta avvenendo per la gloria di Dio e propagate la devozione alla Madonna".*

Dal 4 gennaio 1975 al 7 febbraio 1982, si verificano ben 101 lacrimazioni. Avvengono in circostanze diverse, anche quando suor Agnese è lontana dal convento; una volta distava circa 400 kilometri. Una rete televisiva giapponese, mentre realizza un servizio sugli eventi di Akita, ha filmato la statua della Madonna mentre piange.

In diverse occasioni, la statua della Madonna, suda profusamente e, secondo vari testimoni, il sudore emanava un dolce profumo. Sul palmo della mano destra è apparsa una ferita a forma di croce dalla quale stillava del sangue. Centinaia di persone sono state testimoni dirette di questi eventi prodigiosi. Diverse indagini scientifiche sono state eseguite sul sangue e sulle lacrime prodotte dalla statua. Le analisi condotte hanno confermato che il sangue, le lacrime e il sudore erano veri e di origine umana.

Nel 1981, una donna coreana, la signora Chun, con un cancro al cervello in fase terminale ottiene una guarigione immediata mentre prega davanti alla statuetta. Il miracolo è confermato dal dottor Tong-Woo-Kim dell'ospedale St. Paul Hospital di Seul e da don Theisen presidente del Tribunale Ecclesiastico dell'Arcidiocesi di Seul. Il secondo miracolo fu la completa guarigione dalla totale sordità di suor Agnese Sasagawa.

Nell'aprile del 1984 monsignor Ito, vescovo di Niiga-ta in Giappone, dopo un'ampia e approfondita investigazione durata diversi anni, dichiara che gli avvenimenti di Akita sono da considerarsi di origine soprannaturale e autorizza nell'intera diocesi la venerazione della Santa Madre di Akita. Il vescovo afferma: "Il messaggio di Akita è la continuazione del messaggio di Fatima". Nella sua

lettera pastorale con cui approva gli eventi di Akita come soprannaturali, dice: "Dopo le indagini condotte fino al giorno presente, uno non può negare il carattere soprannaturale di una serie di eventi inspiegabili della statua della Vergine onorata ad Akita. Di conseguenza autorizzo che in tutta la diocesi affidata a me si veneri la Santa Madre di Akita".

Nel giugno del 1988 il Cardinale Ratzinger, Prefetto della Congregazione per la Dottrina della Fede presso la Santa Sede, ora Papa Benedetto XVI, espresse un giudizio definitivo sulla vicenda definendo gli eventi di Akita attendibili e degni di fede.

In preghiera con Maria

"Figlia mia, prega in riparazione ai peccati degli uomini. Ogni persona in questa comunità è la ma insostituibile figlia. Recitate bene la preghiera delle Serve dell'Eucarestia. Allora recitiamola insieme:

Nel nome del Padre e del Figlio e dello Spirito Santo. Amen.

Preghiera delle Serve dell'Eucarestia

Sacratissimo Cuore di Gesù, realmente presente nella Santa Eucarestia, io consacro il mio corpo e la mia anima per essere interamente uniti con il Tuo Cuore che viene sacrificato in ogni istante in tutti gli altari del mondo, dando lode al Padre e invocando la venuta del Suo Regno. Ti prego, ricevi l'umile offerta di me stessa. Usami come desideri per la gloria del Padre e per la salvezza delle anime.
Santissima Madre di Dio, non farmi essere separata dal tuo Divino Figlio. Ti prego, difendimi e proteggimi come tua figlia particolare. **Amen.**

Il Rosario

"Recitate ogni giorno le preghiere del Rosario. Con il Rosario pregate per il Papa, i vescovi e i preti". Si consiglia di pregare i misteri corrispondenti al giorno della novena.

Struttura di ogni decina: *Enunciazione del mistero, breve pausa di riflessione,* **Padre nostro • 10 Ave Maria • Gloria al Padre**

Inizio

Nel nome del Padre e del Figlio e dello Spirito Santo. **Amen.**

Misteri della Gioia

I. Annunciazione a Maria.
II. Visita di Maria ad Elisabetta.
III. Gesù nasce a Betlemme.

IV. Gesù è offerto al Padre nel tempio.

V. Gesù insegna ai dottori nel tempio.

Misteri della Luce

I. Il battesimo di Gesù nelle acque del Giordano.

II. Gesù manifesta la sua gloria alle nozze di Cana rispondendo alla preghiera di Maria.

III. Gesù annuncia che il regno di Dio si è fatto vicino e invita alla conversione del cuore.

IV. Gesù, sul monte Tabor, si manifesta agli apostoli nello splendore della divinità.

V. Gesù dona l'Eucaristia alla Chiesa come testamento d'amore.

Misteri del Dolore

I. Gesù agonizza nel Getsemani.

II. Gesù è flagellato.

III. Gesù è coronato di spine.

IV. Gesù porta la croce.

V. Gesù muore in croce.

Misteri della Gloria

I. Gesù risorge dal sepolcro.

II. Gesù ascende al cielo.

III. Gesù invia lo Spirito Santo.

IV. Maria è assunta alla gloria.

V. Maria è incoronata Regina.

Salve Regina

LITANIE LAURETANE

Signore, pietà.	**Signore, pietà**
Cristo, pietà.	**Cristo, pietà**
Signore, pietà.	**Signore, pietà**
Cristo, ascoltaci.	**Cristo, ascoltaci**
Cristo, esaudiscici.	**Cristo, esaudiscici**
Dio Padre celeste,	**abbi pietà di noi**
Dio Figlio, Redentore del mondo,	”
Dio Spirito Santo,	”
Santa trinità, unico Dio,	”
Santa Maria,	**prega per noi**
Santa Madre di Dio,	”
Santa Vergine delle vergini,	”
Santa sposa del giusto Giuseppe	”
Madre di Cristo,	”
Madre della Chiesa,	”
Madre della Grazia,	”
Madre purissima,	”
Madre castissima,	”
Madre sempre vergine,	”
Madre intemerata,	”
Madre amabile,	”
Madre ammirabile,	”
Madre del buon consiglio,	”
Madre del Creatore,	”
Madre del Salvatore,	”
Vergine prudentissima	”
Vergine venerabile,	”

Vergine degna di lode,	**prega per noi**
Vergine potente,	”
Vergine clemente,	”
Vergine fedele,	”
Specchio di giustizia,	”
Sede della Sapienza,	”
Causa della nostra gioia,	”
Tempio dello Spirito Santo,	”
Tempio degno di onore,	”
Modello di vera pietà,	”
Rosa mistica,	”
Torre di Davide,	”
Torre di avorio,	”
Casa d’oro,	”
Arca dell’alleanza,	”
Porta del cielo,	”
Stella del mattino,	”
Salute dei malati,	”
Rifugio dei peccatori,	”
Conforto degli afflitti,	”
Aiuto dei cristiani,	”
Regina degli Angeli,	”
Regina dei Patriarchi,	”
Regina dei Profeti,	”
Regina degli Apostoli,	”
Regina dei Martiri,	”
Regina dei Confessori,	”
Regina delle Vergini,	”

Regina di tutti i Santi,	**prega per noi**
Regina concepita senza macchia originale,	”
Regina Assunta in cielo,	”
Regina del Santo Rosario,	”
Regina della famiglia,	”
Regina della pace,	”

Agnello di Dio, che togli i peccati del mondo.
Perdonaci, Signore

Agnello di Dio, che togli i peccati del mondo.
Ascoltaci, Signore

Agnello di Dio, che togli i peccati del mondo.
Abbi pietà di noi

Orazione
O Dio, il tuo unico Figlio ci ha acquistato con la sua vita, morte e risurrezione i beni della salvezza eterna: concedi a noi che, venerando questi misteri nel Santo Rosario della Vergine Maria, imitiamo ciò che contengono e otteniamo ciò che promettono. Per Cristo nostro Signore. **Amen.**

IN RI

4 dicembre: sesto giorno

Avvicinatevi, figli miei, non abbiate timore...”
Nostra Signora di La Salette
19 settembre 1846 Francia

La Madonna lungo i secoli è apparsa molte volte, lasciando messaggi, incitando alla preghiera ed al pentimento dei peccati. Per lo più è apparsa a veggenti o persone di umili condizioni e di animo innocente, quasi a garanzia della veridicità degli eventi che si verificavano; così fu per l'apparizione nel 1531 di Guadalupe in Messico a san Juan Diego, un indio analfabeta; a Lourdes nel 1858 a santa Bernadette a Fatima nel 1917 ai tre pastorelli Giacinta, Francesco e Lucia, per citarne alcune fra le più famose. Anche a La Salette, località nel cuore delle Alpi francesi, la Madonna si incontra con due pastorelli, Mélanie Calvat di circa 15 anni e Maximin Giraud di 11 anni. L'apparizione a La Salette, fu riconosciuta dalla Chiesa per mezzo di Mons. Bruilard nel 1851.

La storia di nostra Signora di La Salette

Domenica 13 settembre 1846 Pierre Selme, agricoltore degli Ablandins, arriva a Corps per cercare qualcuno che possa rimpiazzare il suo pastore ammalatosi nel frattempo. Il carradore Giraud allora decide di destinare suo figlio Maximin a questo incarico. Così, da lunedì 14 settembre, Maximin conduce al pascolo le mucche. I luoghi di pascolo sono quelli dove avverrà l'apparizione.

Mélanie si trova già agli Ablandins e anche lei conduce al pascolo le mucche del suo padrone. La sera di venerdì 18 settembre i ragazzi s'incontrano per la prima volta: pur essendo nativi dello stesso paese, Corps, non avevano mai avuto modo di conoscersi prima. La mattina di sabato 19 settembre 1846 Maximin e Mélanie partono insieme per condurre al pascolo le mucche.

Verso mezzogiorno, i due pastorelli fanno abbeverare gli animali alla cosiddetta “fontana delle bestie”; poi si avvicinano alla “fontana degli uomini” e lì consumano il loro pasto, poi sentono il bisogno di riposarsi. Dopo una o due ore, Mélanie si sveglia e, non vedendo più le bestie, chiama Maximin e corre su per il colle a cercarle; Maximin la segue. Trovatele, si tranquillizza e inizia a scendere dal colle.

Fatti alcuni passi, Mélanie scorge all'improvviso un globo di luce nel luogo dove avevano lasciato i tascapane. Chiama in fretta Maximin,

e insieme cercano di capire cosa stia accadendo: la paura si impossessa dei due ragazzi; Mélanie lascia cadere il suo bastone, mentre Maximin cerca di riprenderlo, per potersi difendere da quella luce. A questo punto i ragazzi scorgono all'interno del globo di luce la figura di una donna, che essi chiameranno sempre la "Bella Signora", seduta con i gomiti poggiati sulle ginocchia e il viso nascosto tra le mani; la sentono singhiozzare. La donna si alza lentamente e dice: «*Avvicinatevi, figli miei, non abbiate timore, sono qui per annunciarvi un grande messaggio*».

È vestita come le donne del villaggio: un abito che scende fino ai piedi, uno scialle, una cuffia sulla testa, un grembiule annodato attorno ai fianchi. La cuffia, l'orlo dello scialle e i piedi sono ornati da ghirlande di rose.

Accanto alle rose dello scialle è visibile una pesante catena, mentre al petto porta un crocifisso con ai lati un paio di tenaglie e un martello. Allora la "Bella Signora" continua: "*Se il mio popolo non vuole sottomettersi, sono costretta a lasciare libero il braccio di mio Figlio. Esso è così forte e così pesante che non posso più sostenerlo. Da quanto tempo soffro per voi! Se voglio che mio Figlio non vi abbandoni, mi è stato affidato il compito di pregarlo continuamente per voi; voi non ci fate caso. Per quanto pregherete e farete mai potrete compensare la pena che mi sono presa per voi. Vi ho dato sei giorni per lavorare, mi sono riservato il settimo e non me lo volete concedere. È questo che appesantisce tanto il braccio di mio Figlio! Coloro che guidano i carri non sanno imprecare senza usare il nome di mio Figlio. Queste sono le due cose che appesantiscono tanto il braccio di mio Figlio. Se il raccolto si guasta, la colpa è vostra. Ve l'ho mostrato l'anno passato con le patate: voi non ci avete fatto caso. Anzi, quando ne trovavate di guaste, bestemmiavate il nome di mio Figlio. Esse continueranno a marcire e quest'anno, a Natale, non ve ne saranno più. Voi non capite, figli miei. Ve lo dirò diversamente. Se avete del grano, non seminatelo. Quello seminato sarà mangiato dagli insetti e quello che verrà cadrà in polvere, quando lo batterete. Sopraggiungerà una grande carestia. Prima di essa, i bambini al di sotto dei sette anni saranno colpiti da tremito e morranno tra le braccia di coloro che li terranno. Gli altri faranno penitenza con la carestia. Le noci si guasteranno e l'uva marcirà*".

A questo punto, la donna affida un segreto a Maximin e poi a Mélanie; quindi prosegue: "*Se si convertono, le pietre e le rocce si tramuteranno in mucchi di grano e le patate nasceranno da sole nei campi. Fate la vostra preghiera, figli miei?*". "Non molto, Signora",

rispondono entrambi. "*Ah, figli miei, bisogna proprio farla, sera e mattino! Quando non potete far meglio, dite almeno un Pater e un'Ave Maria; quando potete fare meglio, ditene di più. A messa, d'estate, vanno solo alcune donne anziane; gli altri lavorano di domenica, tutta l'estate. D'inverno, quando non sanno che fare, vanno a messa solo per burlarsi della religione. In Quaresima, vanno alla macelleria come i cani. Avete mai visto del grano guasto, figli miei?*". "No, Signora", rispondono.

Allora la donna si rivolge a Maximin: "*Ma tu, figlio mio, lo devi aver visto una volta con tuo padre, verso la terra di Coin. Il padrone del campo disse a tuo padre di andare a vedere il suo grano guasto. Vi andaste tutti e due, prendeste in mano due o tre spighe, le stropicciaste e tutto cadde in polvere. Al ritorno, quando eravate a mezz'ora da Corps, tuo padre ti diede un pezzo di pane dicendoti: 'Prendi, figlio mio, mangia ancora del pane quest'anno, perché non so chi ne mangerà l'anno prossimo, se il grano continua in questo modo'*". "Oh, sì, Signora, ora ricordo: prima non me lo ricordavo!", risponde Maximin. La donna riprende a dire in francese: "*Ebbene, figli miei, fatelo conoscere a tutto il mio popolo*". Poi inizia a muoversi, attraversa il ruscello e, senza voltarsi, ripete: "*Andiamo, figli miei, fatelo conoscere a tutto il mio popolo*". La "Bella Signora" risale il sentiero sinuoso che porta al Collet e si eleva da terra; i pastorelli la raggiungono e si accorgono che guarda prima il cielo e poi la terra. A quel punto, la donna inizia a fondersi nella luce, e quest'ultima, a sua volta, scompare.

Il cuore del messaggio

Il 19 settembre 1846, vigilia della festa dei suoi Dolori, la Madre di Dio appare piangente a due pastorelli de La Salette, a dimostrare la sua immensa ed instancabile sollecitudine per il suo popolo ribelle, minacciando che, se non si fosse sottomesso, ella non avrebbe potuto più trattenere il braccio di suo Figlio adirato. Lamentò specialmente: la bestemmia e la profanazione dei giorni festivi, richiamò gli uomini alla preghiera ed alle opere di penitenza; condannò, il lusso e l'immodestia del vestire; promise, in caso di conversione, grandi benedizioni e agiatezze temporali, invece di castighi meritati. La fonte, dove la Beata Vergine sedeva piangendo, che in passato dava acqua solo saltuariamente, non ha cessato di zampillare perennemente. Queste acque miracolose continuano ad operare innumerevoli guarigioni.

In preghiera con Maria

Maria a La Salette piange: il suo materno amore la rende sollecita verso i suoi figli ancora peregrinanti e posti in mezzo a pericoli e affanni. Maria, piange sul suo Figlio, misconosciuto e respinto dagli uomini. Piange su noi peccatori. Piange sulle sventure che ci prostrano e provacano la nostra ribellione invece di essere percepite come un urgente richiamo alla conversione...

ALLA VERGINE DI LA SALETTE

O nostra Signora di La Salette, vera Madre Addolorata, ricordati delle lacrime che hai versato per me sul Calvario; ricordati anche della cura che hai sempre avuto per me nel sottrarmi alla giustizia di Dio e guarda se, dopo aver fatto tanto per questo tuo figlio, puoi abbandonarlo.

Rianimato da tale consolante pensiero, mi prostro ai tuoi piedi, nonostante le mie infedeltà e ingratitudini. Non respingere la mia preghiera, o Vergine riconciliatrice, ma convertimi e fammi la grazia di amare Gesù sopra ogni cosa e anche di consolare te con una santa vita, affinché io possa un giorno contemplarti in cielo. **Amen.**

Padre nostro • Ave Maria • Gloria al Padre

Nostra Signora di La Salette, riconciliatrice dei peccatori, ottienimi la grazia di santificare le feste e la domenica, giorno del Signore, come egli chiede ai suoi figli. Intercedi, inoltre, Madre Addolorata, affinché sia estirpato dalla nostra patria il grave peccato della bestemmia.

Nostra Signora di La Salette.
Prega per me che ricorro a te.

Corona delle lacrime della Madonna

È composta da 49 grani a forma di lacrima, suddivisi in 7 gruppi, separati da 7 grani color argento a forma di rosa e termina con 3 grani a forma di rosa che si trovano fra la crociera della corona e la medaglia raffigurante la Madonna delle Lacrime di Siracusa.

Dopo aver recitato la preghiera preparatoria si prende in mano la corona e si prega così:

A Preghiera preparatoria
(vedi pag. 145)

B O Gesù, ricordati...

C O Gesù, esaudisci...

Alla fine della corona:

D O Gesù, ricordati delle lacrime di Colei che ti ha amato più di tutti sulla terra

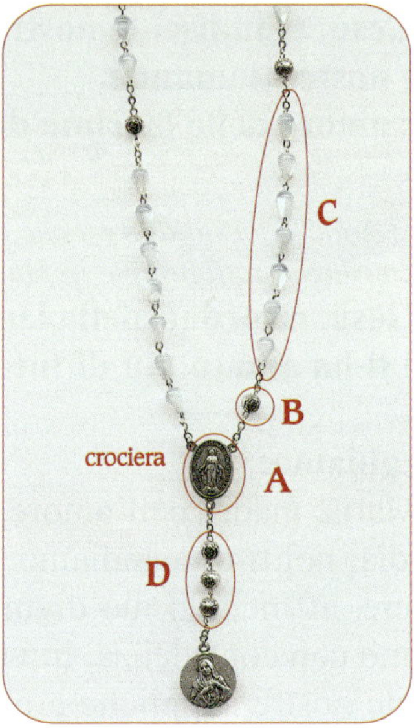

Preghiera preparatoria

O Gesù, nostro divino Crocifisso, inginocchiati ai tuoi piedi noi ti offriamo le lacrime di Colei, che ti ha accompagnato sulla via dolorosa del Calvario, con un amore così ardente e compassionevole.

Esaudisci, o buon Maestro, le nostre suppliche e le nostre domande per l'amore delle lacrime della tua santissima madre.

Accordaci la grazia di comprendere gli insegnamenti dolorosi che ci danno le lacrime di questa buona Madre, affinché noi adempiamo sempre la tua santa Volontà sulla terra e siamo giudicati degni di lodarti e glorificarti eternamente in cielo. **Amen.**

Sui grani color argento a forma di rosa (sette):

O Gesù, ricordati delle lacrime di Colei che ti ha amato più di tutti sulla terra.

E ora ti ama nel modo più ardente in cielo.

Sui grani bianchi a forma di lacrima (quarantanove)

O Gesù, esaudisci le nostre suppliche e le nostre domande.

Per amore delle lacrime della tua santa Madre.

Sui 3 grani a forma di rosa che collegano la crociera della corona alla medaglia raffigurante la Madonna:

O Gesù, ricordati delle lacrime di Colei che ti ha amato più di tutti sulla terra.

Preghiamo:

O Maria, madre dell'amore, madre di dolore e di misericordia, noi ti domandiamo di unire le tue preghiere alle nostre, affinché il tuo divin Figlio, al quale noi ci rivolgiamo con confidenza, in virtù delle tue lacrime, esaudisca le nostre suppliche e ci conceda, oltre le grazie che gli domandiamo, la corona della gloria nell'Eternità. **Amen.**

5 dicembre: settimo giorno

"O Maria, concepita senza peccato..."

Apparizione della medaglia Miracolosa
Dal 1830 al 1831
Parigi

Le apparizioni di Rue du Bac

Il fatto che ha dato origine alla Medaglia Miracolosa ebbe luogo il 27 novembre 1830, a Parigi in Rue du Bac. La Vergine apparve a suor Caterina Labouré delle Figlie della Carità di san Vincenzo de Paoli, era in piedi, vestita color bianco-aurora, con i piedi su un piccolo globo, con le mani tese le cui dita gettavano fasci di luce.

La stessa suor Caterina ci racconta l'episodio dell'apparizione: «Il 27 novembre 1830, che era il sabato antecedente la prima domenica di Avvento, alle cinque e mezza del pomeriggio, facendo la meditazione in profondo silenzio, mi parve di sentire dal lato destro della cappella un rumore, come il fruscio di una veste di seta. Avendo volto lo sguardo a quel lato, vidi la Santissima Vergine all'altezza del quadro di San Giuseppe. Il viso era abbastanza scoperto, i piedi poggiavano sopra un globo o meglio sopra un mezzo globo, o almeno io non ne vidi che una metà. Le sue mani, elevate all'altezza della cintura, tenevano in modo naturale un altro globo più piccolo, che rappresentava l'universo. Aveva gli occhi rivolti al cielo, e il suo volto diventò splendente mentre presentava il globo a Nostro Signore. Tutto ad un tratto, le sue dita si ricoprirono di anelli, ornati di pietre preziose, le une più belle delle altre, le une più grosse e le altre più piccole, le quali gettavano dei raggi luminosi.

Mentre io ero intenta a contemplarla, la Santissima Vergine abbassò gli occhi verso di me, e si fece sentire una voce che mi disse: *"Questo globo rappresenta tutto il mondo, in particolare la Francia e ogni singola persona..."*. Io qui non so ridire ciò che provai e ciò che vidi, la bellezza e lo splendore dei raggi così sfolgoranti! E la Vergine aggiunse: *"I raggi sono il simbolo delle grazie che io spargo sulle persone che me le domandano"*, facendomi così comprendere quanto è dolce pregare la Santissima Vergine e quanto Ella è generosa con le persone che la pregano; e quante grazie Ella accorda alle persone che le cercano e quale gioia Ella prova a concederle.

CONÇUE SANS PÉCHÉ PRIEZ POUR NOUS

La Medaglia Miracolosa

Ed ecco formarsi intorno alla Santissima Vergine un quadro alquanto ovale, sul quale, in alto, a modo di semicerchio, dalla mano destra alla sinistra di Maria si leggevano queste parole, scritte a lettere d'oro: *"O Maria, concepita senza peccato, prega per noi che ricorriamo a te"*. Allora si fece sentire una voce che mi disse: *"Fa' coniare una medaglia su questo modello; tutte le persone che la porteranno riceveranno grandi grazie; specialmente portandola al collo. Le grazie saranno abbondanti per le persone che la porteranno con fiducia"*. All'istante mi parve che il quadro si voltasse e io vidi il rovescio della medaglia. Vi era il monogramma di Maria, ossia la lettera M sormontata da una croce e, come base di questa croce, una spessa riga, ossia la lettera I, monogramma di Gesù, Jesus. Al di sotto dei due monogrammi, vi erano i Sacri Cuori di Gesù e di Maria, circondato il primo da una corona di spine e trafitto il secondo da una spada.

Tra le gemme ve ne erano alcune che non mandavano raggi. Mentre ella se ne stupiva, sentì la voce di Maria che diceva: *"Le gemme dalle quali non partono raggi sono simbolo delle grazie che si dimentica di chiedermi"*.

Nel 1832, due anni dopo le apparizioni, la richiesta di Maria fu esaudita e la medaglia fu coniata. Una delle prime a riceverla fu suor Caterina, la quale, appena l'ebbe fra le mani, la baciò e ribaciò con affetto, e disse: "Ora bisogna propagarla". La medaglia, in un certo senso, si propagò da sé. Le grazie e i miracoli, ottenuti sia a beneficio delle anime e sia a beneficio dei corpi, furono tanti e così evidenti che, ben presto, la medaglia fu chiamata "miracolosa".

In preghiera con Maria

L'Immacolata è "l'Onnipotente per grazia" e perciò può ottenerci dal Signore tutto ciò di cui abbiamo bisogno per la nostra vita spirituale e materiale: lei risponde sempre e non delude mai! Tante e grandi saranno le grazie e i miracoli che riceveremo pregando con fiducia!

Nel nome del Padre e del Figlio e dello Spirito Santo. Amen.

Coroncina della Medaglia Miracolosa

Immacolata Madre di Dio e Madre nostra, Maria, per la manifestazione della tua Medaglia Miracolosa, ti preghiamo di ascoltare le nostre suppliche e di esaudirci. Tu vedi, Madre, le nostre tribolazioni, i nemici che ci circondano e la giustizia di Dio che meritatamente ci flagella. Da noi nulla possiamo: tu, o Maria, abbi pietà di noi e liberaci.

3 Ave Maria
O Maria concepita senza peccato,
prega per noi che a te ricorriamo. *(3 volte)*

Potentissima Regina del cielo e della terra, per la manifestazione della tua Medaglia Miracolosa, opera in noi le stesse meraviglie usate finora a vantaggio dei peccatori. Tu riconducesti ai piedi del Padre tanti figli erranti con la tua intercessione. Anche noi, Madre, siamo figli peccatori: fa' che il Padre delle misericordie per te ci usi misericordia e ci salvi.

3 Ave Maria • O Maria concepita... *(3 volte)*

Madre del bell'Amore, per la manifestazione della tua Medaglia Miracolosa, infiamma i nostri cuori dell'amore di Dio. Il mondo in cui viviamo non conosce la preziosità di questo fuoco celeste.

A te, o Madre, ricorriamo: tu che ne sei la depositaria, rendi i nostri cuori insensibili per le cose terrene e solo infervorati dalla divina carità.

3 Ave Maria • O Maria concepita... *(3 volte)*

Rifugio dei peccatori, per la manifestazione della tua Medaglia Miracolosa non abbandonarci mai, mostraci di essere Madre nostra specialmente nell'ora della nostra morte.

Scaccia da noi i demoni, liberaci dalle tentazioni, maniféstati a noi e, con la tua presenza, assicuraci la morte preziosa dei giusti.

3 Ave Maria • O Maria concepita... *(3 volte)*

Porta del paradiso, Maria, per la manifestazione della tua Medaglia Miracolosa, arricchisci noi delle tue grazie, specialmente nella santa perseveranza.

Cara Madre, fiduciosi nella tua misericordia desideriamo con te godere Dio nei cieli: come a tanti tuoi figli, così a noi apri le porte del paradiso e salvaci.

3 Ave Maria • O Maria concepita... *(3 volte)*

Immacolata Madre nostra, ci presentiamo davanti al trono della tua misericordia per ottenere da te le grazie di cui abbiamo bisogno.

Per mezzo di una figlia spirituale di san Vincenzo de' Paoli, manifestasti la tua immagine raggiante di luce, simbolo della tua misericordia per gli uomini: illumina, Madre, i figli delle tenebre e rendili figli della Chiesa e tuoi devoti.

Spargi sul mondo intero i raggi della grazia di Dio, di cui sei tesoriera, e salva la povera umanità.

La tua luce risplenda sulla chiesa mistica Sposa del tuo Figlio e santifichi i sacerdoti, converta i peccatori e dia perseveranza ai giusti: fa' che sulla bocca di tutti risuoni la bella preghiera: "O Maria, Concepita senza peccato, prega per noi che a te ricorriamo".

Salve Regina

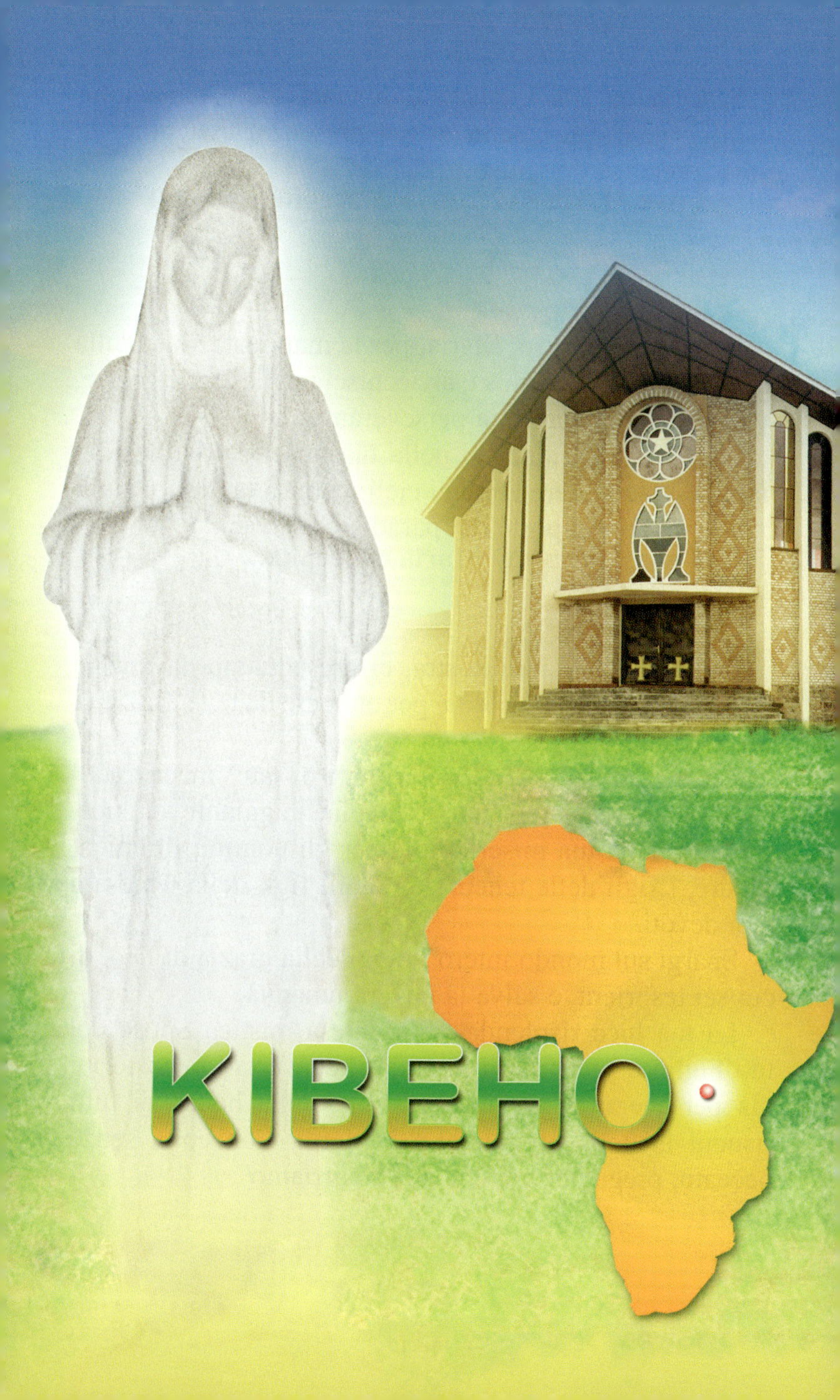
KIBEHO

6 dicembre: ottavo giorno

"Io sono la Madre del Verbo"

Le apparizioni Nostra Signora del Dolore
28 novembre1981-28 novembre 1989
Kibeho (Rwanda)

Agli inizi degli anni '80, a Kibeho in Rwanda, hanno avuto inizio quelle che molti considerano le più importanti apparizioni di Gesù e della Madonna mai verificatesi nel continente africano e su cui la Chiesa ha espresso il suo riconoscimento, giudicandole autentiche, al termine di una lunga inchiesta e di un rigoroso processo canonico. La Madonna è scesa a Kibeho, in Rwanda, per parlare al mondo intero. In questo luogo vi sono le sorgenti del Nilo, il fiume più espressivo di tutta l'Africa, il fiume che ha visto la liberazione di Mosè e del suo popolo e l'inizio della storia della Salvezza.

Non può essere questa una pura coincidenza, perché Dio non interviene nel mondo per coincidenza o per caso, ma interviene con un determinato e preciso piano per salvare tutto il genere umano perso nel peccato... e la Madonna è la Sua Messaggera.

Possa l'appello accorato di Maria risvegliare le coscienze degli uomini.

La storia delle apparizioni

Tutto ebbe inizio in Rwanda, il 28 novembre 1981, in un collegio di studentesse, tenuto da Suore di una Congregazione religiosa rwandese in Kibeho, località situata nel comune di Mubuga, a 30 chilometri da Butare e a 35 chilometri da Gikongoro, nella prefettura di Gikongoro, nella regione naturale del Nyaruguru. Erano le 12,35. Le ragazze del collegio erano nel refettorio.

Alphonsine Mumureke, di 16 anni, alunna della prima media, stava servendo le compagne a tavola quando sentì distintamente una voce che la chiamava: *"Figlia mia, vieni qui"*. La voce proveniva dal corridoio, accanto al refettorio. Alphonsine si diresse da quella parte e lì vide, per la prima volta, una giovane donna, sconosciuta, bellissima, vestita di bianco, con un velo bianco sulla testa, che nascondeva i capelli, e che sembrava unito al resto del vestito, e non si poteva capire come il vestito fosse cucito. Non aveva calzature. Le mani

giunte sul petto con le dita rivolte al cielo. La Madonna non era proprio bianca (muzungu) come è presentata nei santini, ma neppure nera. Alphonsine affermerà, nella sua testimonianza, di non riuscire a dire con esattezza come fosse la sua pelle, poiché la sua bellezza era incomparabile.

Alphonsine, piena di timore, chiese alla Signora chi fosse. La donna le rispose: ***"Io sono la Madre del Verbo"***. Il dialogo avveniva tutto in lingua rwandese. Le compagne di collegio, presenti, udivano le parole di Alphonsine, ma non quelle della Signora.

Tuttavia la loro presenza si rivelò assai proficua, dal momento che, attraverso la ripetizione fatta dalla loro compagna, potevano sapere cosa dicesse quel personaggio misterioso, per cui loro stesse testimonieranno d'avere inteso quella risposta della Madonna.

"Allora tu sei la Madre del Verbo?", avrebbe chiesto la veggente alla Madonna, secondo quanto testimonieranno le alunne. Allora anche Alphonsine si presentò alla Madonna: "E io sono Alphonsine". La Madonna proseguì: *"Nella tua vita cristiana, cosa è per te la cosa più importante?"*.

Alphonsine rispose in questi termini: "Amo Dio e sua Madre che ha messo al mondo per noi il Redentore". La Signora aggiunse: "Veramente". "Sì, è proprio così", continuò la veggente.

La Signora a questo punto fece la seguente importante dichiarazione: *"Se è così, io vengo a consolarti, perché ho ascoltato le tue preghiere. Voglio che le tue compagne abbiano fede, perché non ne hanno abbastanza"*. La Signora le chiese pure di insegnare alle sue compagne a pregare perché non sapevano pregare o non lo facevano abbastanza, nonché a tenere in stima la devozione a Maria, loro Madre.

Alphonsine di rincalzo: "Madre del Salvatore, se veramente sei tu che vieni a dirci che qui nella scuola abbiamo poca fede, Tu ci ami! È per me una grande felicità vederti con i miei occhi".

Alla fine, con la convinzione di essere stata visitata dalla Madonna, Alphonsine recitò tre Ave Maria e la sequenza allo Spirito Santo. Quindi la Signora scomparve lentamente, non di spalle, ma ritraendosi verso l'alto. L'apparizione durò circa un quarto d'ora.

Il collegio all'epoca ospitava 120 ragazze interne, suddivise in tre classi che le preparavano a diventare segretarie d'azienda o insegnanti elementari. Era diretto da tre suore che fungevano anche da insegnanti. Gli altri insegnanti, una donna e cinque uomini, erano

laici. Il complesso non era dotato di cappella e, quindi, non vi era un clima religioso particolarmente sentito. Ecco, quindi, il significato delle prime parole della Madonna.

La reazione delle compagne di Alphonsine dinanzi alle apparizioni non fu entusiasta. Anzi. Pensarono subito che fosse isterica o che fosse vittima di allucinazioni. Divenne il loro zimbello. Nessuno la prendeva seriamente su ciò che raccontava e la ragazza ne soffriva. Pregò, quindi, in una delle successive visioni, che la Vergine apparisse anche alle altre ragazze in modo che potessero credere. La Madonna la accontentò.

La sera del 12 gennaio 1982, la Vergine Madre apparve anche a Nathalie Mukamazimpaka, che aveva allora 17 anni. Ma tale manifestazione non fu sufficiente a far cadere lo scetticismo. Alphonsine insistette presso la Madonna affinché apparisse anche ad altre ragazze e la Madre di Dio la accontentò ancora. Il 2 marzo 1982, la Madonna apparve a Marie-Claire Mukangango, di anni 21. Questa nuova apparizione fu determinante, dal momento che Marie-Claire era la più scettica e, data la sua età, condizionava anche il comportamento delle sue compagne collegiali. Quando anche lei dichiarò di aver visto la Madonna, tutte si arresero. E da quel momento il collegio prestò più attenzione a quei fenomeni.

I messaggi della Madonna di Kibeho non riguardano solo la popolazione rwandese. Lo disse esplicitamente la Vergine a Marie-Claire: *"Quando io mi faccio vedere e parlo a qualcuno, intendo rivolgermi al mondo intero"*. Un messaggio universale, dunque. E ciò che la Madonna voleva richiamare con le sue apparizioni era il fatto che il mondo vive senza Dio, ignorando i valori dello spirito. La Vergine diceva nei suoi messaggi di essere venuta a consolare i suoi figli, invitandoli all'unità ed alla pace, attraverso la conversione, la preghiera, la penitenza e la partecipazione alla passione di Cristo. Ecco perché si presentava come *"Vergine della sofferenza"* o *"dei dolori"* o *"Addolorata"*.

Degna di nota fu l'apparizione del 15 agosto 1982, quando le veggenti ebbero una chiara visione di ciò che sarebbe accaduto alcuni anni più tardi nel loro Paese. Quel giorno, la Vergine apparve alle ragazze molto triste. Alphonsine riferì di averla vista in lacrime. Ed anche le stesse ragazze si comportarono diversamente dal solito: piansero, tremarono e battevano i denti dalla paura. Fu un'apparizione eccezionalmente lunga, durando otto ore. Le ragazze raccontaro-

no, poi, di aver visto *"un fiume di sangue, persone che si uccidevano a vicenda, cadaveri abbandonati senza che nessuno si curasse di seppellirli, un abisso spalancato, un mostro spaventoso, teste mozzate"*. Ed in effetti, quando in quel funestato Paese scoppiò la guerra civile tra le etnie, Tutsi e Hutu, ci furono massacri spaventosi, che confermarono la veridicità di quell'apparizione. Alcuni dei veggenti scomparvero proprio nei massacri del 1994.

Due ragazze, Alphonsine e Nathalie, inoltre, ebbero modo di compiere, in anima, diversi viaggi mistici con la Madonna nell'aldilà, dove poterono constatare l'esistenza di giudizio dopo la morte, che fa ripartire gli uomini secondo le tre destinazioni definite dal giudizio morale, paradiso, purgatorio e inferno.

Dopo un accurato esame, condotto da due commissioni, quella medica (che ha attestato la normalità delle ragazze) e quella teologica (che ha accertato l'assenza di errori nelle apparizioni), ed istruito un accurato processo canonico, il 29 giugno 2001, il primo vescovo di Gikongoro, mons. Augustin Misago, in cattedrale, alla presenza di tutto l'episcopato rwandese e del nunzio apostolico, mons. Salvatore Pennacchio, leggeva il decreto di riconoscimento dell'autenticità delle apparizioni avvenute a Kibeho, in cui dichiarava solennemente, per conto della Chiesa, "Sì, la Vergine Maria è apparsa a Kibeho nella giornata del 28 novembre 1981 e nel corso dei mesi successivi. Ci sono più buone ragioni per credere che non di negare. A questo riguardo, solo le tre veggenti dell'inizio meritano di essere ritenute come autentiche: si tratta di Alphonsine Mumureke Nathalie Mukamazimpaka e Marie-Claire Mukangango. La Vergine si è loro manifestata sotto il nome di "Madre del Verbo", che è sinonimo di "Madre di Dio", come essa l'ha spiegato. Queste veggenti di Maria dicono di vederla sia a mani giunte, sia a braccia aperte".

Il 31 maggio 2003, alle 10,00 del mattino, mentre Sua Eminenza, card. Crescenzio Sepe, Prefetto della Congregazione per l'evangelizzazione dei popoli, inviato dal Papa ad eseguire la consacrazione del Santuario di Nostra Signora del Dolore a Kibeho, celebrava la solenne Messa con tutti i vescovo rwandesi, aveva luogo, dinanzi ai fedeli lì radunati, il fenomeno della danza del sole, come a Fatima, il 13 ottobre 1917. Esso durava otto minuti e fu filmato e fotografato così da escludere ogni tipo di suggestione.

UNIVERSALE MESSAGGIO DI SALVEZZA

La Santa Vergine è apparsa a tre ragazze del luogo, ma i suoi messaggi si rivolgono a tutto il mondo. Disse infatti la Madonna a Marie-Claire: *"Io mi rivelo dove voglio, quando voglio e a chi io voglio. Io non vengo soltanto per Kibeho, non soltanto per la diocesi di Butare, non soltanto per il Rwanda, non soltanto per l'Africa, ma per il mondo intero. Questo mondo è sull'orlo di una catastrofe. Meditate sulle sofferenze di Nostro Signore Gesù e sul profondo dolore di Sua Madre. Pregate il Rosario, specialmente i Misteri Dolorosi, per ricevere la grazia di pentirvi"*.

Alla veggente Alphonsine, Maria disse: *"Sono venuta per preparare la strada a mio Figlio, per il vostro bene, e voi non lo volete capire. Il tempo rimasto è poco e voi siete distratti. Siete distratti dai beni effimeri di questo mondo. Ho visto molti dei miei figli perdersi e sono venuta per mostrargli la vera strada..."*.

Come per altre apparizioni mariane, il messaggio fondamentale di Kibeho è l'invito alla conversione, alla preghiera e al digiuno. Nei suoi accorati appelli, Maria sottolinea l'importanza di amare il prossimo e di non sottovalutare il reale potere della preghiera, specialmente del Santo Rosario.

In preghiera con Maria

La Madonna disse a Marie Claire (morta nel genocidio del 1994), una delle veggenti di Kibeho prescelta per propagandare la diffusionedella coroncina dei sette dolori della Vergine:

*"**Ciò che vi chiedo è il pentimento. Se reciterete questa coroncina meditando, allora avrete la forza di pentirvi. Oggigiorno molti non sanno più chieder perdono. Essi mettono di nuovo il Figlio di Dio sulla croce. Per questo ho voluto venire a ricordarvelo, soprattutto qui in Ruanda, perché qui ci sono ancora persone umili che non sono attaccate alla ricchezza e ai soldi**" (31-5-1982).*

"Ti chiedo di insegnarla al mondo intero..., pur restando qui, perché la mia grazia è onnipotente" (15-8-1982).

Coroncina dei sette dolori della Vergine

*Per la recita si usa la **"Corona dell'Addolorata"**. Essa è composta da 49 grani, di colore rosso, divisi in 7 gruppi e separati da 7 medagliette raffiguranti i 7 dolori della Beata Vergine Maria. Termina con 3 grani nella parte di corona che unisce la crociera alla Medaglia dell'Addolorata a forma di rosa.*

A **Mio Dio....**

B **A me peccatore...**

C **Padre Nostro**

D **Ave Maria**

Al termine della settima Ave Maria:
Madre piena di misericordia...

E **Padre Nostro**

Nel nome del Padre e del Figlio e dello Spirito Santo. Amen.

Mio Dio, ti offro questa coroncina dei dolori per la tua maggior gloria, in onore della tua santa Madre. Mediterò e condividerò la sua sofferenza.

O Maria, ti supplico, per le lacrime che hai versato in quei momenti, ottieni a me e a tutti i peccatori il pentimento delle nostre colpe.

A me peccatore e a tutti i peccatori
concedi la contrizione perfetta dei nostri peccati.

PRIMO DOLORE

Il vecchio Simeone annuncia a Maria che una spada di dolore le trapasserà l'anima

Padre nostro
7 Ave Maria

Madre piena di misericordia, ricorda al nostro cuore, le sofferenze di Gesù durante la sua passione.

SECONDO DOLORE

La fuga in Egitto

Padre nostro
7 Ave Maria

Madre piena di misericordia, ricorda al nostro cuore, le sofferenze di Gesù durante la sua passione.

TERZO DOLORE
Lo smarrimento di Gesù

Padre nostro
7 Ave Maria

Madre piena di misericordia, ricorda al nostro cuore, le sofferenze di Gesù durante la sua passione.

QUARTO DOLORE
Maria incontra suo Figlio carico della croce

Padre nostro
7 Ave Maria

Madre piena di misericordia, ricorda al nostro cuore, le sofferenze di Gesù durante la sua passione.

QUINTO DOLORE
Maria ai piedi della croce

Padre nostro
7 Ave Maria

Madre piena di misericordia, ricorda al nostro cuore, le sofferenze di Gesù durante la sua passione.

SESTO DOLORE

Maria riceve il corpo inanimato di suo Figlio

Padre nostro

7 Ave Maria

Madre piena di misericordia, ricorda al nostro cuore, le sofferenze di Gesù durante la sua passione.

SETTIMO DOLORE

Maria alla tomba di Gesù

Padre nostro

7 Ave Maria

Madre piena di misericordia, ricorda al nostro cuore, le sofferenze di Gesù durante la sua passione.

Per finire ripetere tre volte le seguenti preghiere:

Ave Maria • Padre nostro

Madre piena di misericordia.

Tieni vivo nel nostro cuore il tuo dolore.

7 dicembre: nono giorno

"Io sono la vostra madre pietosa..."
L'apparizione di Guadalupe
9 dicembre 1531
Messico

La devozione a Maria, nel corso dei secoli, si è arricchita con l'evoluzione e i cambiamenti culturali della società, e si è espressa in tanti luoghi, mediante un culto continuo e costante, pieno di fervore, che ha manifestato l'autenticità di tutte le espressioni di fede e di amore verso Maria. Ci sono però, luoghi privilegiati che spiccano per l'intensità che suscitano e le moltitudini che attirano.

La Madonna di Guadalupe

Uno di questi luoghi è Guadalupe, qui Maria è venerata sotto la figura di una ragazza mite, umile e semplice, che appartiene al popolo. Questo rappresenta un felice incontro di due razze: la spagnola e l'atzeca. Maria, è l'Immacolata che appare all'indigeno Juan Diego ai piedi di una collina, vicino all'allora Gran Tenochtitlan, capitale del popolo azteco, oggi Città del Messico, capitale della Nuova Spagna. Maria si presenta a Juan Diego come la Madre del Dio vivente, il Dio che dà la vita, il creatore, e chiede a Juan di andare dal Vescovo per manifestargli che è sua volontà che si costruisca un gran tempio nel quale mostrare e dare tutto il suo amore, compassione, aiuto e difesa: *"Io sono la vostra madre pietosa... a te e a tutti gli abitanti di questa terra che mi invocano e in me confidano, io esaudirò le loro preghiere, asciugherò le lacrime, rimedierò le miserie e i dolori e vi farò vedere la mia clemenza".*

Il Vescovo, il francescano Fray Juan De Zumarraga, alle parole di Juan non crede. Allora, Juan, mortificato, torna da Maria e la supplica di inviare qualcuno di più importante. La Madonna, invece, lo prega di recarsi di nuovo in quel posto il giorno seguente.

Juan Diego arrivando a casa sua trova lo zio Juan Bernardino in punto di morte, e dovendo tornare in città alla ricerca di un sacerdote, per l'unzione degli infermi, allunga il giro per evitare di attraversare il posto dove lo attende la Madonna. Maria, allora, gli viene incontro, ed inizia con lui un dialogo meraviglioso, d'ispirazione

biblica, dove il povero, il semplice, l'umile indigeno dialoga con Maria che afferma essere sua madre: *"Non sono io forse tua Madre? Non sei tu forse sotto la mia protezione? Non deve turbarsi il tuo cuore, non ti spaventare né deve preoccuparti cosa alcuna... Non sei forse nel mio grembo? Di che hai bisogno?".* Maria chiede a Juan Diego di recarsi sul monte vicino a prendere delle rose, rose fresche di Castiglia; mai viste in quella terra. Juan Diego sale sulla collina del Tepeyac, trova i fiori, li prende e li colloca nella sua tilma, – il tipico mantello dei contadini di quella zona – la Madonna tocca i fiori e invia Juan dal Vescovo. Quando Juan Diego giunge davanti al Vescovo, lascia cadere le rose e in quel momento... compare impressa sul mantello, l'immagine miracolosa della Madonna di Guadalupe. Questa immagine non è né dipinta, né stampata, ma è un'impressione molto simile a quella della Sindone di Torino; è stata studiata con tutti i mezzi tecnologici più avanzati, e mai si è potuta trovare una spiegazione naturale alla formazione dell'immagine della Madonna sulla tilma di Juan Diego. Dal 1531, l'immagine si conserva miracolosamente su un mantello, fatto di un tessuto vegetale. In 470 anni, il fenomeno guadalupano è diventato il fenomeno mariano che costituisce il cuore del Messico, della sua storia e della sua cultura. Le persecuzioni non sono riuscite a fare allontanare il popolo dalla sua devozione, anzi nel nome di Cristo Re e della Madonna di Guadalupe sono stati massacrati e martirizzati innumerevoli messicani. Maria ha chiesto a Juan Diego la costruzione di un tempio. Questo tempio ormai non è più solo un tempio materiale, anche se questo esiste ed è bellissimo con una capienza di circa 15 mila fedeli, è in realtà un tempio spirituale che è la Chiesa viva.

Una donna incinta di tre mesi

Alcuni studi scientifici hanno stabilito che la Vergine dell'Immagine ha le dimensioni fisiche di una donna incinta di tre mesi. Sotto la cintura che trattiene la veste, al posto stesso dell'embrione, spicca un fiore con quattro petali: il Fiore solare, il più familiare dei geroglifici degli Aztechi che simboleggia per loro la divinità, il centro del mondo, del cielo, del tempo e dello spazio. Dal collo della Vergine pende una spilla il cui centro è adorno di una piccola croce, che ricorda la morte di Cristo sulla Croce per la salvezza di tutti gli uomini. Vari altri particolari dell'Immagine di Maria fanno di essa uno straordinario documento per la nostra epoca, che li può

constatare grazie alle tecniche moderne.

Così la scienza, che ha spesso servito quale pretesto per l'incredulità, oggi ci aiuta a mettere in evidenza segni che erano rimasti sconosciuti per secoli e secoli e che non può spiegare. L'immagine di Nostra Signora di Guadalupe porta un messaggio di evangelizzazione: la Basilica di Città del Messico è un centro "dal quale scorre un fiume di luce del Vangelo di Cristo, che si diffonde su tutta la terra attraverso l'Immagine misericordiosa di Maria" (Giovanni Paolo II, 12 dicembre 1981).

Inoltre, con il suo intervento in favore del popolo azteco, la Vergine ha contribuito alla salvezza di innumerevoli vite umane, e la sua gravidanza può esser interpretata come un appello speciale in favore dei nascituri e della difesa della vita umana; tale appello è di grande attualità ai giorni nostri, in cui si moltiplicano e si aggravano le minacce contro la vita delle persone e dei popoli, soprattutto quando si tratta di una vita debole ed inerme.

Il Concilio Vaticano II ha deplorato con forza i crimini contro la vita umana: "Tutto ciò che è contro la vita stessa, come ogni specie di omicidio, il genocidio, l'aborto, l'eutanasia e lo stesso suicidio volontario, tutto ciò che viola l'integrità della persona umana...; tutte queste cose, e altre simili, sono certamente vergognose. Mentre guastano la civiltà umana, disonorano coloro che così si comportano più ancora che quelli che le subiscono e ledono grandemente l'onore del Creatore" (*Gaudium et Spes*, 27). Di fronte a tali flagelli, che si sviluppano grazie ai progressi scientifici e tecnici, e che, purtroppo, beneficiano di un ampio consenso sociale e di riconoscimenti legali, invochiamo Maria con fiducia. Essa è un "modello incomparabile di accoglienza della vita e di sollecitudine per la vita... Mostrandoci suo Figlio, ci assicura che in Lui le forze della morte sono già state vinte" (Giovanni Paolo II, *Evangelium vitæ*, 102, 105). "In gigantesco duello si sono battute la morte e la vita. Il Signore della vita, già morto, ora vive e regna" (Sequenza di Pasqua). Lei, che è Madre di Misericordia, ci otterrà la Misericordia di Dio, specialmente se saremo caduti in peccati gravi.

In preghiera con Maria

In un pellegrinaggio spirituale, alla Basilica di Nostra Signora di Guadalupe in Messico, ascoltando le stesse parole che Maria ha rivolto all'indigeno Juan Diego: "Io sono la Madre del vero Dio per il quale si vive, del Dio Creatore davanti al quale tutto è presente, del Signore del Cielo e della terra". Offriamo alla Vergine un momento di preghiera.

Nel nome del Padre e del Figlio e dello Spirito Santo. Amen

Consacrazione alla Vergine di Guadalupe in difesa della vita

O Maria, aurora della nuova umanità cui è affidata la causa della vita, noi ci rivolgiamo a te portando le aspirazioni e le attese di ogni uomo e della Chiesa intera, popolo della vita. Ti salutiamo Madre del vero Dio per cui tutto vive, Madre di Gesù e Madre nostra, Donna vestita di sole, segno di consolazione e di sicura speranza. Come il discepolo prediletto ai piedi della croce anche noi, oggi, ti accogliamo e ti diciamo: "Tu sei la nostra Madre". Con questo Atto di Consacrazione rinnoviamo le promesse del nostro battesimo e l'impegno a percorrere la strada della santità, come te, con te e con il tuo aiuto. Pronunciamo ora il nostro sì a Dio accogliendo il suo progetto e la sua volontà.

Siamo consapevoli che la vita è costantemente al centro di una grande lotta. Il maligno, omicida fin dall'inizio, attenta continuamente alla vita dell'uomo e dell'umanità. A te, è affidato il compito di difenderci dal dragone infernale fino al giorno in cui il Frutto Benedetto del tuo seno riporterà la vittoria definitiva.

Accogli, dunque, o Maria, la nostra consacrazione, il nostro amore e il nostro impegno perché con te possiamo efficacemente lavorare nella promozione e nella difesa della vita. **Amen.**

A nostra Signora di Guadalupe

Vergine Santissima di Guadalupe, è un sogno aver attraversato cieli e oceani e trovarci qui, ai tuoi piedi, come tuoi figli prediletti, chiamati e voluti per una particolare predilezione, ma presenti anche a nome della parrocchia, degli amici e di tutti i devoti che nella Comunità ti venerano con tanto amore. Ripetiamo con Juan Diego il nostro affidamento e la nostra totale Consacrazione a Te! Saremo ai tuoi piedi per contemplarti, lodarti, ringraziarti!

Ci fai questo regalo come un dono sognato e ora vissuto e, con tutto il cuore, vogliamo elevare il Magnificat per quello che è la Chiesa che sei tu, Vergine Guadalupana, e che siamo tutti noi lavati nel Sangue di Gesù e figli adottivi!

Con la pace, la vittoria della pace e del bene, ti chiediamo il trionfo del tuo Cuore Immacolato, la conversione dei peccatori, una Comunità tutta mariana e missionaria per l'avvento del Regno di Gesù Amore Misericordioso. Tu, da unica e buona Madre, guarderai la nostra vita e in fondo al nostro cuore, che vogliamo sempre e tutto solo tuo! Sei il nostro amore e con te saremo nella gioia. Non ti ameremo mai abbastanza, o Maria!

Siamo e vogliamo essere tuoi nel tempo e nell'eternità. **Amen.**

Padre nostro
Ave Maria
Gloria al Padre
Magnificat *(vedi pag. 18)*

Nostra Signora di Guadalupe.
Prega per me che ricorro a te.